①　オラニエンバウム・メンシコフ大宮殿　A.A.ベゼマン作（1847年頃）

②　プリューチノの客間　Ф.Г.ソーンツェフ作（1834年）

③　A.C.ストロガノフ伯爵肖像　A.Г.ヴァルネク作（1814年）

④　ストロガノフ伯爵家のダーチャ・パヴィリオン　A.H.ヴォロニーヒン作（1797年）

もくじ

まえがき

一九八〇年代初めの約一年をロシアで暮らした時、それはソヴィエト時代末期、ブレジネフ社会主義政権の成熟期でした。秋から冬の滞在前半期を過ごしたモスクワでは異次元の生活に必死で、まわりを探索する余裕はありませんでした。当時は街全体が無彩色で不愛想な表情をし、住居の近くで見かける由緒ありげな建造物に興味を覚えても、住所以外何の説明表示もなく、誰に聞いても知らない人ばかり、取りつく島がありませんでした。

その後、レニングラード（サンクト・ペテルブルグ）に移り、季節も春から夏のよい時分となり、やや落ち着きも生まれた頃、有名観光地となっている離宮地ペテルゴフ、ツァールスコエ・セロ、パーヴロフスクと、次々に行く機会に恵まれました。路面電車やバスで市内もよく回り、博物館となっているメンシコフ邸をぜひ見たいと思いました。ところが何度行っても、扉は閉ざされ、入ることが出来ません。知り合いのロシア人に相談したところ、メンシコフ邸はエルミタージュ美術館の直轄なので、一般の人は入るのが難しいと言われました。それでも何とかその人の伝手で予約が取れて見学することが出来たのでした。

その後、ゴルバチョフのペレストロイカを経て社会主義のソ連時代は終わり、現在のロシア連邦へと変動してゆきます。政情不安や治安の悪化、目まぐるしい経済変化など、旅行に不向きな状況もありましたが、その間は私も子育てなどに追われ動けない生活を送っていました。

再びロシアへ行き始めたのは一九九二年からで、以降また宮殿巡り、ウサージバ（貴族屋敷）巡りを繰り返し、コロナ禍で行けなくなる前の二〇一九年夏まで、有名無名のウサージバやウサージバの廃墟を彷徨してきました。

ここに上梓したウサージバ「物語」はそういう個人的ウサージバ体験の一つの言語化でありま す。「物語」を紡ぎだすにあたって、意図的な想像もフィクションも必要ありませんでした。取り上げたウサージバは調べるほどに、知るほどに興味は尽きず、ウサージバ自体が提示してくれるファクトがそのままファンタスティックなストーリーとなりました。まさに、ロシア語の「イストーリヤ」は歴史であり、物語でもあったのです。

ソヴィエト時代に蓋をされていた貴族文化は今はもてはやされ、派手に喧伝されているようです。建物・庭園は美々しく復元され、舞踏会などレトロ・セレブな催し物で人々の憧れを掻き立てているのですが、これもまた振幅の激しいロシアの流行かもと、片目で見つつ、現代のウサージバまでたどってきました。しばし、ウサージバの「夢」にお付き合いくだされば幸いです。

なお、時間表記はロシアでの一九一八年以前のものは旧露暦（ユリウス暦）となっています。

ロシア帝国ウサージバ物語

貴族屋敷

第一章　モスクワ期最後のツァーリ・ウサージバ

鷹狩図　現代の絵葉書より

1　モスクワ大公国とウサージバ

はじめに

ロシアでは古来、領主の館のある居住領域に「ウサージバ усадьба」という名を与えてきた。家や屋形を意味する「ドム дом」でも「ホロームィ хоромы」でもなく、「植え付ける、もてなすために坐らせる」という意味の動詞「ウサジーチ усадить」からできた言葉である。「ウサージバ」という言葉からは、土地から富を作り出す喜び、その富で客をもてなす誇りが感じられるのだ。ヴラジーミル・ダーリは『生きた大ロシア語詳解辞典』（第三版）で、「ウサージバ」について、「素晴らしい気分で暮らす」という動詞を書き添えている。[1]「ウサージバ」という言葉を口にする時、ロシアの人々の想念は家や土地といった「もの」に走るのではなく、「豊かさ、よき心根」の気分へと向かっていたようだ。

ロシアの貴族屋敷であるウサージバは十六世紀末のモスクワ大公国時代には確実に存在していた。[2]その遥か以前、キエフ大公国が分裂し、ロシアの地には大公（ヴェリーキー・クニャシ）をはじめとして幾多の公（クニャシ）の分領国家が割拠することとなった。領土は分割相続で息子たちに分けられ、細分化してゆくので、いくつもの中小公国がひしめき、分領国同士の領地争いや同族間の相続紛争が絶えまなく起こり、南方からのモンゴル・タタールの侵攻、西方からのリトアニアの攻勢などにさらされ、キエフ大公国は消えてゆく。混乱の中でルーシ（古ロシア）の重心は北のヴラジーミル大公国へ、さらにモスクワ大公国へと移っていった。一三八〇年のクリコヴォの戦いでママイ率いるモンゴル軍を打ち破るほどの力をつけたモスクワ大公国は、ドミトリー一世（ドンスコイ）の下でルーシ国家再編の求心力をつけ、モスクワを中心とする統一国家形成の方向性が次第に明確になってくる。有力貴族・豪族でモスクワに臣従するものが増えてゆき、モスクワ周辺部には貴族のウサージバが多数形成されてゆく。

モスクワを都とするモスクワ大公国は一四八〇年にモンゴルから自立し、大公イヴァン三世は「ツァーリ」とも称し始める。その孫、イヴァン四世（雷帝　一五三〇―一五八四　在位一五三三―）は「全ロシアのツァーリ」と称して戴冠し、大公国はツァーリ国（ツァールストヴォ）となる。ロシアが帝国（イムペリア）となるのは約二世紀後、ロマノフ朝の第四代ツァーリ、ピョートル一世（一六七二―一七二五　在位一六八二―）が皇帝（イムペラートル）を名のる一七二一年からである。しかし、ロシア皇帝はその後の帝政期を通じてツァーリという称号も離すことはなかった。

リューリク朝モスクワ大公国はイヴァン四世の息子、フョードル一世（在位一五八四―一五九八）で終わり、一六一三年からロマノフ朝となる。その間の十五年ほどは皇統が続かないツァーリやツァーリ僭称者が出没し、また王権空位の時期もあり、ロシアは混乱と騒乱の時代（スムータ）を経験する。

ロマノフ朝が確立してツァーリに安定した権力が戻り、モスクワは都市として発展して行き、貴族のウサージバも市の内外に盛んに造営された。十八世紀初めにピョートル一世がペテルブルグに首都機能と宮廷を移すまで、それは昔ながらのロシア伝統のウサージバであり、この時期は「ロシア帝国ウサージバ」の前史とも見做される。[3] まず、ロシアの中世的伝統を伝えるツァーリ家のモスクワ近郊のウサージバを見てゆきたい。

森のモスクワ

モスクワ地方のウサージバで重要なのは森との関係である。都市モスクワは森を縫って流れる川（モスクワ川）の段丘に、南からの外敵を防ぐ目的で造った要塞を核として自然発生的に放射状に発展して出来ていった、まるで森林の海の中の島のような都市である。森の中には鳥獣が棲み、狩猟はロシア人の生業であり、支配階級にとっては娯楽でもあった。ツァーリや大貴族たちは所領の森の中でも狩猟に最も適した区画を禁制区とし、主人とその客以外の者の猟を厳しく禁じて、思う存分狩猟のページェントを繰り広げて楽しむのだった。狩場からほど近いところには必ず足場となるウサージバができた。

現在、モスクワ市北東部、クレムリンから約八キロメートルのあたりから面積一万一〇〇〇ヘクタールを超える広大な森林公園「ヘラジカ島」(4)がモスクワ環状自動車道路をまたいで広がっている。東西二十二キロメートル、南北十キロメートルの保護区域で、そのうち三〇〇〇ヘクタールがモスクワ市の内にあり、ロシアで最初の国立公園になったところである。この地域はイヴァン四世の時代よりヘラジカや熊の狩り出し、鷹狩の場所であった。熊は網に追い込まれて捕獲され、娯楽用に飼育された。ここが「ヘラジカ島」という名を得たのはロマノフ朝第二代ツァーリ、アレクセイ・ミハイロヴィチ帝（一六二六―一六七六　在位一六四五―）の時代で、猟犬を駆り立ててヘラジカ狩りをしたことによる。

周辺ではよく鷹狩が催され、西南端の森には鷹匠（ソコーリニク）たちの部落があった。そこは「ソコーリニキ」と呼ばれるようになり、現在その地は「ソコーリニキ文化と休息の公園」となり、「ヘラジカ島」の続きのような緑地帯公園である。

この禁制区の南東端にツァーリの狩猟用の館があり、池に野鳥を放って射止める射撃場もあった。アレクセイ帝は樹林の育苗場をつくり、そこで育てた若木を「ヘラジカ島」全域に植え付けた。この植林でできた松林はモスクワで最も古いものとして現在も残っており、「アレクセーエフカ」とか、「アレクセーエフスコエ」[5]と呼ばれている。

「ヘラジカ島」のような森林樹林地帯にはその中に何本もの道が一点で交差し、一見放射状に道が伸びているところがある。これは東スラヴの森の民の太古からの生活の知恵で、胡桃や蜂蜜、キノコ、ベリー類の採取や薪取りのため、また、野鳥を捕獲するために必要な道であった。この放射状（星状）森林路はツァリーツィノ、パーヴロフスクなど後世の名だたるパークにも取り入れられ、新しい現代の公園にも引き継がれている。

蜂蜜の採取は森林利用のしきたりが出来上がるうえでの重大な要因であった。食用植物を採取するのも、森に棲む動物や植物の季節的生態循環と緊密に関連して解禁期が定められた。定められた期間以外は入ることも横断することも禁じられた草刈場や保護林があった。人々の禁制には森林・樹木崇拝の要素も色濃く見られ、森の中では呪文やまじない、魔法的儀式も行われていた。

古来の民たちの森林共同利用地は時代が下るに従って諸公の領地に取り込まれ、多くが公たちの狩猟のための森林獣域となり、森の中の道は猟の便に使われることにもなる。領地争奪戦の戦果として、農民たちは土地と共に戦勝公の支配下に入り、彼らは奴隷（農奴）として領主の財産となった。

川のモスクワ

モスクワは森の中の都市であると同時に川の都市でもある。大きく湾曲して蛇行するモスクワ川の段丘斜面はウサージバが好んでつくられる場所であった。モスクワ大公家の領地コローメンスコエ(6)は、眼下にモスクワ川の氾濫原を臨み、川の向こうに広がるモスクワを見晴るかす素晴らしい立地にあった。十四世紀前半から記録に残る古い大公家の領地であるコローメンスコエには、イヴァン四世の誕生を記念して父ヴァシーリー三世が建てた「主の昇天教会」があり、コローメンスコエのシンボルとなっている［図1－1］。その空を突く純白のアーカイックな姿は十九世紀半ばにこの地を訪れた作曲家のベルリオーズを戦慄させ、「それは神秘的な静寂であり、完璧なフォルムの美のハーモニーだった。…私は天を目指すものを目にし、忘我のうちに立ち尽くして

図1-1　主の昇天教会（1532年建立）

いた」と彼は友人に書き送っている。(7)

しかし、ツァーリの在所コローメンスコエはモスクワの中心であるクレムリンの南にあるので、モスクワへ侵攻してくる外敵が通過したり、反乱軍の足場となったり、蜂起した民衆が押し寄せたり、なかなか落着いた居住領地とはならなかった。十七世紀前半までは華美な建物もなく、高い樹木が囲むウサージバには領地を管理する役所がおかれ、村々や農民を差配していた。領内には耕地が広がり、農民はツァーリ家の食卓に供するために働き、小川を堰き止めた池ではフナ類を養殖していた。果樹、ベリー類などの果樹園と実用的な菜園があった。

コローメンスコエの最盛期はその所有がロマノフ家に移り、アレクセイ・ミハイロヴィチ帝の時代になってからであった。アレクセイ帝は動乱の時代に損なわれたコローメンスコエを復興し、ポーランド軍排撃を記念して「カザンの聖母教会」を建立した。

アレクセイ帝がコローメンスコエで心血を注いだのは新しい宮殿の建設であった。モスクワ大公国からの中世的伝統のなかにありながら、開明的な君主であったアレクセイはヨーロッパの技術も使って、一六六七年から壮大な木造宮殿を建て始める。それは「二七〇の部屋と三〇〇〇の窓」があったと言われる、西ヨーロッパ人の目を驚かせるような大宮殿となった。(8) 老朽化して約百年後にエカテリーナ二世によって取り壊されるこの宮殿は、残念ながら実測の記録が残されず、数多く伝わる実証的根拠の薄い絵と同時代人の記述からその実像を想像するのみであるが、一つ

図1-2　アレクセイ帝の木造宮殿　ヒルフェアディング作（1790年代前半）

の根から非シンメトリカルな様々な個性的な建物が群生する、お伽噺の宮殿のような建築物であったと想像されている【図1−2】。

アレクセイ帝は宮殿がきわめて美しく出来上がったので、外国の使節をコローメンスコエで接見することもあった。それまでツァーリが郊外の私的宮殿に外国使節を招待する慣習はなかったのである。モスクワ川の対岸の草原に天幕が張られ、そこから使節一行は浮橋を通ってコローメンスコエに入った。岸に着いて、急坂を登り、獅子の彫り物で飾られた玄関門を通り、宮殿の前に出た。「まるで宝箱から取り出されたおもちゃのようだ…」とポーランド人外交官ロイテンフェルスは書いている(9)。十七世紀末にロシア建築は「不自然で」、「滑稽な」、あたかもおもちゃのような建物を追求したと、ロシア中世研究の碩学、Д・С・リハチョフは言う(10)。コローメンスコエの大御殿は中世ロシアのファンタジーがモスクワ川に向かって全開した建築物であったようだ。

中世ロシアのウサージバでは建物の周りの美観には無頓着で、あまり注意が注がれた様子がない。十七世紀末のコローメンスコエを描いたある図からは、中央部の建物物群を三方から取り囲む果樹園があり、モスクワ川に向かう斜面は開けていたことがわかる。それぞれの果樹園はシンプルに幾何学的に区分けされており、リンゴ、セイヨウミザクラ、プラム、ノイバラやキイチゴ、スグリ、フサスグリの灌木が植えられていた。果樹園のほかに目立つのは、建物の近くの傾斜地にある真っ直ぐな並木道であり、セイヨウスギ、オークなどの樹木が植えられていた。その中の幾本かは樹齢六〇〇年を超えて今も健在である。

庭は果樹園、菜園であり、薬草類も植えられていた。それらは常に日用の役に立つためであり、芸術的な意図をもって配置栽培されていたわけではなかった。しかし、実用的な身近な植物の美しさを愛でて敷地を彩り、全体として一体感のある庭園・菜園を作り出していたようだ。中世ロシアの人々にとって、有益さと美しさは別のものではなかったのだ。

十九世紀初期、詩人A・Φ・ヴォエイコフ（一七七九―一八三九）はジャック・ドリールの長編詩「庭園」を訳す時、自らがコローメンスコエを歌った一節をその中に差しはさんでいる。


古き庭園、遺物も栄えある帝王たちのもの、

彼らに永遠に恭しきもの、
貴顕、皇帝、皇后の名に輝き、
古き趣をもって彼らに手本を供するもの。
心楽しきコローメンスコエの宮殿、
ピョートル大帝の父君が住まわれしところ、
さらにその偉大なる子息のこの世に誕生せしところ、
そこで皇帝の宮殿はベツレヘムとなった。
モスクワ川のほとり、宏大なる庭園、
菩提樹、桜、林檎の茂る深き森
夏の暑さの日、水と鬱たる蔭の涼気を愛でて、
野心を胸にソフィヤがしばし安らいだところ。(11)

コローメンスコエの段丘上からのパノラマこそ、この地の価値と言えるものであった。散策用の並木道や小道がつくられ、四阿もおかれていた。最も良い眺望は主の昇天教会につくられた「ツァーリの座」から得られ、蛇行するモスクワ川と氾濫原を眼下に、目を上げれば都市モスクワのほぼ全域を見ることが出来た。またそこは鷹狩を見るための絶好の場所でもあった。当時市

内からこのツァーリの夏の館へは川を渡って入って来ることもあり、向こう岸から見るコローメンスコエも一幅の絵となっていた。コローメンスコエはしばしば外国の賓客を迎える場所となっていった。

コローメンスコエにはそれまでの実利性のみのウサージバには見られなかった娯楽性や芸術性を希求する萌芽が現れてきている。風景の捉え方も地形的な高所からさらに高みを求めるように、遊歩用のギャラリーが昇天教会とカザン教会に取り付けられていた。宮殿の上階と教会を結ぶ回廊もあり、教会建物のアーチ状の窓からは風景が切り取られて鑑賞されていたことがわかる。絶景ポイントにつくられたコローメンスコエは、地形の利が人々の美的欲求を刺激して、次代の美しいウサージバ創造へと続くものだったとも言えよう。

帝政期を帝室領として緩やかに過ごしてきたコローメンスコエは、幸運にも余り傷つかずに革命を生き延びることが出来た。一九二三年より「ロシア木造建築ミュージアム保護区」となり、ロシア各地より十七世紀の建造物が移築された。ピョートル一世が一七〇二年に二ヶ月半過ごしたアルハンゲリスクの木造小舎も一九三四年に移された。

モスクワ市は一九八〇年のモスクワ・オリンピックに向けてコローメンスコエの全面的な修復を行うこととし、世紀を越えて修復は続いた。前述のアレクセイ帝の大宮殿も美しく造りあげられ、二〇一二年からは域内の定期市広場で全ロシア最大級の蜂蜜市が毎年開催されている。

2　ロマノフ朝ウサージバ　イズマイロヴォ

イズマイロヴォ　前近代最後のウサージバ

モスクワの中心、クレムリンから七、八キロメートルほど北東、ヘラジカ島のちょうど南にイズマイロフスキー森林公園という広大な緑地がある。十四世紀ごろまでこのあたりは野生の蜂蜜が採取できる更に広大な森であった。十四世紀前半ここはモスクワ大公イヴァン一世（カリタ在位一三二五―一三四〇）の従者ヴァシリツェフ某が所有するところで、森の中の空き地には大公の蜂蜜採取人や野獣の捕獲人、野鳥猟師などが住んでいた。十五世紀に入って森は幾分か伐採され、その伐採地には集落ができ、耕地も現れ、モスクワ郡ヴァシリツェフ郷という行政区に入れられた。

一五五〇年代初頭、若きイヴァン四世は帝権の支柱とすべく、秀抜な貴族一〇七〇家を「選抜千家」としてモスクワに移り住まわせ、軍と国家の勤務に就かせることにした。その中に帝妃の兄であるニキータ・ロマーノヴィチ・ザハリイン＝ユーリエフ（一五二二―一五八六）も入っており、ツァーリは彼とその母に気前よく領地を下賜した。大村イズマイロヴォにソフロノヴォ、メレンキ、ブリュホヴォの三村とそのまわりの耕地、草刈地を付けて領地イズマイロヴォ[12]は、有能な政治家で果敢な軍人としても知られた、声望の高いニキータ・ロマーノヴィチの数ある領地の一つとなった。

ニキータ・ロマーノヴィチの死後、残された七人の息子たちは祖父の名から「ロマノフ」という姓を名のり始めた[13]。リューリク朝の断絶後、ボリス・ゴドノフ帝（在位一五九八―一六〇五）は、ロマノフ家のリューリク朝（モスクワ大公家）との姻戚関係や大衆的人気を懸念して、ニキータ・ロマーノヴィチの息子たちに罪を着せてモスクワから遠ざけた。長男のフョードルは強制的に剃髪させられ、フィラレートという僧名で修道院に送り込まれ、他の兄弟たちも財産を没収されて、流刑に処せられた。何人もの兄弟が辺境の流刑地で命を失ったが、病弱な末弟のイヴァンはボリス帝の没後も生き延びてモスクワに帰還した。打ち続く戦乱の中で僭称者偽ドミトリー二世よりイヴァンは大貴族に取り立てられ、イズマイロヴォの領地が返還された。一六〇九年にはヴァシーリー・シューイスキー帝（在位一六〇六―一六一〇）のもと、イズマイロヴォは柵をめぐらした監獄となり、三〇〇人以上のポーランド兵が捕虜として収容された。騒乱の時代、〝モスクワ大破壊〟が荒れ狂い、主要街道の近くにあるイズマイロヴォも荒廃し、周囲の村々には人影が消えて、耕地は雑草の生えるにまかされていた。
一六一三年、長兄フョードル（修道僧フィラレート）の十六歳の息子ミハイル（一五九六―一六四五）が貴族会議で全ルーシのツァーリ選ばれ、ロマノフ朝が始まった。イヴァンはツァーリ側近で重臣となり、一六一九年にはフィラレートが八年間囚われの身であったポーランドより帰還し、ツァーリの父として事実上ロシアを支配することとなる。イヴァンは所領のイズマイロヴォに木造の「ポクロフ教会」を建て、主宝座をモスクワの危機を救った聖母マリアの庇護聖衣（ポクロフ）の祭儀に捧げた。
イヴァンは狩猟を好み、イズマイロヴォの森林部分は好適な狩場であった。若きツァーリ、ミハイルもそこで狩りを楽しんだであろう。キエフ公国の昔より、狩猟はビザンツ帝国からもたらされた欠くべからざる宮中の行事であり、賓客をもてなす催しでもあった。ミハイル帝はイズマイロヴォで初めての大規模な狩猟を催した際、そのためにスウェーデン大使の接見をキャンセルしたのだった。[14]
一六四〇年にイヴァンが亡くなり、イズマイロヴォは他の多くの財産と共に息子のニキータに受け継がれた。ニキータは同時代の人々からツァーリに次ぐ財産家と見なされ、ツァーリの側にあって力を振るったが、西ヨーロッパの生活に興味を持ち始めた先進的なロシア人の一人であった。彼はドイツの服を身に着け、召使にもドイツの従僕の衣装を纏わせて、邸宅にはヨーロッパ渡りの高価な食器や楽器、書物などが集められていた。ロシア正教会総主教のニコンは、彼を激しく非難し、その罪を除くため、従僕のお仕着せを取り上げて、切り捨てたという逸話が伝えられている。(15)

ニキータはイズマイロヴォの周りを流れるヤウザ、セレブリャンカ、ハピロフカの川を渡ってイズマイロヴォに来るために、イギリスより軽快な小帆船「聖ニコライ」を買い入れていた。数十年の後、麻工場の倉庫に忘れられていたこのボートは、アレクセイ帝の息子ピョートル（後のピョートル一世）に発見されるところとなり、少年ピョートルが海軍遊びに夢中になる契機となったと言われている。このボートは後に「ロシア海軍の祖父」(16)と呼ばれるようになり、ロシア帝国形成の一大エピソードとなった。ピョートル少年は近くのプレオブラジェンスキー村から自分の遊戯中隊をイズマイロヴォに来させて、実戦さながらの、死者や負傷者も出る海戦の演習を川や池で繰り広げた。

ロマノフ家に代々伝わる狩猟への情熱はニキータも受け継いでおり、それを若きアレクセイ帝にも涵養すべく、ツァーリをイズマイロヴォでの狼狩り、狐狩り、熊狩りなどに連れ出した。若い頃のアレクセイ帝にとってイズマイロヴォの魅力はまずなによりもその素晴らしい狩猟地にあったことは確かである。イズマイロヴォ村の南にある林の中には「狼園」（獣園）があり、ここには狼や熊、狐が飼われていた。外で自然な状態での囲い込み猟が不首尾に終わった場合、ここから動物が引き出され、失敗に終わった猟の代償となって、貴人たちを慰めるのであった。

アレクセイは「最穏健帝」という別称を与えられるほど穏やかで、信仰の厚い君主であった。従って、狩猟の持つ残酷な中世的遊戯性は次第にツァーリのあまり好むところとならず、いにしえより伝わる複雑な技術と高度な儀式性を持つ鷹狩に傾倒していった。ツァーリの鷹狩への情熱は愛好者の域にとどまらず、自ら詳しい鷹狩の教本を著し、一六五六年に世に出している(17)［図1－3］。

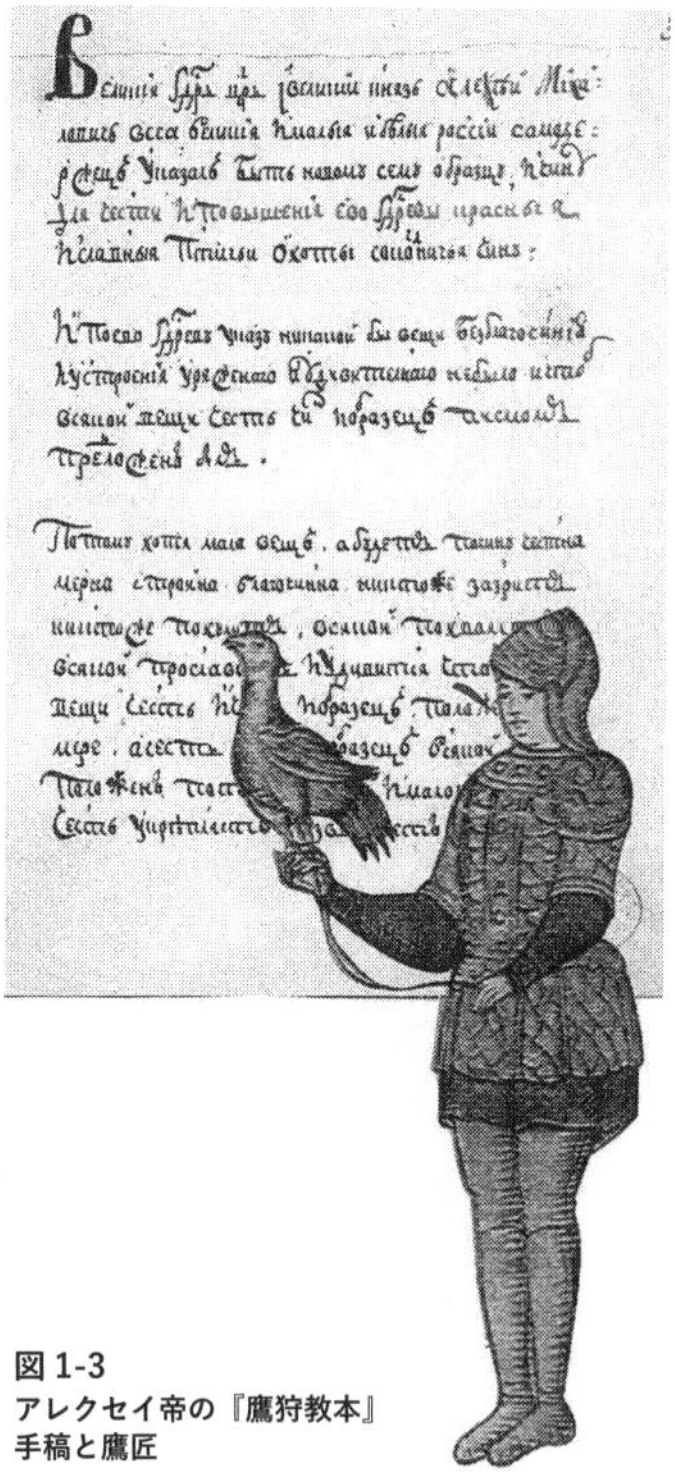

図1-3
アレクセイ帝の『鷹狩教本』手稿と鷹匠

アレクセイ帝の実験領地

ニキータ・ロマノフは子孫を残すことなく一六五四年に没し、ロマノフ家は分枝が断絶し、ツァーリ家のみとなる。イズマイロヴォはその狩猟林とともに実質ツァーリ・アレクセイの所有するところとなり、一六六三年頃よりこのウサージバはそれまでの中世ウサージバにはなかった新機軸で動いてゆく。アレクセイ帝は宮廷経済の運営を最重要官庁である枢密官署の管轄とし、イズマイロヴォにもその役所を置いた。それは他官庁の監査、武器製造の統括、地下資源の探索など国家の最重要事項を司る役所であり、またツァーリの個人官房でもあった。ちなみにアレクセイ帝は狩猟は馬事官署、鷹狩は枢密院の管轄下に置いている［**図1－4**］。

イズマイロヴォの枢密官署の役所は一六六四年から一六九〇年代までウスチン・フョードロヴィチ・ゼレノイという有能な官吏が差配することとなり、村長たちや補佐役ら七十人の部下を使ってウサージバを運営した。(18) 彼はアレクセイ帝にも認められ、ツァーリは自ら出向いて彼に助言を求めることもあった。管理役所前の広場はウサージバ生活の重要ポイントの一つであり、そこでは様々な契約が交わされ、清算業務が行われ、税金が支払われる場所であった。ツァーリはイズマイロヴォからの報告を聞き、書類に目を通し、よく余白にコメントを書き込んだ。しばしば

図1-4　アレクセイ帝　作者不詳（18世紀中頃）

生産現場を視察し、厩舎の起工式にも出席し、現場では自ら指導者に様々な指示をあたえた。この役所のアーカイブが多量に保全されてきたことで、ウサージバ・イズマイロヴォの経営状態が今によくわかるものとなっているが、それはイズマイロヴォ村出身のイヴァン・ブルィキン[19]という名の八等官が役所の文書を親族より受け継ぎ、守ってきたからであった。一一五歳の長命を生き抜いたと言われるブルィキンは、ピョートル一世、ピョートル二世、アンナ・イオアーノヴナ帝、エリザヴェータ・ペトローヴナ帝にまみえたという。

アレクセイは西ヨーロッパの技術や学問・文化にも大きな関心を寄せ、通商関係のあるイギリスを通じて医師、錬金術師、鉱山学者、金細工師、ガラス製造細工師などの技術者を雇い入れている。文化面でも、リトアニア大公国（レチ・ポスポリタ）より聖職者で啓蒙的古典学者のシメオン・ポロツキー（一六二九—一六八〇）をモスクワに呼び、宮廷詩人として、またツァーリ家の子弟の家庭教師として働かせた。イズマイロヴォの宮殿内劇場で正教会が排除する演劇の上演もさせ、新しい試みに対してなにかと障害になるロシア正教会の勢力にも立ち向かった。アレクセイ帝の時代、ロシア正教会は内部で大きな宗教論争を抱え、典礼改革に反対する古儀式派を正教会から排除してしまった。

アレクセイ帝の側にあって片腕として活躍したのが、アルタモン・セルゲエヴィチ・マトヴェエフ[20]（一六二五—一六八二）であった。高貴な家柄の出ではないが、十三歳で宮廷にあがり、アレクセイとは幼馴染の間柄で、時間を惜しんで働く〝中世的でない〟タイプの人物であり、イズマイロヴォの建築事業を監督し、外国人技術者の後ろ盾となって精力的に働いた。妻を亡くしたアレクセイ帝がある日訪れたマトヴェエフの屋敷で、身を寄せていた彼の妻の遠縁であるナターリヤ・ナルィシキナに目をとめた。ツァーリに見染められた彼女は二番目の帝妃として宮廷に迎えられる。ナターリヤ妃は一六七二年に強健な男児ピョートルを生み、そのことがロシアの歴史を変えることになるのである。イズマイロヴォの紹介書にはピョートル大帝がイズマイロヴォで生まれたとするものもあるが、大帝が生まれた場所はモスクワ市内クレムリンではないことは分かっているが、特定は出来ていない。

アレクセイ帝のウサージバ改革は農業を商品経済に適う産業にする努力であり、さらに工業製品生産の試みであった。領内四ヶ所の畑地には四〇〇ヘクタール余りの耕作地があり、国内外の小麦類などが実験的に栽培され、寒冷な地での馴化が試されていた。イズマイロヴォは国内のモデルとなるべきツァーリ・ウサージバであり、技術や経営法でこの時代の先端を走るものであった。

一六六三年よりイズマイロヴォは飛躍的に発展して行く。イズマイロヴォに定住させるため、他の帝室領より選りすぐりの農民たちが送られてきた。初年だけで何百人もの「家族持ちの」農民がコストロマー、ペレヤスラヴリ・ザレスキー、ウクライナなどの地方から移って来た。全国から各分野の達人が探し出されてイズマイロヴォに集められた。プスコフからは麻製品をつくる練達の職人が呼ばれ、ニジェゴロドからは蜂蜜採取の名人、ベルゴロド、スモレンスク地方からは家畜、家禽飼育に高い技術を持った者たちがやって来た。外国からも人材を探し、ロシアに招来した。一六六三年にはアルメニアの生糸工場の主、ラリオン・リゴフが、綿花の苗の植え付けにはテレクのフョードル・アモソフが呼び寄せられた。新しい栽培のために、シムビルスクからは大量の桑の木、アストラハンからはブドウの挿し木が運び込まれた。

一六六〇年代中頃からイズマイロヴォではセレブリャンカ川の窪地を中心に大きく地形を変える土木工事が進んだ。一六六四年、南側の二つの大きな池をつないで一つの池（セレブリャンヌィ池、またはイズマイロフ池）をつくり、セレブリャンカ川の川底を掘って北側に「ブドウ池」を造ることで、木造の主宮殿とポクロフ教会のあるイズマイロヴォの中心部は島になったのである。島からはそれまであった農民の住居が次第に排出されて、イズマイロヴォ島自体が領主ウサージバの中核となった。島の西側、南東側の何ヶ所かには堤が築かれ、水車が七基設置された。セレブリャンカ川とそれに合流するいくつもの小さい川のつくる池が三十七もあり、多くの池で魚の種類別に養魚が行われ、主人たちの食卓に供された。

池の構成がこのウサージバの基軸で、大きい池のそばには製麻工場、鳥舎、養蜂場、搾油工場、醸造所、麦芽工場、ビール工場、蜂蜜酒製造所が造られた。これらの工場はロシアの農産物製造業の実験事業であった。

イズマイロヴォの村々には農民たちのほかに、ロシア各地からの自由身分の職人、またリトヴァ、レチ・ポスポリタ、イタリアなど国外から来た人々がそれぞれの集落をつくって住み着いたが、その居住地区には「パン」や「ホフロフ」といった住民の出身地由来の名が付けられることが多かった。

アレクセイ帝は長年ガラス製造に興味を抱き、ヴェネツィアのガラスに憧れていた。[21] その夢は一六六八年にイズマイロヴォ島の西、石造りの「ブドウ堤」の側にガラス工場が建てられ、翌年には最初のガラス製品が生み出されたことで実現した。イズマイロヴォのガラス工場ではロシア人、ウクライナ人に混じってヴェネツィアでガラス製造の技法を習得したドイツ人の職人が働いていた。ガラス製造の主たる目的はツァーリ家の用に供するためであった。宮廷の食器ともなり、ツァーリからの下賜の品として使われたのである。さらに余ったものはモスクワの商館で売られた。イズマイロヴォで作られたガラス製品は奇抜なフォルムを持ち、遊戯的な性格を特徴としていた。このガラス工場はピョートル一世の時代、一七一〇年に薬草園官署の所管に移され、製造も薬品用のものに限定された。以降しばらく工場は存在したが、ガラス製造の中心はペテルブルグに移ってゆく。

イズマイロヴォの日常では、ウサージバの農地や菜園、果樹園、畜舎からまず宮廷に食糧が供給され、ツァーリ家の食卓を満たさなくてはならなかったが、その残部は外で売られて、宮廷経費の一部となった。一六七七年には家畜場には雄牛九〇三頭、乳牛一二八頭、雌の仔牛一九〇頭、雄羊二八四頭、豚三十四頭が飼われており、鳥舎には白鳥、クジャク、中国のアヒル、イギリスの鶏、カモ等がいた。毎年一七九プード（約三〇〇〇キログラム）の蜂蜜も採れていた。また、絹の生産を試みるために桑栽培の畑地もあった。[22]

広大な土地が整備されて耕地が拡大していった。最初の播種には総主教の穀物蔵から選りすぐった種を播いたが、次年からは自前の種で十分となり、あまった種は近習に分けられた。十七世紀は三圃式農法が常識であったが、イズマイロヴォでは新しい効率の良い耕作法が試みられた。ライ麦、カラス麦、春小麦、大麦、ソバ、麻、ケシなどロシア中央部でよく栽培されるものの他に、珍しいスペルト小麦、キビ、大麻なども植えられた。それぞれの畑地の境には畜舎、納屋、穀物倉庫、穀物乾燥小屋などが建てられた。

さらに多くの労働力が必要になり、ツァーリ家のコストロマー、ヴラジーミル、アラトル等の領地から一〇〇〇戸ほどの農家が強制的に移住させられた。イズマイロヴォ島の北に新しい集落ができ、新イズマイロヴォとか新部落とか呼ばれるようになり、五つのクーポルを持つ「キリスト降誕教会」が建てられた。十七世紀後半の典型的なモスクワ建築であるこの石造りの教会は、主宮殿のある島に美しい南側正面を向けて、今も立っている。

イズマイロヴォの庭園・菜園

庭園と菜園を差配したのはアストラハンからの技術者たちとキエフの修道僧たちであった。造園や植栽、薬草栽培のためにはドイツ人、オランダ人の専門家を何人も招いている。温室や板を被せた畝、特別な槽の中では南方種のキュウリ、メロン、スイカ，辛子、セイヨウアカネ、キイチゴ、各種ハーブ類と薬草が植えられていた。バラの栽培が始まったのもイズマイロヴォであった。

一六六〇年代に描かれた図面からいくつかの庭や菜園の様子を知ることができる［**図1－5**］。最大の庭は「ブドウ園」で、イズマイロヴォ島の北東にあり、十六ヘクタールの面積があった。庭園の構成は方形の区画を隣接させ、四方の角を丸くして、中心部にはブドウの苗木の温床が置かれていた。

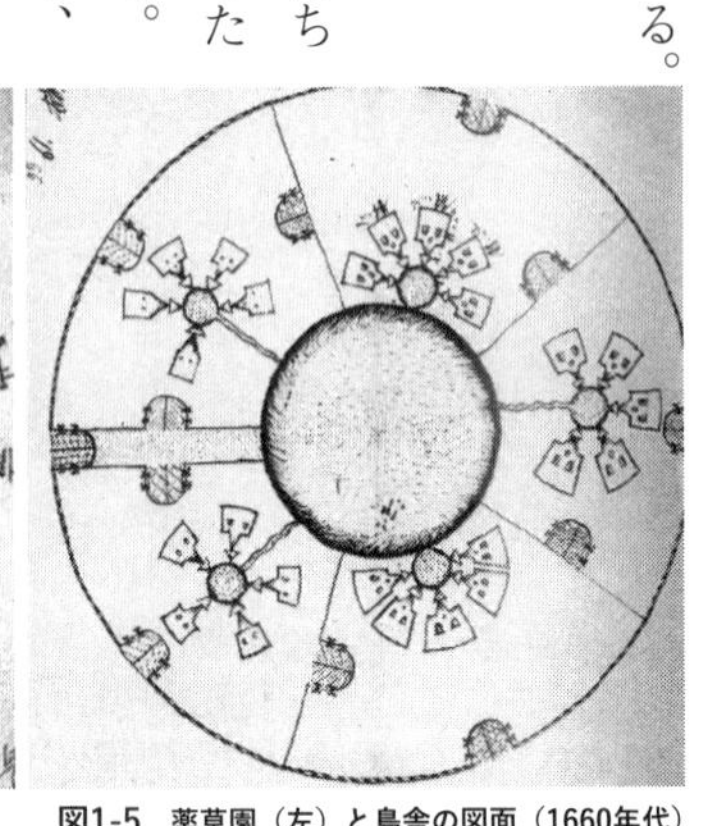

図1-5　薬草園（左）と鳥舎の図面（1660年代）

北の国ではブドウの収穫はほんの数桶でしかなかったが、ブドウの木は天国の庭園のシンボルであったことから大事にされたのである。

イズマイロヴォ村の南、「狼園（獣園）」の近くには直径二八〇メートル、面積六ヘクタールの円形の薬草園がつくられていたが、几帳面に同心円状に区画が割られ、きわめて実験的な性格のものであったことが分かる。新しい植物の栽培と並んで重要なのは、南方種の植物を寒冷地に馴化させる試みであった。

アレクセイ帝の死後残された目録によると、ブドウ園の他に「キビ園」があり、そこには一四二本のリンゴの木が植えられ、温床があり、二つの四阿とテーレム（楼）が建てられており、エゾイチゴやスグリなどのベリー類も収穫されていた。庭園には池もあり、六つの門と同数の望楼のついた二重門があった。また、イズマイロヴォを訪れた外国使節の語るところでは、ラビリンスもつくられていたという。ただし、イズマイロヴォのラビリンスにはアレゴリックな意図はなく、ただの娯楽的な設えであり、それはオランダ・バロック庭園の気風であると、リハチョフは述べている。[23] また、キビ園には動物の口から水が吹き出す噴水があったが、これもオランダ様式の北欧の庭園にはよくあるものと言う。ピョートル一世は子供時代の多くの時間をイズマイロヴォで過ごし、戸外の庭園に親しみ、オランダ様式への愛着が根付いていったのであろう。

主人たちの領域　イズマイロヴォ島

一六七〇年代に領地の中心であるイズマイロヴォ島では華麗な建築事業が進んでいった［**図1－6**］。当時ロシアでは橋は木造ばかりだったが、石橋の先駆けのように一六七〇年代のはじめに島に渡るための石造の橋が架けられた。長さ一〇六メートル、幅一〇・六三メートルの橋は色タイルで飾られた欄干を持つ美々しく堂々としたもので、島側のセレブリャンヌィ池の岸辺の橋詰には豪壮な三層の塔が建てられた。門を兼ねた一層目は銃兵隊の衛兵が立つ歩哨所となっているが、最上階の第三層は八面体となっており、その中に鐘が吊るされ、隣のポクロフ教会の鐘楼を兼ねるものであった。橋塔の二層目は賓客を迎えるレセプションの間で、暖房装置が付けられていた。ここではツァーリの滞在時には大貴族会議や元老院の会議が開かれることもあり、また塔の地下には政治犯の牢獄があり、橋塔は政治的な意味のある建物でもあったようだ。

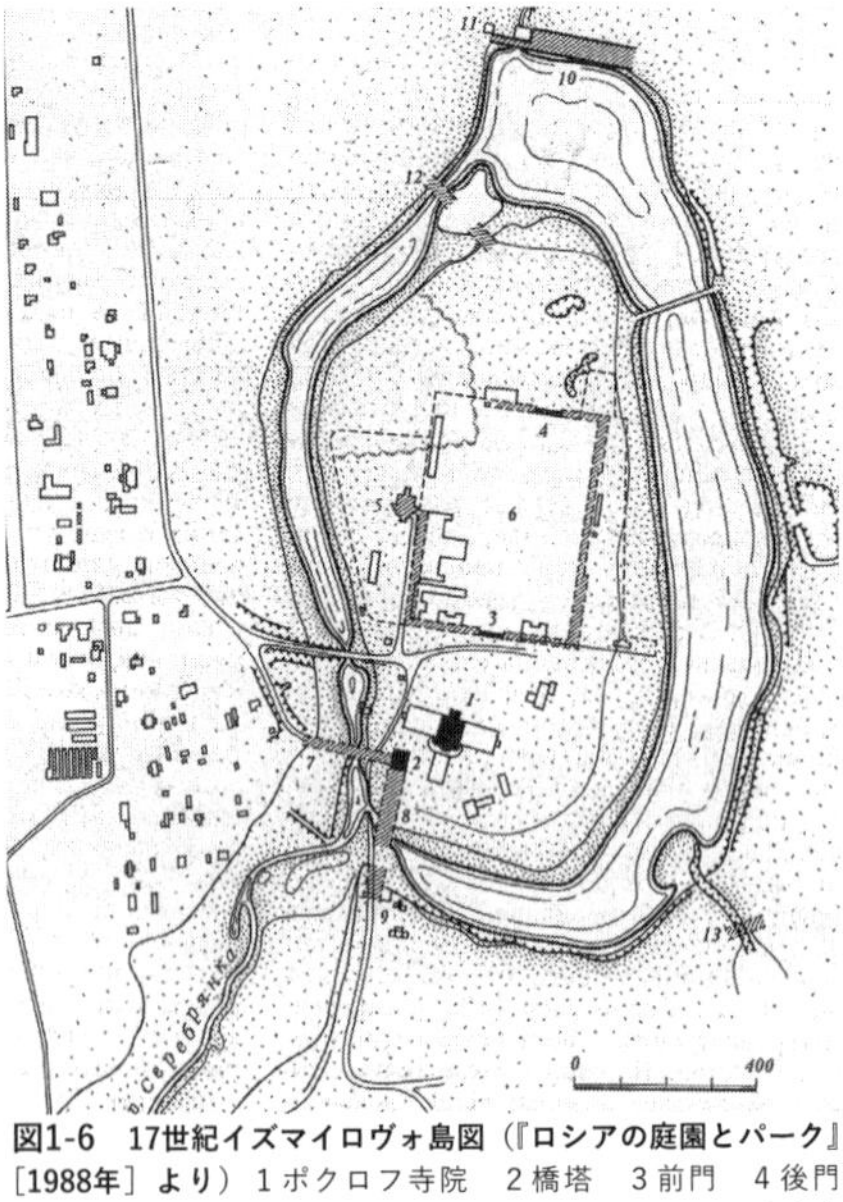

図1-6　17世紀イズマイロヴォ島図（『**ロシアの庭園とパーク**』［**1988年**］**より**）1 ポクロフ寺院　2 橋塔　3 前門　4 後門　5 イオアサフ教会　6 宮廷内庭　7 石橋　8 石堤　9 石造水車　10 ブドウ堤　11 木造水車　12 垂下堤　13 ホフロフ堤

要塞建築のような厳ついがっしりした造りではあるが、橋塔はそれ以前のロシア建築にはない厳密な美しいシンメトリーの構造を持ち、また、内部は色タイルを多用し、晴れやかな装飾的要素を備えた建築物でもある。老朽化した石橋は一七六七年、エカテリーナ二世の時代に取り壊されたが、橋塔の方は現存まで残り、二〇二一年に修復が完了して当時の姿を取り戻している。

木造のポクロフ教会は石造りに建て替えられ、一六七九年アレクセイ帝の息子フョードル帝の代になって教会の聖別式が行われた。五つのクーポルを頂き、その規模もクーポルだけで一八メートル、全体の高さが五十七メートルにもなり、クレムリンのウスペンスキー寺院との類似をよく指摘されるものである。

一六七〇年代にはイズマイロヴォにロシアで初めての劇場がつくられ、オーケストラの演奏付きで劇が演じられ、ツァーリや賓客の前でシメオン・ポロツキーやカリオン・イストミンが詩を詠じた。アレクセイ帝は外国の使節にイズマイロヴォを披露して、もてなすことを好んだが、クールラント公国の外交官ヤーコフ・ロイテンフェルスは回想記で、ロシアが西ヨーロッパの文物に出会い、魅了される時代が来ると書き残している。(24)

アレクセイ帝の在世中はイズマイロヴォ島にはまだ古い木造の主御殿しかなかった。新しい宮殿の構想は、息子のフョードルがツァーリとなってから実現する。フョードルは十四歳で即位し、病弱で治世は六年で終わったが、シメオン・ポロツキーから教育を受けてポーランド語とラテン語を解し、当時としては十分な教養をつんだ人物であった。しかし、農業経営には関心が薄く、芸術文化への、特に建築に強い興味を持っていた。フョードル帝（在位一六七六―一六八二）は父の構想に沿ってウサージバ・イズマイロヴォの建物を造り、島内を整備した。同様に彼はモスクワ・クレムリンの多くの建物を改築、増築し、その他、諸官庁の建物も新たにしている。

イズマイロヴォの主人たちの新しく建てられた住居領域はポクロフ教会の西側、島の中央部を占める四角い領域であった。屋敷は東西二九〇メートル、南北二二二メートルの長方形の地面をぐるりと囲む石造一階建ての建物が基本で、暖かい南東辺の一部に木造二階建ての宮殿が造られ、四辺をなす棟は執務、業務のために当てられた。一六八七年にこの宮殿にはイヴァン五世（ピョートル一世と共同統治　在位一六八二―一六九六）とその異母弟のピョートル一世、姉の摂政ソフィヤ皇女と他の姉妹たち、さらに前帝フョードルの妃マルファらの部屋があった。家族の居室のある二階が最も上等の階で、ほかに接待室、祈祷室、居室が割り振られていた。棟の北側辺は宮廷庁や食料関係の役所、倉庫や厨房などが入っていた。一七〇〇年二月、イズマイロヴォ島の宮殿に火事が発生したが、一七〇二年に建て直されている。

この屋敷はポクロフ教会の西入口に向かって正門があり、正反対の側にも同じ形の門が造られた。両門に接して延びる左右の棟部は銃兵隊将校、兵士の宿舎であった。この屋敷建物の軸をつくる両門は一八四〇年代に建築家コンスタンチン・トンによって手を加えられたが、二つともに現存している。正門は下層部分に均整の取れた三つの大きなアーチを持ち、ヨーロッパ・バロック建築の特徴を見せているが、その上層部となる八角形の塔はいかにも古風な中世モスクワの伝統様式であり、この様式の混在は十七世紀後半のロシアの文化状況を物語るものである。

他に通用門が北のブドウ池側に二ヶ所、南の宮殿側に小さい門が三つあった。そこからはツァーリ家の家庭教会である「インド皇子イオアサフ教会」[25]や「島の庭園」、「白樺林」へと通じていた。屋敷の南東辺に沿ってある「白樺林」の向こうにはセレブリャンヌィ池の水面が見えた。屋敷棟に方形に囲われた中庭は中央部がこんもりと盛り上がった小さい林になっていたが、辺りには半地下貯蔵庫や物置倉庫などがあるばかりで、庭などはなく、美的な工夫をした痕跡は見られない。イズマイロヴォの住居棟と他の建築物はそれまでのロシアの建造物にはないシンメトリカルな美意識を見ることができるが、全体的な一体感や計画性を持ってつくられてはいない。

イズマイロヴォが活気を帯びるのは主人たちが滞在している時であった。ツァーリがイズマイロヴォに入城・出城するときは荘厳な儀礼を伴う式があり、多い時は千人ほどの人員が付き随った。

新時代とイズマイロヴォ

早世したフョードル帝のあと、病弱な異母兄イヴァン五世と共に即位したピョートル一世は、摂政の異母姉ソフィヤの手の内にあるイズマイロヴォを避けて、母、妹たちと共にプレオブラジェンスコエ村に住んだ。ピョートル一世は狩りを好まず、彼とイズマイロヴォを結びつけるのは上述したごとく、一六八八年年に彼が麻工場の倉庫で見つけたイギリス製のボートだけである。一六九六年にイヴァン五世が没してピョートル一世の単独統治になってからは、それまでの古い因襲に縛られたロシアを変える改革が断行されてゆくが、イズマイロヴォはその新しい波に乗ることはなかった。ただ、それまで続いてきたツァーリのイズマイロヴォへの入城・出城の際の荘重で複雑な儀式は廃止された。かつてはツァーリの移動で都がイズマイロヴォに移った感さえあったが、ロシアの政治的重心はヨーロッパ近くの西のサンクト・ペテルブルグに移り、モスクワそのものが置き去りにされたのである。イズマイロヴォの主人はその後女性ばかりとなり、過去のモスクワの遺物となった。

イズマイロヴォに棲みついたのはピョートル一世の異母兄、イヴァン五世の遺族である未亡人のプラスコヴィヤ妃と三人の娘たちであった。[26] 彼女たちはここで昔の伝統のままの小宮廷を営むのだが、そのままずっと安寧にイズマイロヴォに住み続けられたわけではなかった。ロマノフ家帝室の人員としてピョートル一世の政治的意図のままに動かされ、一七〇八年には新都ペテルブルグに移住させられてもいる。しかし、ツァーリの許しが得られるやすぐさま彼女たちはモスクワへ戻り、イズマイロヴォに引き籠るのであった。ピョートルは兄嫁の恭順さに敬意を表し、彼女には昔風なロシアの衣装を許し、生活態度にも寛容であった。古い貴族の家に育ったプラスコヴィヤは信心深く、迷信家であり、イズマイロヴォは宗教愚者、ペテン師、片輪者、小人、流れ者や盗人たちの巣窟となっていた。

イヴァン五世の娘たちはピョートル一世にとって貴重な外交カードであった。二番目のアンナ（一六九三―一七四〇　一七三〇年よりアンナ・イオアーノヴナ帝）は一七一〇年にクールラント公に嫁がされるのだが、ペテルブルグで挙げた結婚式の二ヶ月後、クールラントに発ったまさにその日、夫が頓死してしまうという運命に見舞われる。イズマイロヴォに逃げ帰っていたアンナは、ピョートル一世からクールラント公国に行って、公の未亡人として首都ミタウに定住するよう命じられ、言葉も通じない外国の宮廷で、歓迎されない女主人として暮らさなくてはならなかった。姉のエカテリーナは一七一六年、メクレンブルク＝シュベーリン公と結婚させられたが、一七二二年には娘のアンナを連れてモスクワに舞戻って来た。もう一人の娘は密かに臣下と結婚してしまう。娘たちの結婚がうまくいかず、ピョートル一世の不興を買っていたイヴァン五世の遺族が住むイズマイロヴォは貧しく、修道院のようであった。

ピョートル一世の孫である少年帝ピョートル二世（一七一五―一七三〇　在位一七二七―）の登場はイズマイロヴォに一瞬の光輝をもたらした。ピョートル一世の改革に反対の旧大貴族たちに支えられていた少年帝ピョートル二世は、首都をモスクワへ戻す。彼は一年のうち八ヶ月を狩りに出て過ごすほどの狩猟狂で、好んで滞在したイズマイロヴォは画家のイヴァン・ズーボフの描くところとなった［**図1－7**］。その絵は一七〇二年に建て直された宮殿を背景として、ピョートル二世が寵臣のイヴァン・ドルゴルーキー公爵と楽し気に一緒に馬車に乗って、鷹狩に出かける場面を描くもので、イズマイロヴォ島の晴れがましい姿を伝えるものである。

一七三〇年一月のピョートル二世の突然の死で、対立する有力貴族たちの思惑の紆余曲折で後継帝に担ぎ出されたのが、クールラントで不遇のうちに過ごしていたアンナであった。即位式の後、その年の夏を彼女は子供時代を送った懐かしいイズマイロヴォで過ごす。アンナ帝は新しくつくった三番目の近衛連隊

図1-7　イズマイロヴォの光景（1720年代）
「鷹狩に出かけるピョートル二世」И.Ф.ズーボフ作版画　後正面に橋塔とポクロフ教会

を「イズマイロフスキー連隊」[27]と名付け、自らをその大佐（連隊長級）に任命し、寵臣のビロンを中佐としている。

アンナも狩猟愛好家で、即位後すぐにイズマイロヴォ島の南に新たに大規模な獣園をつくらせた。ロシア在来の野獣だけではなく、トラやヒョウ、象などエキゾチックな異国の動物も飼育した。ビーバーや白鳥に特化した池もあった。それは当時ヨーロッパで最大級のもので、一八二六年まで存続し、遺構が現在も見られる。その名残りは、「第一獣園通り」「第二獣園横丁」などの地名として今も残っている。獣園から引き出された野ウサギ、シカ、クロライチョウを銃で狙ってアンナはビロンと狩りを楽しんだ。しかし、アンナはすぐにペテルブルグに首都を戻し、その後イズマイロヴォは忘れられることはなかったが、かつての生気がよみがえることはなかった。

アンナ帝の没後一年、宮廷クーデターで帝統をピョートル一世系へと戻した、彼の娘エリザヴェータ・ペトローヴナ帝（一七〇九―一七六一　在位一七四一―）も狩猟好きであった。イズマイロヴォも皇帝狩猟地としての活気がもどり、イズマイロヴォの森にはフランチェスコ・ラストレッリによって狩猟用の館が建てられ、ここから女帝が隣のペローヴォ村へ通うために、三キロメートルほどの広い直線の道が森の中に切り開かれた。女帝は寵臣のアレクセイ・ラズモフスキーにペローヴォ村を与え、ラストレッリに宮殿をつくらせて、住まわせていたのである。この道路は現在、イズマイロフスキー公園のメイン・ストリートとなっている。

皇帝の来訪があるたびにイズマイロヴォには陽が射し、建物は修復されたが、徐々にそれも間遠になり、エカテリーナ二世の君臨する一七七〇年代には老朽化した石橋と宮殿が取り壊され、イズマイロヴォは誰にも忘れられた存在になった。一八一二年のナポレオン軍のモスクワ侵攻でイズマイロヴォの荒廃は決定的となり、部分的に賃貸に出されることもあり、ブドウ園は売却された。獣園も廃止され、教会は閉鎖された。

再生ウサージバ

再びイズマイロヴォの名が聞かれるのはニコライ一世（在位一八二五―一八五五）の治世下であった。しかしそれはもうウサージバとしての名ではなく、新しい運命がイズマイロヴォを待っていたのだ。ナポレオン軍殲滅の二十五周年にあたってモスクワを訪れたニコライ一世は初めてイズマイロヴォに足を踏み入れた。当時ロシア国内には、ナポレオン戦争勝利による高揚感がいまだみなぎり、愛国的気分が呼び起こされ、古都モスクワへの懐古的愛着、古きロシア礼賛の気運が沸き上がっていた。その世相を背景に、モスクワの歴史的建造物を利用して軍の福祉施設をつくる運びとなったのである。一八三八年十一月、勅令が出され、イズマイロヴォはナポレオン戦争の傷痍軍人の養老院[28]となることが決まる。ニコライ一世はパリのルイ十四世傷痍軍人の家をモデルとしたようである。

当初、イズマイロヴォ島の歴史的建造物を出来るだけ保存する方針であったが、コンスタンチン・トン[29]の設計は古い建物を大幅に改築し、南、北、東の三面に三階建ての長い棟を増築し、ポクロフ教会の姿も大きく変えることとなり、当時相当の議論を呼びおこした。改修工事は一八三九年から十年もの年月がかかった。北側の兵士棟は病棟となり、二階三階は傷病兵の居室となった。南側の士官棟の一階には食堂が置かれた。他の古い家屋や施設にも修理の手が入り、イズマイロヴォ島は新しい生活相の気運が生じる。一八四九年四月、ニコライ一世臨御のもとで「ニコライ傷痍軍人養老院」が正式に開設された。翌年、新しいイズマイロヴォの中心となったポクロフ教会では一八二八年以来途絶えていた宗教儀礼が復活した。

養老院の居住者たちは軍のヒエラルヒーに従って生活した。将校と兵士は衣服や処遇を厳密に区別され、日常生活は些細な部分まで規則で決められていて、違反には厳しい罰則があった。毎日、朝礼でその日の日課作業が読み上げられ、朝食後、病人以外はそれぞれの仕事をするために畑や作業場へと向かって行った。一八五九年に養老院は競売で隣接する「ブドウ園」を手に入れ、土地面積も仕事も増やしている。

養老院があるイズマイロヴォ島を取り巻くイズマイロヴォ村一帯は十九世紀の中頃から急速に変化してゆく。すでに一八二〇年代にここでは進取の気性に富んだ農民たちが最初の織機産業を起こしていた。一八三〇年には羊毛織機工場が現れ、一八四七年には木綿紡績工場が操業を始めた。一八六一年の農奴解放後は急速に住民が増加し、かつての農村は郊外の工場地帯になっていったのである。

イズマイロヴォ養老院は一九一七年のロシア革命後もしばし存続した。養老院の経営はアレクサンドル一世によって一八一四年につくられた「傷痍軍人に関するアレクサンドル委員会」が担っていたが、その廃止により資金が絶たれ、十月革命直後、養老院はその名をすぐさま「レーニン名称第一ソヴィエト労働傷害者の家」と変えるもむなしく、一九一九年に閉鎖されてしまう。

すでにイズマイロヴォ周辺地区は紡績、染色工業の工業地帯となっており、北側には労働者の住宅が広がっていた。一九二四年から労働者の住宅ゾーンは旧ウサージバの領域にも入り込んできた。この年、イズマイロヴォ島はバウマン労働者住宅区に組み込まれ、養老院の建物は労働者住宅に改築され、現在見る形になった。一九二六年にここには二二二三人の住民が登録されており、一つの診療所と二つの学校があった。橋塔も内部を細かく区切って「コムナルカ（分割共同住居）」となり、人々の生活の場となった。

一九三〇年になってイズマイロヴォの森林地区の一部、かつての「獣園」をふくむ狩猟地区は東側の「イズマイロフスキー森林公園」と西側の「文化と休息の公園　イズマイロヴォ」となり、第二次大戦をはさんで公園としての整備が進んだ。現在はウサージバの残存部分一帯を合わせて、自然・歴史公園「イズマイロヴォ」となり、面積約一六〇八ヘクタールのモスクワ有数の大公園として、市民に憩いを提供している。公園の西端にはツァーリ・ウサージバの遺構である半円形の人造池「丸池」がそのまま残っている。かつて夏を過ごすためにイズマイロヴォを訪れた皇女たちが手ずから池にカワカマスやチョウザメを放ち、鈴を鳴らして魚を集め、餌をやるのを楽しんだところである。

イズマイロヴォ島内の歴史的諸建造物も一九七四年から一九八五年にかけて復興工事が行われ、ツァーリ家領主屋敷の建物や養老院の施設が修復された。更に修復は進んで、二〇二一年には橋塔が完璧に修復され、ミュージアムの一部となり、装飾タイルが展示されている。セレブリャンヌイ川を渡って橋塔へ続く石橋と「インド皇子イオアサフ教会」は、一九三七年に取り壊されたので今は見られないが、ほぼ十九世紀半ばの様子が想像できるものとなっている。

モスクワとウサージバ

十八世紀よりロシアの政治権力の中心はペテルブルグに移ったが、旧都モスクワは「第一玉座のモスクワ」という尊称を付けて呼ばれ、新帝は必ずクレムリン城内のウスペンスキー寺院で戴冠式を行うという慣習もあり、鷹揚で自由な気風がモスクワの特性になっていった。また、正教会に追放された分離派教徒たちが多く住み、彼らはよく商業に従事して、モスクワは実利を重んじる商都としても発展していった。

貴族たちにとってもモスクワは、宮廷のあるペテルブルグを離れて息抜きのために羽を伸ばす場所であり、財力のある貴族は必ずモスクワにも別邸を有していた。さらに市外の田舎にいくつものウサージバを持つのも稀なことではなかった。富裕貴顕たちは自身の欲求のままに、妍を競い合うように壮大で美々しいウサージバをつくった。エカテリーナ二世のツァリーツィノ、シェレメーチェフ家のクスコヴォとオスタンキノ、ゴリツィン家のアルハンゲリスコエ、ストロガノフ家（ゴリツィン家）のクジミンキ、ビャーゼムスキー家のオスターフィエヴォ等々は今は全国規模の観光地となっている。それ以外にも、地味ではあるが博物館となり訪問者を待つ中小のウサージバがいくつも存在している[30]【図1－8】。

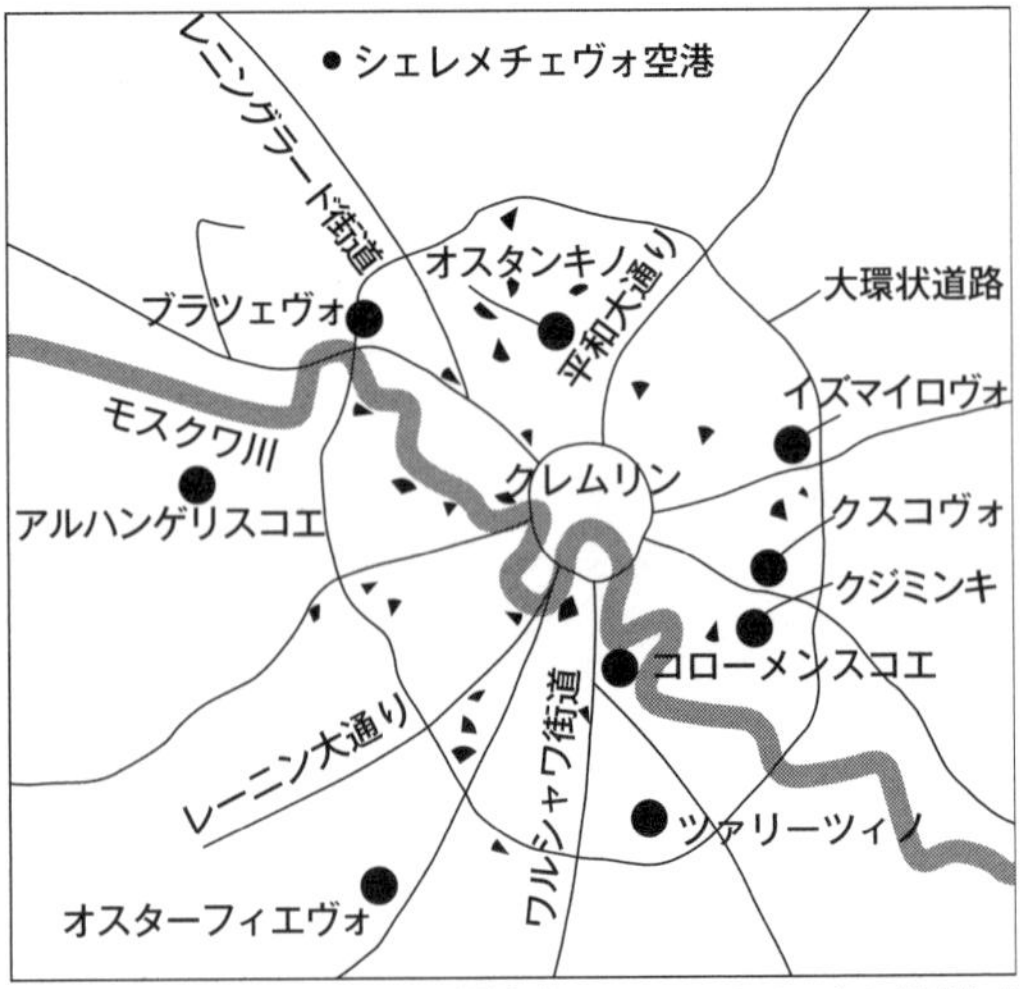

図1-8　モスクワのウサージバ　筆者作成

第二章　帝国ウサージバの始まり

メンシコフ公爵紋章図

1 オラニエンバウム

ピョートル一世とメンシコフ

いにしえのルーシの匂いを宿したイズマイロヴォ・ウサージバの時代は急速に終わる。ピョートル一世が西ヨーロッパへのグレート・ジャーニイから帰り、国内の権力を完全に掌握して、古い因習に縛られたモスクワを捨てる決心をしたのである。バルト海に面した、ヨーロッパに近接する地をスウェーデンから奪還し、新しい首都をつくることにしたのだ。この新都の建設は大北方戦争のさなか、一七〇三年五月にネヴァ川河口の小島に要塞をつくり始めることから始まった。

北ヨーロッパの覇権を賭けたスウェーデンとの戦争では、緒戦のナルヴァの戦いでこそ敗北を喫したが、その後態勢を立て直したロシアはネヴァ川河口のデルタ地域を奪回し、海への出口を得て、スウェーデンの支配下にあるバルト海沿岸へと進出した。南方ウクライナでの戦線では、カリシ、レスナヤ、バトゥーリンとスウェーデン軍を追い詰め、一七〇九年のポルタヴァの会戦で決定的な勝利をおさめるに至った。戦争の大勢を決め、戦況に余裕を持ったピョートル一世は精力的に新都建設に取り掛かった。

フィンランド湾南岸の一帯はスウェーデンの領有でありながら、スウェーデン人たちはほとんど住みつかず、フィン系民族のイジョーラ人たちが彼らから土地や家屋を借りて住んでいた。そこは決して都市建設にとって条件の良いところではなかったが、ヨーロッパに直結する海に面した土地に新しい都市をつくるというピョートル一世の情熱を抑えるものは何もなかった。新しい町をヨーロッパ型の建物で埋め尽くさなくてはならない、人々をこの町に住みつかせなくてはならない。まず自家の、ツァーリ一族の人々、近臣たちや貴顕貴族を移り住ませよう。彼らに土地を与えて（ダーチャ）、彼らの財で邸宅を造らせるのだ。ツァーリの意図を受けて、真っ先に走り出したのが、その寵臣アレクサンドル・ダニーロヴィチ・メンシコフ[1]（一六七三―一七二九）であった【図2―1】。

図2-1
А.Д.メンシコフ（Ж.シモンの版画　1709年以降）

プーシキンが物語詩『ポルタヴァ』（一八二八）のなかで、「ピョートルの巣の雛鳥たち…専制の権力を分け持つ男、素性も知られぬ幸運児…[2]」と謳ったロシア史上でも屈指の伝説的な人物である。メンシコフは出自のわかる確定的な資料が存在せず、様々な議論があるが、在世中に通していたリトアニア貴族の裔という説は、ロシアのほとんどの歴史家からは疑問符をつけられている。関わりの深さからポーランド、ベロルーシ系の貴族の流れとする見方もあるが、確定的ではない。父親のダニールの代にモスクワ宮廷の厩舎に出入りするようになったと考えられている。メンシコフの生まれの卑しさを伝える伝説として、彼が少年時代に路上でピロシキを売っていたという逸話は広く国内外に浸透した。「鼠が猫を葬送する」というテーマの有名なロシアの民衆版画は、猫＝専制君主（ピョートル一世）の葬送を想定して作られたものだが、会葬者の中のメンシコフはピロシキ売りの鼠として描かれているのである[3]［図2－2］。

図2-2　ピローグ売りのネズミ（ルボーク）

　メンシコフは十代の半ばに若きピョートル一世の指南役側近であったスイス出身のフランツ・レフォルト[4]（一六五九―一六九九）に見いだされ、その使い走りなどをするうちに、同世代のピョートルに気に入られ、十四歳で彼の従卒となった。プレオブラジェンスコエ村の遊戯連隊に入れられて砲兵となり、砲兵大尉であったピョートル一世と常に行動を共にした。対トルコ戦での数度のアゾフ遠征にも加わり、戦歴をつけてゆく。

　レフォルトの進言を入れて、ピョートルは一六九七年春から一六九八年夏にかけて約二五〇人の「大使節団」[5]をヨーロッパに送り出す。団長はレフォルトとし、自分はピョートル・ミハイロフという偽名でプレオブラジェンスキー連隊下士官の研修生として加わった。従う研修生十人の筆頭をメンシコフが務め、ツァーリの行くところ常にメンシコフがいて、オランダでは造船業の中心地ザーンダムで共に造船技術の研修を受けた。一六九八年夏にモスクワで銃兵隊の反乱が起こり、予定を変更して帰国するのだが、モスクワ帰還ののちピョートル一世は反乱兵たちを徹底的に処分して、国内支配を盤石にした。その際メンシコフの苛烈な働きぶりはピョートルに大きな力と認めさせるものであった。ロシアに帰った後にレフォルトが亡くなり、ツァーリは最側近、右腕としてのメンシコフを公私共に離せなくなった。

　スウェーデンとの北方戦争が始まり、メンシコフはその軍事的才能を華々しく開花させてゆく。ロシア軍を勝利に導いた彼の数々の功績に対してピョートル一世は惜しみない報賞を勲章、官位、領地というかたちで与え、メンシコフは瞬く間に大貴族となっていった。かつてノヴゴロド大公国の領有下にあったネヴァ川周辺の、インゲルマンランディヤと呼ばれるイジョーラの地が一七〇三年にスウェーデンから奪還されると、その地の初めての将軍知事となった。一七〇七年にはイジョーラの地が下賜され、スヴェトレイシー（最も光輝な）という尊称のつく公爵となる。またメンシコフはバルト風にイジョーラ公（ヘルツォーク）とも称している。

市内メンシコフ邸

メンシコフはペテルブルグ最大の島であるヴァシーリー島を拝領し、初期ペテルブルグの都市建設はここから始まってゆく。一七一〇年の夏、ヴァシーリー島のネヴァ川右岸にメンシコフ邸（宮殿）の建設が始まった。建材としての石材が乏しく、入手も困難な場所での当時最大級の〝石の宮殿〟であった。ピョートル一世は自身の住まいにはこだわりを持たず、臣下に豪勢な住居を建てさせるのを好んだ。メンシコフ邸は一七一一年の秋には部分的に完成し、十月一日に新邸入居の祝いが行われた。この邸館はメンシコフが権力の座にいる間ずっと建築拡大が続くのだが、一七一四年にはすでにA・Φ・ズーボフ描く版画「ヴァシーリー島の光景」の中でペテルブルグ随一の威容を誇る大館として描かれている［図2－3］。この外国向けプロ

図2-3　メンシコフ宮殿　A.Φ.ズーボフ作（1714年）

パガンダの版画は理想的な完成想定図であり、細部はリアルではないが、ペテルブルグにおけるメンシコフ邸の役割のよくわかるものである。この館は私邸であるが、公館としても使われ、国家行政の場であり、国家行事、祝祭や外国使節の応接などに使われ、政治・文化の中心であった。ネヴァ川に面した建物の背後には塀に囲まれた広大な敷地があり、そこには使用人のための家屋、家政業務上の建物、厩舎、納屋、レンガ工場などがあり、庭や菜園もつくられていた。メンシコフの屋敷はウサージバとも呼ばれるものであった。

ペテルブルグの建設にあたり、ピョートル一世はこの町を一挙に拡大させようとした。ポルタヴァ戦勝利のあと、一七一〇年初夏にロシア軍はフィンランド湾北岸にある要塞ヴィボルグを陥落させ、ペテルブルグがスウェーデン軍に襲われる可能性は無くなった。ヴィボルグ地方をロシアの版図に入れて、安心して南岸に美しい景観を作り出すことが出来るのだ。特にロシアが追い付こうとしているヨーロッパ諸国の人々の目に、壮大な美しい都市として印象づけなくてはならない。西から到来するヨーロッパの人々の多くは海路バルト海よりフィンランド湾に入り、最初に船上から初めてペテルブルグを目にするだろう。ピョートルはフィンランド湾南岸の海岸線に沿った道筋を豪華なウサージバで飾りたいと思った。クロンシュロット要塞（一七二三年よりクロンシュタット）を建設中のフィンランド湾に浮かぶコトリン島に渡るために、対岸に旅宮を置いていたが、それを本格的な離宮（ペテルゴフ）にして、ペテルブルグからその宮殿に到る街道をパリのヴェルサイユ宮殿への参道のように美しくするのである。ペテルブルグからペテルゴフへ向かう道の両側をウサージバで飾ろう、有力者たちに土地を分け与えて、別邸ウサージバを造らせるべしとなったのである。

ペテルゴフ街道　ウサージバ、西へ走る

ペテルゴフへの道は、十八世紀ペテルブルグの街の境界線を形づくっていたフォンタンカ川の最下流の地を出発点とした。ペテルゴフの北にあるコトリン島から最短距離にある対岸の土地をメンシコフに与えて、イジョーラの地の知事にふさわしい豪華なウサージバを造らせ、そこを西へ走る道の終着点としよう。全長約四十キロメートルのペテルゴフ街道の要所々々にはツァーリやその親族の離宮を置き、

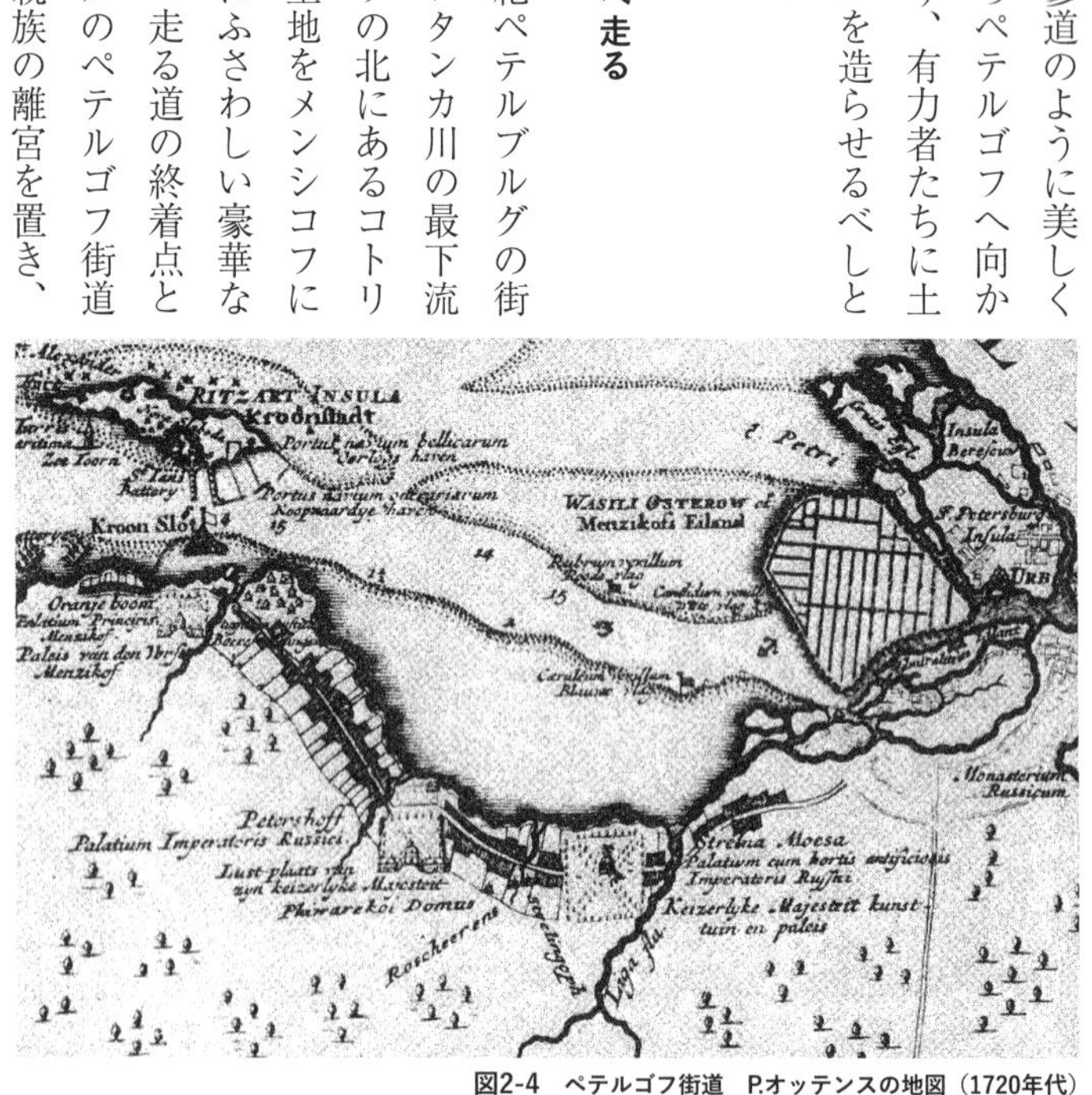

図2-4　ペテルゴフ街道　P.オッテンスの地図（1720年代）

街道の締めとするのだ［図2－4］。

ペテルゴフ街道の両側をウサージバの区画が埋め尽くすイメージを、ピョートル一世は大使節団でオランダに行った折、ザーンダムに赴く際にヴェフト運河を行く船上から見た景観から得ていると、C・B・ゴルバテンコは言う。(6) ヴェフト運河の両側の土地は短冊状に区画整理され、区画所有者の家が川面を向いて、びっしりと立ち並んでいるのであった。家の後ろの細長い敷地は庭となり、花や灌木が植えられていた。

最初のダーチャの下賜は一七一〇年の十二月に行われ、ピョートル一世の異母兄フョードル三世の未亡人マルファ・マトヴェエヴナ妃、その兄の海軍提督Φ・M・アプラクシン伯爵、元帥ヤーコフ・ブリュース、シチェルバトフ公爵、ドルゴルーキー公爵、といったそうそうたる貴顕たちが土地を得た。ツァーリとその家族のウサージバ離宮、それにメンシコフのウサージバは一七一一年から造営が始まった。一七一四年から一七一五年にかけてペテルブルグ県の官署はさらに多数の実力者たちに下賜するために土地を測定し、区画を作ってゆく。街道の両側に幅一〇〇サージェン（二一三メートル）、長さ一〇〇〇サージェン（二一三〇メートル）の広大な細長い土地を一区画として線が引かれた。一七二〇年代の終わりまでには一四五の区画（所有者数は八十六）が下賜されたと同時代のA・И・ボグダーノフは書いている。(7) 土地を与えられたのは主に貴族の上級軍人、役人たちであったが、その中にピョートル一世の〝通訳〟という資格で、居酒屋

「クラースヌィ・カバチョーク（赤い居酒屋）[8]」の主人、セミョーン・イヴァノフがいた。「クラースヌィ・カバチョーク」はペテルゴフ街道の出発点から約七キロメートルのところ、他の道との結節点のような地点にあった。ここには哨所（関所）があり、脱走兵や逃亡農民を見つけ出す所であった。居酒屋はそばを流れる「赤い川」という川の傍らに十七世紀からあったと思われる店だが、一七〇六年にピョートル一世によって、捕虜から身を起こした通訳のセミョーンに与えられた。この地域に精通する彼の仕事ぶりや、そのために傷も負ったこと、気配りの巧みさがよしとされたのであろう。ピョートルがセミョーンに「売り渡してはならぬ」と言ったと伝えられているこの居酒屋は実に一九一九年まで存続した。

一七一四年頃、セミョーンは嘆願により、ダーチャを得て、ここにツァーリや高官たちが離宮地ストレーリナやペテルゴフへ向かう時に休憩を取るレストハウスをつくった。また彼はウオッカとタバコを売る許可も得て、一七一九年にここでは哨兵の立つ旅籠と風呂屋、酒屋が営まれていた。この〝由緒ある〟居酒屋は約二〇〇年の間に転々と所有者が変わりつつ、さまざまなエピソードを残している。一七六二年六月二十八日から二十九日の夜には退位させた夫ピョートル三世を逮捕するため、ペテルゴフへ近衛軍を進める途上のエカテリーナ二世が休息をとるため滞在した。一七六五年にはかのジャコモ・カサノヴァが恋人のザイーラや友人たちとここで楽しい時間を過ごしている。プーシキンやレールモントフの詩のなかにも名を残した場所であるが、町はずれの、交差する道を行く人々が出会う酒場は、首都の伊達な若者や軍人たちが「ドイツ人（外国人）たち」とぶつかり合ったり、彼らの向こう見ずの勇猛さや侠気が弾け合うところでもあった。プーシキンと彼のリツェイの同級生で親友のП・В・ナシチョーキンもその類のこととは無縁ではなかった。(9)

ダーチャ区画を下賜された人々は自力で別邸ウサージバを造らなくてはならなかった。そして新しいウサージバは領地経営のためでも、家政のためのものでもなく、夏期に滞在して華やかなイヴェントを催して楽しむための、遊楽を目的とする美々しいウサージバでなくてはならなかった。また大事なことはすべてが海に向かって開かれた、陸地から解放された気分の中にあることであった。ピョートル一世の、海のそばに臣下を引き出し、古い内陸国ロシアの因循さから彼らを解き放ち、波打つ海のダイナミズムになじませたい、海で繋がる世界への意欲を持たせたい、という教育的意図は明確であった。

しかし、ピョートル一世の欧化政策は強制的暴力的な性急なものであって、古きモスクワのウサージバから引っ張り出された貴族たちは、多くの場合、「身体はここに、心はモスクワに」あったと、先のボグダーノフは記している。(10) 屋敷の奥まった居楼（テーレム）の薄暗い部屋で一生を過ごしていた高貴な身分の女性は、胸の開いたドレスを着て宴席に連なり、強い酒を飲み、ダンスもしなくてはならなかった。西欧化はすべて形から始まり、見映えが何よりも大事であった。

フィンランド湾は水深が浅く、港湾建設には不向きで、沿岸地方は洪水が多発するところである。ペテルゴフ街道が通る南岸は波の浸食によって段丘状の地形が延びており、水際より八〇〇メートルぐらいから険しい傾斜となり、台地（テラス）が二層になっていた。台地に立つと、海を見晴るかす素晴らしい景色が広がる。海に向かう崖地や傾斜地を裂くように、縦横に水路が走っており、窪地や谷地も多くあった。土地を乾かすためにも、水路をつくる必要がある。この独特の地形上には、川を堰き止めて池をつくり、噴水もつくることができるだろう。ピョートルの頭にはオランダで見知った干拓地とペテルブルグの地理的条件の類似、国土をつくり出したオランダの水利技術への期待があったはずである。ツァーリのオランダへの愛着は「インゲルマンランディヤの岸辺に〝パラジソ（天国）〟の風景を[11]」と言う言葉に込められており、そこにはピョートル・ミハイロフとして目にしたリスヴィクのヘット・ロー・パークの花のあふれる庭園が必須であった。

ペテルゴフ街道両側に連なるウサージバの花環には、まず早めにところどころ大輪の花を置く必要があった。ピョートル一世はペテルゴフ街道の始点近く、ネヴァ川入り江のデルタ上に妻エカテリーナのための離宮ウサージバ「エカテリンゴフ[12]」をつくる。この近くの海上でロシア海軍は初めてスウェーデン軍を破ったのだ。メンシコフの指揮で二隻の軍船「ゲダン」と「アストリルド」を奪取した記念の地である。ピョートルはこのロシア海軍の初勝利をことのほか喜び、記念メダルを作り、「ありえないことがある」という銘を入れた。

「エカテリンゴフ」の西隣には長女アンナのための「アンネンゴフ」、その横には二女エリザヴェータの「エリザヴェトゴフ」を造ろう。さらに西に進んで旅宮の「ストレーリナ」を造らなくてはならない。それからピョートル大宮殿を置くペテルゴフとなるのだ。この海の大宮殿はことのほかピョートル一世の自慢となる。一七二三年にペテルゴフのピョートル大宮殿を訪れたフランス公使カンプレドンは国王に宛てた書簡の中で、ピョートル一世が、「ここからは一方にクロンシュタット要塞が見え、他方にはペテルブルグが見えます。このような素晴らしい場所をフランス国王がヴェルサイユでもお持ちになれるとよいのですが」と言ったことを伝えている[13]。

さらに西にあって、ペテルゴフ街道の最後の締めとなるのが、メンシコフのウサージバ「オラニエンバウム」であった。メンシコフはペテルゴフ街道中にもう二つより小さいウサージバを所有していた。ストレーリナ近くの「ファヴォリット」とペテルゴフのそばの「モンクラーシュ」である。後者はブリュース所有のウサージバであったが、晩年に得て手を加えたものである。

北国のオレンジの楽園

「オラニエンバウム」という名はどこから来たのであろうか。これは「オレンジの木」を意味するドイツ語（Oranienbaum）そのものである。ロシア人が来る前にこの地のフィン系の人々のムィザ（ウサージバ）の温室にオレンジの木が生えていたからという類の説もあるが、オラニエンバウムが造られた地域にはムィザはなく、寒村がいくつか散らばっていただけであり、そこには温室もなく、オレンジの木が育っている筈はなかったとゴルバテンコは退ける。彼はピョートル一世と表裏一体のメンシコフがピョートルのオランダへのシンパシーに寄り添う気持ちを表明しているのではないかと言うT・Б・ドゥビャーゴの説を支持する。(14) 生まれながらにナッサウ伯、オランダ総督であったオラニエ（オレンジ）公ウィレム三世（一六五〇―一七〇二）はピョートルの敬愛するヨーロッパの君主であり、君主として目指すタイプの一つだった。オラニエ公はウィリアム二世としてイギリス国王（在位一六八九―一七〇二）でもあり、大使節団がイギリスを訪れた際にロシア人たちを懇切にもてなしてくれたのだった。オレンジの木はオラニエ公家のシンボルである。ドイツにもオラニエンバウムという町がつくられたが、オラニエ家に発する由緒を持っており、現在、「デッサウ＝ヴェルリッツの庭園王国」の一部となっている。ピョートルもメンシコフもその都市に行った形跡はないが、知識はあったかもしれない。北方に住むロシア人にとってオレンジやレモンなどの柑橘類は暖かい南の地への憧れであり、豊かさと幸せのシンボルであった。庭園の中の温室であるオランジェレーヤ（オレンジ舎）は豊饒さで庭園の格を体現する言葉であった。

メンシコフにはさらにもう一つ「オレンジの町」があった。それはリャザン近くの領地「ラーネンブルク」である。

ロシアは以前からアゾフ海の支配をめぐってトルコのオスマン帝国と諍いが絶えず、ピョートル一世は一六九五年にアゾフの占領を試みるが、包囲戦に失敗し、敗北を喫した。この経験からピョートルは海上戦力の必要を痛感し、内陸の川の町ヴォロネジに造船所を造り、戦艦建造を始めた。こののち海上戦力の増強によって海上封鎖に成功し、一六九六年七月アゾフ要塞はロシアに降った。ヴォロネジは海軍の基地が一七〇五年に南に移されるまで短期間海軍の町となり、ピョートル一世自身もヴォロネジに通うことになる。モスクワから往復の途中に、ツァーリやその随員が休息を取るための小さな木造の旅宮がリャザン近くのスロボッツコエ村につくられた。一七〇二年に滞在した際、ピョートルは自分で図面を引き、オランダの要塞を手本として五個の稜堡を持つ小さな要塞を築き、それを「オラニエンブルク」と名付けたのである。その名は明らかに同年に亡くなった、崇拝するオラニエ公ウィレム三世に捧げられたものであった。そして、この軍事的には全く必要性のない要塞は村と共に領地としてメンシコフに与えられたのである。

村の人々にとっては「オラニエンブルク」という名は耳慣れない、発音しづらい言葉であり、いつの間にか「ラーネンブルク」に落着いてしまったのだ。五角形の要塞の南面に接して、大きな木造の館がメンシコフ公爵の滞在時の居館として造られた。一七〇四年にラーネンブルクの要塞と居館を訪れたオランダ人によれば、館の内部は便利で快適な部屋がいくつもあり、様々な花で飾られていたという。[15] 要塞は崩壊して跡形もなく、今は堀と土塁がところどころ残るのみであり、居館の方も二〇〇四年までに全く損壊してしまったが、館は昔の図面によって復元され、現在はリペツク州チャプルィギン市の郷土史博物館として使われている。再建された館の写真からは、建物の玄関はロシアの伝統的なテーレムの姿を持ち、ロシア建築とオランダ建築が融合したものであることがうかがわれる。

一七一一年の春先、ピョートル一世はスウェーデン王カール十二世を庇護するトルコ・オスマン帝国との戦争で、南方へとロシアを発ってゆく。建設を始めたばかりのペテルブルグの要件をすべてメンシコフに委ねての出立であった。戦場となったプルート川での戦況はロシア側にかんばしいものではなく、七月にはピョートル一世は苦境に立たされていた。その結果、ロシアはアゾフとタガンログを失うのだが、メンシコフが時期を同じくしてペテルブルグ近郊につくり始めたウサージバに「オラニエンバウム」と名付けたことは、かつてアゾフで共に戦った戦友がピョートルに送った〝エール〟であったかもしれない。

メンシコフのピョートルへの忠実さと友情は疑いのないものであったが、彼はツァーリの直近にあって急激に膨張した権力の効用を最大限使うことを躊躇しなかった。収賄、公金横領をはばからず、それが次第に寛容なツァーリを苛立たせていることを知っていた。だからこそ、戦場から帰還した時、ツァーリを喜ばせなくてはならない。モスクワから首都機能を移せるようペテルブルグを整備しておかなくてはならない。オラニエンバウムの建設は後発のウサージバに豪華な範を垂れるものにしよう。ペテルブルグ市内の館と同様に、ツァーリのウサージバより豪華なものになっても、ツァーリは喜ぶだろう。

ウサージバ・オラニエンバウムの建設

オラニエンバウムの立地は北側に水深の浅いフィンランド湾が広がり、陸側は海岸から傾斜地が続き、崖上のテラスが二つあり、さらに東側崖地には蛇行するカラスタ川といくつもの分流の小川があった。まずカラスタ川に堰を置き、池をつくらなくてはならなかった。水力を使って製材所を作り、レンガ工場をつくることからオラニエンバウムの建設は始まった。メンシコフはオラニエンバウムの支配人アニチコフに度々書簡で建設上の指示を出し、自らも土台工事や堰の工事を視察している。下の庭園の海側に最初の木造の宮殿を作った。一階建ての建物で、四つの明るい上間があり、帆布が張られ、オランダ製のタイル張りの暖炉が置かれ、窓枠は鉛製であった。石造の本宮殿が完成した後は教会の聖職者が住むところとなった。

一七一一年の夏、北イタリアかスイス出身のF・フォンタナの指揮で宮殿の中心部がつくり始められ、最初は一階建ての予定であった。しかし、翌年になると、メンシコフはポメラニア、ホルシュタインにおけるロシア軍の要塞攻撃の陣頭指揮をとるためにペテルブルグを離れることとなり、フォンタナは職務を解かれ、オラニエンバウムの工事は一七一六年まで捗々しく進展しない状態にあった。

この長い停滞の理由にはメンシコフの公金横領、背任行為がいよいよ覆い隠せないものとなり、審問されていたこともある。彼は国家の買い入れる穀物の価格操作や、収賄、さらに逃亡農民や分離派教徒たちから金をとって、領地内にかくまっていたのだ。

しかし、オラニエンバウムは動いていた。一七一三年には長い堤防上の船着き場も出来上がり、コトリン島への物資や糧秣供給のベースとして機能し、工場ではレンガや瓦が生産され、製材所は稼働しており、ここでは秤を設置して秣・飼料の買い入れも行われていた。

バルト海沿岸の戦場で赫赫たる戦功をおさめたメンシコフはデンマークから象勲章、プロシャから黒鷲勲章を授けられ、一七一四年二月に栄誉につつまれてペテルブルグに帰還した。メンシコフの陸戦における戦歴はこのあたりまでであるが、彼にはまた海の戦士という自負もあり、一七一五年には戦艦「シリッセリブルク」に司令官旗をたなびかせてレーヴェリ（タリン）へ赴き、港湾建設を視察し、アプラクシン伯爵の不在をうけて、クロンシュタット艦隊の指揮と海軍全般の行政を一手に収めた。

一時停滞していた建設工事は一七一六年から速いテンポで進み、一七一七年には大宮殿の二階建て中央部主棟は屋根に公爵冠を頂いて仕上がり、その両横に一階建てのギャラリー棟を半楕円形に伸ばした姿となった。メンシコフは工事の進展を常に気にかけ、毎月オラニエンバウムを訪れ、一日から三日ほど視察し、コトリン島、ペテルゴフ、ストレーリナを巡ってペテルブルグに帰って行ったが、夏には五月三十一日から六月十三日まで二週間ずっと滞在して、毎日仕事場を見て回り、様々に指図をした。オラニエンバウムを訪れた旅行家のゲルケンスは「オラニエンバウムのメンシコフの宮殿と庭園はクロンシュタットの真向かいに位置し、素晴らしい条件の土地にある。宮殿は三階建てのレンガ造りで、長い翼廊があり、半楕円形をしている。宮殿前、海側の庭園はまだできていない。[16]」と一七一八年に出した旅行記の中に書いている。

一七一七年には建築工事は大いに進展した。大量の建材を調達し、宮殿の内装を整え、厨房がつくられ、東の翼棟にトルコ式風呂がつくられた。下の庭園も大量の樹木、灌木を移植して整備が進んだ。А・И・ロストフツェフの版画「オラニエンバウム」では噴水やカスケードで美々しく描かれているが、実際は花壇と並木は宮殿前の中央部のみで、脇のボスケはリンゴ、サクランボ、ベリー類の果樹が植えられていた。翌年も工事は進み、メンシコフはドイツ人建築家のI・F・ブラウンシュタインとよく接触した。工事再開後は彼が主として建築を指導していたのである。メンシコフは滞在時に木造の館に泊まっており、主宮殿の内装はまだ仕上がっていなかった

図2-5　オラニエンバウム大宮殿（18世紀後半）

ようだ。しかし、トルコ風呂はもう使われており、七月七日に来訪したピョートル一世は持病の治療に浴場を利用している。

一七一九年からは翼廊の両先端を飾るパヴィリオンが造られた。一七一六年にロストフツェフが制作した版画「オラニエンバウム」にはまだ未着工のパヴィリオンが堂々と描かれており、確実な計画になっていたことがわかる。西側パヴィリオンの中は教会となり、「教会パヴィリオン」と呼ばれた。東側のパヴィリオンには大広間がつくられたが、何故か「日本パヴィリオン」という名が付けられているのである。ギャラリーの両先端を飾る塔パヴィリオンはオラニエンバウムの宮殿に鮮明な相貌を与える最も評価の高い建築物である。ロシア・ソヴィエト美術界の巨匠И・Э・グラバーリは一九一二年に「…両パヴィリオンで飾ることはまさに正しい発想法である。今に残っている、ピョートル期のかなり貧しい建築物のなかで、二つのパヴィリオンは本物の真珠としての品位に輝いている」と評している。[17] 一七六二年六月二十八日、ピョートル三世が退位宣言に署名させられたのはこの日本パヴィリオンだと言われている。

一七二〇年からは両パヴィリオンに接して翼棟が真っ直ぐに南へと建てられ、主館の後ろの土地を四角く囲い込み、中庭を形成した。西側の翼棟には様々な工房や業務上の部屋がつくられた。東側パヴィリオンの大広間に接してはピョートル一世のための部屋が二つ付けられ、素晴らしい内装を施された［図2－5］。

庭園（「下の庭園」）も造作が進み、ロシアで「夏の庭園」に次ぐ最初期のウサージバ整形庭園が形づくられていった。三面の花壇を入れたパルテールをおき、三つの噴水をつくり、三十九の白い塗料を塗って大理石に見せかけた木彫の像が立てられた。四つの金メッキを施した鉛の像もあった。カエデ、ボダイジュ、ニレなどの樹木が植えられ、これまでのモスクワ庭園の伝統で実をつける木々、ベリー類の灌木が植えられ、実用に供しながらも、刈り込まれて整形庭園の一部となっていた。噴水を設置するにあたって、四月にはフランスから噴水工事の技術者が呼ばれ、メンシコフも共に庭園を検分し、宮殿の後ろのテラス地に貯水池をつくる必要性が認識されている。これは後に「上の池（赤い池）」として造られることになる。

同じころ宮殿と海をつなぐカナルが掘削され、海から来る船が庭園正面のすぐ前にある円形船着き場に着岸出来るようになった。水路をつくって海と宮殿をつなぐ離宮の構造は、ピョートル一世の好む海の宮殿の特徴で、彼自らエカテリンゴフの設計略図にも描いている[18]。若き日にメンシコフと共に見てきたオランダの海のウサージバである。オラニエンバウムの港からはクロンシユタット要塞のあるコトリン島への渡し船が運行されていた。一世紀半ほど後にロシアを訪れた江戸幕府の文久使節団の一行はクロンシュタット要塞見学の帰りに、オラニエンバウムへ渡りペテルブルグへ戻っている。ただ、一八五〇年に庭園西方の海岸に汽船会社「ザリャー」の港がつくられており、おそらく新しい港に着いたものと思われる。

下の庭園の北面、海浜を走る宮殿大通りにそって、東西にシンメトリカルに二つの建物があった。西に一階建ての「絵画館」が建ち、東には温室があったが、温室は十八世紀中に失われてしまった。絵画館は現在に残る建造物で、異説もあるが、一七三〇年までには完成していたと見られ、ロシアのミュージアムの原型の一つである。オラニエンバウムがピョートル・フョードロヴィチ大公（後のピョートル三世）の所有となっていた時（一七四三―一七六二）にはその絵画コレクション約三〇〇点が置かれていた。

メンシコフ時代の最後の頃、北側の宮殿大通りにそって、五棟の連結した石造りの建物がつくられた。海を渡って到来した賓客とその同伴者や随員たちのためのゲストハウスであった。ホルシュタイン人の父が将軍としてロシアで務めていたので、幼年・少年期をロシアで過ごしたФ・Б・ベルフゴリツ（ベルクホルツ　一六九九―一七六五）は、再びロシアに来て間もない一七二一年八月一日にオラニエンバウムを訪れた。「…とても気持ちの良い道が海岸に沿って通り、美しい森のそばを通ったり…、オラニエンバウムに着くのが半時間早ければ、公爵にお目にかかれたのだが、出発されたばかりであった。だが、我々は公爵がいない方が、どこでも自由に見ることが出来て快適であった。建物は小山の上にあり、そこからの眺望は素晴らしい。二階建ての主宮殿が左右にギャラリーを延ばし、大きすぎるほどの湾曲した翼棟をつくっている。その先端の一つは美しい教会となり、もう一つには大広間がつくられている。建物の前は広大な庭園があるが、まだちゃんとできていない。その前にきれいな小さい林があり、それを横切って幅の広い並木道とカナルが引かれている。高みにある主宮殿から二段の石造のテラスがつくられ…、庭園へと降りてゆく。上からは、五キロメートルも離れていない斜め向かいにあるクロンシュタット要塞が見える。宮殿の部屋は小さいが美しく、素晴らしい絵と家具で飾られている。公爵は入浴が大好きで、オラニエンバウムに素晴らしい浴場をつくっている。円形のガラス張りの屋根をかぶせているのでとても明るい。しかし、そこは非常に熱くて服を着ては入れず、残念ながらよく分からなかった。なにしろ、こんな種類の風呂は見たことがないので。宮殿の左側に召使たちのための長い建物が建てられ、そこを抜けると中庭への門となる。大きな塔が聳え、高価な大時計がつけられている。この塔は建物全体のシンメトリーを壊している。みんなの言うところでは、ツァーリは公爵にそれを取り除くか、または他の側にもう一つ作るべきだと迫ったそうだ…ここでは何でもバラバラにつくっている。始めは主宮殿だけ、それからギャラリーを付けて大きくし、…側棟までつくってしまう。ペテルブルグの大宮殿の建て方と同じだ。統一性がない、いったい何人の建築家が関わっているのか…」[19]

若いドイツ人の辛口の指摘は当たっているようだ。オラニエンバウムを建て始めてから何人もの建築家が入れ替わり、総花的な取り組み方であったようだが、ロシアで最初期の国を挙げてのヨーロッパ流の建設工事である。ヨーロッパの建築術が玉石混交で飛び込んできたのであろう。

ゴルバテンコは次のようにオラニエンバウムが出来た過程をまとめている。まず、初めの一、二年にフォンタナが基礎工事をした。工事の中断のあと、ブラウンシュタインが他の手も借りつつ、主宮殿、翼棟、側棟をつくり、下の庭園も造り始めた。下の庭園はバルトロメオ・ラストレッリが設計したが、息子のフランチェスコも手伝った可能性がある。二つの塔パヴィリオンと湾曲した翼棟のアイデアはフランスから招聘したJ・B・ルブランと、その助手N・ピノから出たものである。さらにД・トレジーニも厩舎やテラスの擁壁の設計をしている、と。ピョートル期ロシア建築のオールスターが出揃った観がある。地元のフィン人労働者や、ロシア奥地の領地から送り込まれた賦役農奴たち、駆り出された兵士たちが外国人建築技術者のもとで働いていた。

オラニエンバウムの主宮殿の東側、西側は十八世紀半ば以降にピョートル三世、エカテリーナ二世によってつくられてゆくウサージバ部分であるが、メンシコフはその晩年にすでにカラスタ川を堰き止めて「上の池（赤い池）」を造成し、水利システムを作り上げていた。それは下の庭園の噴水に水を送るためではあったが、メンシコフの実利的な性格を表すかのように、水の落下するところのほとんどに設置された水車を動かすためのものでもあった。また池の中には送水管を土台としてその上に四阿をつくり、ガラスの屋根を葺き、中にチェス盤を置いた。四阿には板橋を付けていたが、それは森閑とした人気のない池の上に煌めき浮かび上がっているように見えた。ゴルバテンコはその中に時代から突出した新しい「風景の心理 ландшафтная психология」をも読もうとしている。[20]

ウサージバ・オラニエンバウムの外側には、はじめ農奴や自由身分の職人たちの四十軒ほどの木造家屋ができて集落をつくっていたが、次第に大きくなっていく。一七八〇年には「市」のステータスを得て、オラニエンバウム市はオレンジの木をその紋章とした。ソヴィエト時代の一九四一年にこの市は「ロモノーソフ市」と改名する。十八世紀ロシアの万能の大科学者ミハイル・ロモノーソフのウサージバが近くの村にあって、小さい実験的ガラス工場をつくっていたことに因むものであった。しかし、ロモノーソフ市の紋章と市旗のデザインは今もオレンジの木であり、元ラーネンブルクのチャプルィギン市のそれはオレンジの枝である［図2－6］。

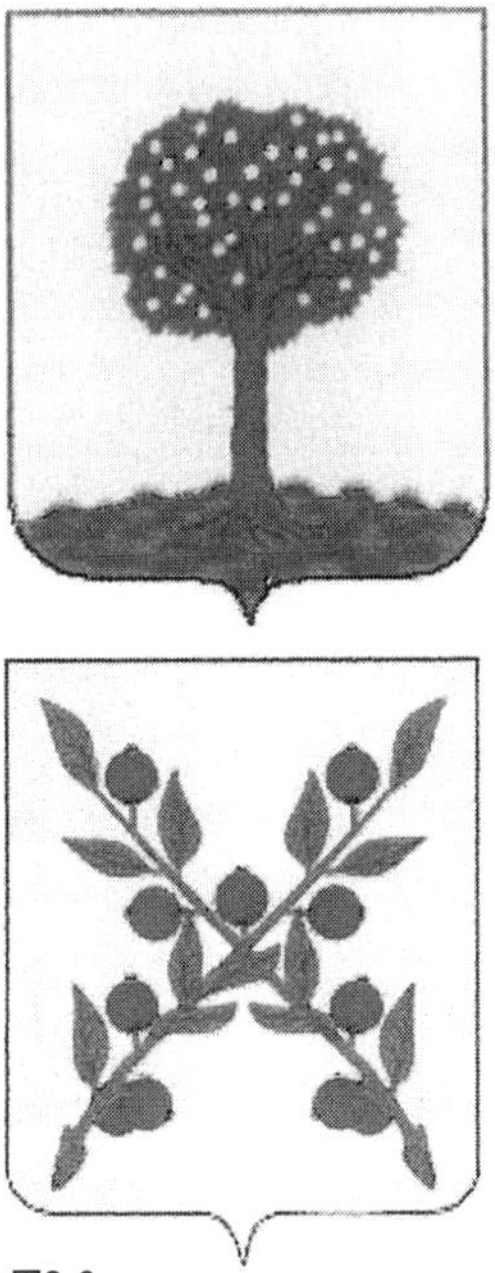

図2-6
ロモノーソフ市紋章（上）とチャプルィギン市紋章

2　メンシコフの栄光と墜落

栄光の頂点

メンシコフは謎の多い人物である。謎のうち、最も議論を呼ぶことは、彼が文盲だったことは事実なのかどうか、ということだろう。[21] ピョートル一世のあらゆる政策に関与したメンシコフが新しい知識に貪欲で、政治、軍事、さらに文化的な面にも通じていたにもかかわらず、読み書きが出来なかったのが事実なら、数世紀を経た我々にとっても驚くべきことである。ピョートル一世自身、少年時代に体系的な教育を受けたとは言い難く、間違いだらけの文章を残しているが、メンシコフはツァーリからの短い手紙も読めなかったのか。一七一四年、メンシコフはその文化的な業績を認められて、ロシア人で最初のロンドン王立協会の正会員となった。その認定証には彼がロシアにおいて科学と教育の普及に尽力したことが、アイザック・ニュートンの手によって記されている。[22] メンシコフ研究の第一人者Н・И・パヴレンコによれば、メンシコフ家の数千点の古文書中に彼自身の書いたものは皆無で、妻ダーリヤ・ミハイロヴナ宛の数百点の手紙も、ツァーリや高官に出した夥しい書簡もすべて役人や用人の手になるものである。さらに彼は、メンシコフは自身の名のみ書けたようだが、署名にはいつもMеньшиковと、ьを抜かして書いていた。しかし、彼の妻のダーリヤには識字力があり、時にはМеньшиковаと書くことがあったと言う[23]。

外国語に関しては、モスクワの外国人居留区にピョートルと共に入りびたるうちにドイツ語に多少とも慣れて、理解できるようになっていたようだ。主君と同じくメンシコフも体験と必要によって知識を身につけ、実践に強いタイプであった。ピョートルはメンシコフの天与の機知と勘の良さを愛し、その友情と献身に全幅の信頼を置いていた。そしてメンシコフは下から成り上がってゆく者に特有の嗅覚で、主人の好みと弱みを知りつくし、彼なくして主人は感情のコントロールが難しいというほどの関係となった。周囲の貴族たちはメンシコフはツァーリの〝道化〟になると思っていた。また、ピョートルが彼に宛てた初期の親密な書簡の表現から、若い二人の間に愛情関係があったと見る向きも少なくない。

メンシコフの才能はなんといっても軍事にあり、北方戦争というロシアの歴史的状況が彼を必要としていた。一七〇〇年に始まったスウェーデンとの戦争では始めナルヴァでこそ大敗を喫したが、一七〇二年にはラドガ湖からネヴァ川が発するところにあるノッテブルグ要塞を陥落させ、攻勢に転じてゆく。要塞襲撃の際、際立った勇猛さを見せたメンシコフはシリッセリブルグ（鍵の要塞）と改名した要塞の司令官となり、翌一七〇三年にはニエンシャンツ要塞を奪取して、ペテルブルグ周囲の地歩を固めた。ネヴァ川が間近に注ぐフィンランド湾の小島に将来のサンクト・ペテルブルグの礎となるペトロ・パウロ要塞をつくり始め、このインゲルマンランディヤ地方の将軍知事となった。ピョートル一世はモスクワ、ヴォロネジ方面に出たり、他の前線をまわることも多く、バルト沿岸の守りはメンシコフに委ねられることが多かった。

武人メンシコフは一七〇六年にはスウェーデン・ポーランド軍をカリシの戦いで打ち破り、一七〇八年には、ピョートルに「ポルタヴァ戦勝利の母」と言わしめたレスノイの会戦を制した。コサックのゲットマン（首領）マゼッパの裏切りを知り、その本拠地バトゥーリンを急襲陥落させ、ウクライナ・コサックの勢力を制圧した。北方戦争の関ヶ原であるポルタヴァでは、一七〇九年六月、約二ヶ月の包囲戦の決着をつけるべく総決戦が繰り広げられた。ピョートルの帽子と鞍に銃弾が貫通し、メンシコフは乗っていた馬を三頭も死なせるという凄まじい戦闘が二時間も続いたが、遂にスウェーデン軍は敗走する。傷ついたカール十二世はなんとかドニエプル川を渡り、トルコに逃げ延びたが、残された大量のスウェーデン軍はメンシコフの前に投降した。その軍功に対してメンシコフはピョートル一世よりポルタヴァの野でシェレメーチェフに次ぐロシアで二番目の元帥に上げられた。その後のモスクワでの戦勝式典では、ピョートル一世は一人でモスクワに入ろうとせず、一週間も待って、モスクワ川のほとりのコローメンスコエでメンシコフを迎え、祝典では彼は常にツァーリの右手に立って民衆の前に現れた。その後のペテルブルグへの凱旋式典でもほとんど王族並みの扱いを受けるのだった。

北方戦争の戦況も峠を越し、初代知事としてペテルブルグに腰を落ち着けた時、メンシコフはイジョーラ地方、ウクライナのマゼッパの領地、ポーランド王アウグスト二世強王から贈られた領地等を加えてロシア一の富裕貴族になっていた。数万の農奴を所有し、ツァーリに次ぐ二番目の大領主であった。かつてのピローグ売りの少年は今や威風堂々たる英雄となったのである。痩身であったが、身の丈豊かな均整の取れた体躯を持ち、端正な顔立ちに流行の大きな鬘をつけ、秀でた額と濃い眉、人を威圧する鋭い眼光をそなえていた。長期のポーランドの戦役ではアウグスト二世を相手に巧妙な駆け引きをし、プロシャ国王とも頻繁に会見し、外国の有力貴族たちと宮殿や野営のテントで交わってきた経験はメンシコフの存在を威厳のある垢ぬけたものにしていた。ピョートル一世の周りにいる貴人たちのうち、彼ほどヨーロッパ人のごとく振る舞い、ヨーロッパの文物で身を飾っている者はいないと同時代の外国人は認めている。[24] メンシコフは当時のロシア人の中ではとびきりおしゃれで、誰よりも先に鬘を注文し、着衣や装飾品にこだわった。なにより贅美を好んだのである。

こうしてメンシコフは一七一〇年代の前半までは軽快なテンポで上昇を続け、望みうる限りの栄誉や権勢を手にしたのである。しかし、彼の富への欲には限りがなかった。工場を作り、外国との貿易に精を出す。国家の専売権を私物化して巨利を得、商人たちからは公然と賄賂を要求する。国庫金からの流用も夥しいものとなっていた。ウクライナ、ポーランドの所領でのその越権的で傲岸なやり方はもっと酷いものであった。ピョートル一世が寵臣の汚点に初めて深刻な失望を味わったのはプルート川遠征の途上、ウクライナを通った時であった。一七一四年以降、メンシコフは国庫金横領、公金不正使用の容疑で訴追され、裁判を受け、幾度も莫大な罰金を科されている。何とか極刑や流刑を逃れられたのは、ピョートルとの関係の濃さと、皇妃エカテリーナのとりなしによるものだった。

エカテリーナはもとリトアニアの牧師館にいたマルタ・スカフロンスカヤという下女であった。北方戦争初期にシェレメーチェフに徴用されていたのをメンシコフが強引に奪い取って、ペテルブルグに連れて来ていたところ、今度はピョートルが望んで自分のものとしたのであった。ピョートルの狂乱の酒宴にも、野戦地での露営にも動じないエカテリーナは彼の生涯の伴侶に選ばれ、一七一一年二人はイサアク・ダルマチヤ教会で正式に結婚する。翌年ピョートルはエカテリーナを公式に妃として披露する結婚式を盛大に挙行した。その後、一七二四年五月にはエカテリーナを皇后としてモスクワで戴冠した。

一七二五年一月二十八日、ピョートル一世は五十二歳の生涯を閉じる。ピョートル亡きあと、旧大貴族たちを中心に時代は大きく反動に向かうのは必至と見たメンシコフは手中にある近衛連隊を動かす。元老院での示威行動によって貴族たちを抑え込み、皇后エカテリーナを帝位につけることに成功する。ロシアで初めての女帝、しかも皇統とは無関係の外国の下層の女を帝位に就けるという離れ業をやってのけたのである。

二年三ヶ月ほどのエカテリーナ一世の在位中はロシアという国の実権はキング・メーカーのメンシコフにあり、ヴァシーリー島のメンシコフ邸は実質的に中央政庁となっていた。エカテリーナ女帝は政治向きのことには興味を示さず、夫から解放されて思うままに自分の欲望に耽溺する不健康な生活のあげく、身動きもままならぬほどに肥満して、一七二七年五月に没した。

クールラント公未亡人アンナ

エカテリーナ一世の死の前年、メンシコフの未来に影をさすようなある挫折がもたらされていた。彼の究極の願望は〝王〟になることだった。彼はこの願望をすでに一七一一年のポーランド国王アウグスト二世との交渉でも口にしている。狙いはポーランドを宗主国とするバルト海沿岸の小公国クールラントだった。十六世紀中葉に興ったこの公国はリヴォニア騎士団の指導者を公（ヘルツォク）として戴き、外への宣戦だけはポーランドの許可なくしてはできなかったが、独自の通貨をつくり、軍隊も有し、外交権も持っていた。国内はドイツ系貴族たちの合議で治められていたが、ロシアとスウェーデンの戦争に巻き込まれて、戦禍を被ったあげく、ロシアの影響力から逃れられなくなっていたのである。

ピョートル一世は姪の一人をクールラント公に嫁がせることにする。選ばれたのは異母兄イヴァン五世が残した三人の娘の一人、鈍重で不器量なため母から疎まれていたアンナだった。一七一〇年十一月にアンナ・イオアーノヴナとフリードリヒ＝ヴィルヘルム・ケトラー公の婚礼披露宴がメンシコフ邸で盛大に執り行われた。余興のため各地から小人が集められ、彼らのために特別な調度や食器が趣向を凝らして用意された。宴のたけなわに巨大なピローグが運び込まれ、それを割って男女の小人が飛び出した。小人たちは新郎新婦に典雅に祝辞を捧げ、そのあとテーブルの上でいとも優雅にメヌエットを踊って、新郎新婦をはじめ満場の目を楽しませたのである。(25)

図2-7　アンナ・イオアーノヴナ帝
ワーグナー作版画

二ヶ月をペテルブルグで過ごしたあと、一七一一年一月に公夫妻はペテルブルグを出発してクールラントに向かうが、まだ見送りの人々が引き上げないほどの行程でケトラー公はあっけなく急死し、十八歳になろうとするアンナ・イオアーノヴナは未亡人になってしまった。しかし、ピョートル一世は公の未亡人としてのアンナをクールラント公国の宮廷があるミタウ（現在のエルガヴ）へ送り込む。アンナはその後敵意に満ちた外国の宮廷の中で、言葉も不自由な状態で、日用品にも事欠く貧しい、何の楽しみもない殺伐とした日々を十五年も送ることになるのである［図2－7］。

一七二六年になって、アンナに再婚のチャンスが訪れた。ザクセンのモリス伯爵という色男がアンナの手を求めてきたのだ。この伯爵はアウグスト二世の私生児で、ヨーロッパ各地を放浪しながら、フランス、トルコ、スウェーデンを相手の戦場で暴れまわり、上流社会の貴婦人たちとのアヴァンチュールで派手な浮名を流していたプレイボーイであった。未亡人の再婚問題はさまざまな国際的利害の絡む面倒な問題で、アンナは手紙を書いて、ロシア皇帝の承認が貰えるようメンシコフにとりなしをもとめてきた。紛糾しそうな事の局面を察知して、メンシコフは自身の野望実現の可能性を見たのだった。

バルト海沿岸の諸要塞への視察という名目でメンシコフはクールラントへ向かう。目的はロシアに不利益な人物がクールラント公になることに不快の意を示し、軍隊で圧力をかけ、現地での工作で自らをクールラント公に選ばせるためであった。涙ながらに訴えるアンナに再婚を断念させ、モリスと談合して金でクールラントを去らせる話はついたが、したたかなクールラントの貴族たちの会議の支持を得ることは出来なかった。メンシコフのアンナの再婚問題への干渉は武力介入までには至らず終わったが、直接的な関係者の誰にも益をもたらさない結果となった。メンシコフはクールラント公になれず、アンナは結婚の夢を失い、モリスはメンシコフから金を得ることなく去って行ったのである。

ピョートル二世

エカテリーナ一世の後継者としてメンシコフが担ぎ出したのは、父ピョートル一世に殺された皇太子アレクセイの遺児ピョートルであった。メンシコフ邸に隣接してピョートルの宮殿が建てられ、傅育役として、彼は長らく目をかけてきたドイツ人のアンドレイ・オステルマンを付ける。ウエストファリアから来たルーテル派の牧師の息子、緻密な実務的才能でピョートル一世にも重用され、いつの間にか官僚のトップに立っていた陰謀家である。オステルマンはピョートル少年をすっかり手なずけるはずであった。謀略にはオステルマンの奸知にたけた頭脳が不可欠であった。次帝に自分の娘を娶せるべく、死の床にあるエカテリーナ帝にその旨の遺言をつくらせればよい。オステルマンの手筈ですべて完璧にことは運び、葬儀から日も置かず、十二歳のピョートル二世と十六歳のメンシコフの長女マリヤの婚約式が大主教フェオファン・プロコポーヴィチによって執り行われた。メンシコフの野望は今度も成就するかに見えたが、彼の身中の宿痾と、その懐に飼われていたオステルマンという蛇はいつの間にか毒をためていたのである。

娘を正式に皇帝の婚約者としたことで緊張が緩んだのか、メンシコフは若いころから彼の体に巣くっていた肺結核を急速に悪化させる。同年の夏には危篤状態ともなり、床を離れることが出来ない状態が五週間も続いた。他方、オステルマンはメンシコフの目を盗んで貴族たちの派閥の間を巧妙に泳ぎ回っていたのである。

帝位後継問題についてはメンシコフの行動の選択は不可解である。二年前にピョートル一世が没した際、メンシコフは大帝によって取り立てられた新興勢力の代表として、旧守派貴族たちの推すアレクセイ皇太子の遺児ピョートル（後に二世）の即位反対の急先鋒であった。それが一転、エカテリーナ一世の臨終の際にはこの少年の最大の擁立者、後見人にまわったのである。アレクセイの遺子即位を恐れる、ピョートル一世子飼いのかつての進歩派の仲間たちの背離を招いても、少年帝さえコントロールできれば、万事うまくゆくと思い込んでしまったのか。個人的な繋がりだけが彼の発想法であったようだ。

図2-8　マリヤ・メンシコヴァ
A.Φ.ズーボフ作（1726年）

ピョートル二世の婚約者となるマリヤは実はポーランドの由緒ある貴族サピィエハ伯爵家の息子とすでに婚約していた［**図2－8**］。メンシコフ家のでっち上げの家系図ではその出自をポーランドに置いていたこともあり、メンシコフはサピィエハ家を庇護し、数々の恩典を与えて、宮廷にも出入りさせていた。しかし、マリヤを皇后にしようという気持ちが決まると、婚約は問題ではなかった。また、特殊な事情がことを容易にした。エカテリーナ一世は病身にもかかわらず、常に若い美男子を必要としていた。彼女の目はサピィエハに張り付いて、彼をそばから離さなくなったのである。女帝はマリヤから婚約者を取り上げ、会うことを禁じ、サピィエハは女帝が亡くなるまで宮廷から出ることが叶わなかった。

エカテリーナ一世は、アンナとエリザヴェータの二人の娘、アンナの夫のホルシュタイン公が反対するのにも耳を貸さず、後継者にピョートルを指名し、メンシコフの娘と結婚すべしという遺言を残して、一七二七年五月に四十三歳で生涯を閉じた。

少年帝擁立直後がメンシコフのピークであった。長年彼が望んでいた大元帥（ゲネラリススシムス）の称号や海軍提督位が授与され、軍事コレギウム総裁の職務も復され、皇帝婚約者の長女には聖エカテリーナ勲章が、二女と妻の姉には聖アレクサンドラ勲章が与えられる。マリヤには宮廷庁から一一五人の人員が配され、その費用として年三万四〇〇〇ルーブリが支給されることとなった。そしてしかるべき官位を得た伯母のヴァルヴァーラがその小宮廷を仕切るのであった。

一番大事な仕事は新帝をしっかり手元に置いて、他者からの好ましからざる影響を防ぐことであった。ピョートル二世は年齢の割には成熟した大柄な体躯を持つ、遊惰な性向の少年だった。

メンシコフはペテルブルグでもペテルゴフでも出来る限り皇帝のそばにいることに努めた。狩りは彼の好むところではなかったが、ペテルゴフでは何度も狩猟好きの皇帝の供をしている。あと数年、無事結婚式を挙げるまではこの少年から片時も目を離してはならない。メンシコフは全幅の信頼を置いて、ピョートル二世の教育と生活全般の管理・指導をオステルマンに委ねていたのである。

暗転　墜落

婚約式から一ヶ月も経たないうちにメンシコフは病に倒れる。持病の肺結核の悪化であった。病状は極めて深刻で、七月半ばにはその死の間近なことを周囲に予想させるものであった。彼自身おのれの命運もこれまでと思い定めたふしもあり、遺言を作成してもいる。帝国の権力ダイナミズムはメンシコフ重病の報で大きく動き始める。メンシコフが全く動けなかった五週間の間の最も大きな変動はピョートル二世の心性の様変わりであった。オステルマンの策動によって少年帝はすっかりメンシコフから精神的に解放されてしまったのである。オステルマンは皇帝の側近に当代一の遊び人、不良貴族のイヴァン・ドルゴルーキーをあてがった。オステルマンの見通しのままに、勉強嫌いの少年帝はイヴァンに夢中になり、享楽にふけった。甘言と追従で専制皇帝の権力を自覚した少年は生意気さを増長させて、周囲から吹き込まれる中傷や扇動のままにメンシコフを怖がらなくなってしまったのだ。

やがて皇帝は婚約者をお気に召していないという風聞が流れ始め、ピョートル二世はメンシコフ家に対してよそよそしい態度を取り始め、首都の空気が変わってくる。メンシコフはそれなりに皇帝との関係修復に動いたが、その行動は鈍く、かつての威圧的な勢いが見られず、家族と共にオラニエンバウムに籠って過ごすことが多かった。彼が皇帝の不興、いや、敵意の中にあるという事実が、彼の八月三十日の名の日の祝いに明らかになった。これまでメンシコフの名の日の祝いと言えば、皇帝、皇后の来臨を仰ぎ、首都の実力者が一堂に会する華やかなものであったが、この祝賀の日オラニエンバウムに参向したのは主に海軍の軍人ばかりであった。

なぜメンシコフは行動を起こさなかったのか。ピョートル一世からエカテリーナ一世に帝位をつないでゆく時に彼に同調したピョートル一世子飼いの仲間たちは、すでに彼自身によって放逐されて首都にいなかった。しかし、彼の手にはまだ軍の全権があり、ロシア最大の富があり、事態を挽回する手段が皆無だったわけではない。だが彼は謀略を練り、反撃に向かう情熱が失せたかのように、漫然と自分を陥れたオステルマンやドルゴルーキーたちに会い、ひたすら無策のうちに過ごしている。もう現実を把握する知力さえ残ってなかったのではないかと思わせるような状態であった。

現実の権力闘争で敗色が濃くなってゆくなか、メンシコフの心はオラニエンバウムの宮殿につくった美しい教会の聖別式の準備にひたすら没頭してゆく。九月三日、皇帝の臨席を得て執り行われるはずであった聖別式にピョートル二世はついに現れなかった。翌日、メンシコフはペテルゴフにいる皇帝に会いに行くが、会うことはかなわず、誰もが彼を避けていることがわかった。やっと事の深刻さを理解して、彼は家族と共にペテルブルグに帰るが、すでに全てが遅きに失していた。皇帝は居館と最高枢密院をメンシコフ邸から夏宮に移し、メンシコフの失墜はペテルブルグ中に明らかなものとなった。

九月八日、サルティコフ中将が最高枢密院から皇帝の命令書を携えてメンシコフのもとにやって来た。自宅逮捕が宣言され、邸宅から出ることが一切禁じられた。勅令がさらに続き、これまでメンシコフによって出された政令や措置は一切廃止されることとなった。メンシコフの政治生命の終わりである。翌日、メンシコフの請願によって流刑地はラーネンブルクとなった。

勅令から三日後、流刑人は家族と共に配流の地へとペテルブルグを後にする。その出発の模様はまさにメンシコフが自分の置かれた状況を理解していなかったことを示すものであった。ペテルブルグ随一の大邸宅から出てきたのは、領地に向かう貴人の旅と見紛う豪勢な道中行列であった。先頭を行く六頭立ての箱馬車四台にはメンシコフと家族（妻、三人の子供、妻の姉）が乗り、その後を荷物を積んだ夥しい馬車の列が続き、多数の従僕たちが従っていたが、その数は護送隊の一二〇人を上回っていた。その中には料理人が十二人、仕立て職人二人、靴職人一人と歌手と小人が二人ずつ、さらにイリメニ湖や河川を渡る時のための舟の漕ぎ手まで入っていた。皇帝婚約者のマリヤの宮廷が抱えていた侍従や小姓、四人の馬丁などもいた。罪人が流刑地に向かう時、このような豪華な旅姿はロシア史の後にも先にもないことだった。メンシコフ自身が失脚させたピョートル・トルストイ伯爵の場合は身の回りの僅かな荷物を二人の従者に持たせてソロフキ島の修道院へ送られている。なぜこのようなことが許されたのか。歴史家パヴレンコはメンシコフの失墜という余りにも大きな歴史的状況の転換が、それを仕組んだ方の想定を上回る滑り方で展開し、このパワーゲームにおいては勝者も敗者もしばらくは惚けた状態にあって、現実感が追い付かなかったのではないかと推測する。(26) ともかくメンシコフはこれまでの生活習慣を引きずったまま捕囚となり、行列を見て目を見張る見物人のなかに知人を見つけてはにこやかに挨拶を送り、失墜の憂き目を微塵も見せず、初代ペテルブルグ知事として自分が育ててきた町を後にしたのである。

流刑地にて

夢の中から始まったような流刑地への旅はメンシコフにとって苛酷な現実への覚醒の道程であ

った。メンシコフを陥れたドルゴルーキー一族やオステルマンにとってもこの首尾を転覆不可能な現実にしなければならぬという自覚が押し寄せる。彼らはメンシコフの罪状を法的に正当化すべく、没収した家屋敷、家財等財宝、書簡類を躍起になって調べ上げる一方、護送役のステパン・プィルスキー大尉に、次々と厳しい指令を送りつける。日を追うごとにメンシコフ一家の旅は厳しく貧しいものになっていった。

糟糠の妻ダーリヤは古い貴族アルセーニエフ家の出で、姉ヴァルヴァーラ（妹？　生年不詳）と共に娘時代をピョートル一世の妹ナターリヤの宮廷で過ごしていた。そこにはメンシコフの姉妹三人と後に皇后となるエカテリーナもいたのである。若きメンシコフと知り合い、長い年月を待ち、数々の戦勝をもたらして公爵に上げられた彼と結婚したのは彼女がもう二十四歳になっていた時であった。穏やかな人柄と伝えられる彼女は七人の子を産んだが、この時まで育って、ともに流刑地へ赴いたのは、皇帝の婚約者であったマリヤ（十六歳）、アレクサンドラ（十四歳）、それに息子のアレクサンドル（十三歳）であった。メンシコフの家族の中で特異な存在として目を引くのは妻の姉のヴァルヴァーラである。せむしで小さく、醜い容貌だったと伝えられる彼女は鋭利な頭脳とエネルギッシュな性格の持ち主で、ピョートル一世にもその機転のよさで気に入られていた。彼女は生涯独身で妹の家族と暮らし、公爵家を切りまわし、子供たちを教育し、メンシコフの知恵袋となってきた。ヴァルヴァーラは姪が皇帝の婚約者となった時、ロシアで最初の「宮内女官長（オーベル‐ゴフメイステリナ）」という官職を与えられ、マリヤの小宮廷の責任者となった。一家の運命が凋落した時、メンシコフ夫妻を励まして嘆願の手紙を書かせるのは彼女であった。

ラーネンブルクに向かう一行はノヴゴロド、トヴェリを経てクリンに達したが、そこで受けた指令は、メンシコフ一家からすべての勲章を剥奪し、ヴァルヴァーラをアレクサンドロフスキー修道院に入れることであった。さらに伝令は、婚約式で皇帝がマリヤから受け取った指輪を携えて来ており、それを彼女に返して、彼女が皇帝から与えられた指輪を取り上げた。メンシコフは気力の支えであるヴァルヴァーラを失い、神の前で交わされた正式な婚約にかける一縷の望みも失くしてしまった。彼らはモスクワに入ることを許されず、モスクワを迂回して南へと旅を続けた。

ペテルブルグを出て約二ヶ月後の十一月三日、一行はラーネンブルクに到着する。ここは荒れ果ててはいるが、ピョートル一世が建てたオランダ式の小要塞と自身の館のある思い出の地である。ピョートル一世がつけた「オラニエンブルク」という名はいつの間にか「ラーネンブルク」になってしまっていたが、メンシコフには心休まるところであった。彼の内面は確実に変化していった。権力への執着は消え、この領地での穏やかな生活が望みとなっていた。しかし彼を追い落とした中央権力はそれでは安心しなかった。国家反逆罪の動かぬ証拠を掴み、メンシコフ流刑を内外に表明するマニフェストをつくらねばならないのだ。新たな審問官が派遣されて、メンシコフの手元の、また所領の全財産が徹底的に調べ上げられ、夥しい目録が作成され、すべてが没収された。しかし、マニフェストは遂に世に表されることはなく、ほとんどの財宝が何処ともなく消えた。

新たな命令が下され、一七二八年四月十六日メンシコフたちはラーネンブルクを出て、シベリアの流刑地ベリョーゾフ（現在チュメニ州ベリョーゾヴォ）へ向かう。従者は十人になっていた。心身ともに疲れ切った妻のダーリヤは旅の途中、五月にカザンで命を落とした。深い孤独のうちにたどり着いたベリョーゾフはトボリスクから一一四〇キロメートル離れた、オビ川への合流点近く、ソシヴァ川沿岸にある切り立った崖の上の小さい町であった。十六世紀後半にタイガを切り拓いて建設されたこの町は厳しい気候の土地であった。冬期、時には零下四十五度という寒さが襲い、雪に閉ざされた冬が八ヶ月も続くが、夏期には沢沼地の湿気を吸った大気が二十七度にも達するという過酷な環境であった。当時ベリョーゾフには軍務に服するコサックたちの家屋が四〇〇軒ほどあり、教会が三つと軍司令官の公館と役所があった。八月に到着したメンシコフたちは廃された修道院を改造して作った国家犯罪者用の獄舎に収容される。

シベリアではメンシコフはすでに歴史上の人物ではなかった。[27] その行動を書き残す必要もなかったかのように、トボリスク県やベリョーゾフ郡の公文書にも彼の名はないという。以降、彼と子供たちの流刑地での生活を伺い知る手立てはベリョーゾフの住民たちの語り伝えと、お雇い外国人のロシア海軍少将、フランス人N・ヴィリボア[28]が当時の風聞を講談調に書き上げた『メンシコフ公爵とその子女についての短信、または小話集』（ロシア語訳「ロシア通信」一八四二年、第六巻、第二号）しかないようだ。

ベリョーゾフの住民の目に映るメンシコフは神の摂理に従順な義人であった。彼は支給される官費（一日につき十ルーブリ）から最低の生活費を取った残りを使って木造の教会を建てた。自ら斧を手にして木を伐り、地面を掘り、建てた教会の内部を飾った。教会が完成すると、聖歌隊と聖歌を歌い、鐘を撞き、参集した会衆に教訓を垂れたという。家では子供たちに聖典を読ませ、己が人生の素晴らしき出来事を語って、それを書き記させた。一七九七年に一〇八歳で亡くなった土地の古老、マトヴェイ・バジャノフはそうしたメンシコフの姿を度々目にし、親しく彼から声をかけられたという[29]。

一七二九年十一月十二日、五十六歳で稀代の風雲児はこの世を去り、自分がつくった教会の至聖所近くに埋葬された。栄光の極みから、メンシコフはその出自に等しいほどの無に帰っていった。無力となって彼が手にした自制と平安の清明な境地は、他の権力からの墜落者には見られないものだとパヴレンコは評している。失脚した総主教ニコンは流刑地での食べ物や衣服についての不満をことあるごとに皇帝に申し立てている。メンシコフはベリョーゾフに至ってすべてを受け入れ、権力に陳情をすることはなかった。

皇妃になるはずであった長女のマリヤは父に一ヶ月半ほど遅れて亡くなった。彼女の悲劇的な短い生涯は人々の心を揺さぶり、ベリョーゾフの住民の間でマリヤは長く伝説の主人公として語り伝えられた。(30)

一七三〇年一月、自分の死の十日前、どういう気まぐれからか、ピョートル二世は自分の前の婚約者を思い出し、メンシコフの子供たちを流刑地から解放し、親族の領地で暮らすことを許す。ピョートル二世の遺志は次帝となったかつてのクールラント公妃アンナ・イオアーノヴナによって、その年の六月に遂行され、息子のアレクサンドルには父の領地の一部が返還され、官位も与えられた。二女のアレクサンドラは女官に取り立てられ、アンナ帝の寵臣であるエルンスト・ビロンの弟グスタフに嫁いだが、一七三六年に出産で命を落とす。

流刑地ベリョーゾフにはその後、メンシコフを追い落としたドルゴルーキーの一族がアンナ帝を敵に回すはめとなり、罪人として引かれてくる。

オステルマンはアンナ帝の時代になって、その卓抜な実務能力と外交上の知識や手腕を増々重用され、ドイツ人の跋扈するロシアの国政の中心にいた。しかし、アンナ帝の十年が終わり、続く宮廷クーデターを泳ぎ切れず、ピョートル一世の娘、エリザヴェータ・ペトローヴナ帝の代になると、必死の嘆願もむなしく彼もまたベリョーゾフへの流刑となった。六年後の一七四七年にオステルマンはこの配流地で亡くなっている。

オラニエンバウム　それから

一七二七年、国庫に入れられたウサージバ・オラニエンバウムは建築官署に預けられたが、十年後には海軍の病院が置かれる。その後、一七四三年になってオラニエンバウムはエリザヴェータ・ペトローヴナ帝によって皇太子のピョートル・フョードロヴィチ大公夫妻に与えられた。これ以降、メンシコフがつくった大宮殿の南側を中心に拡大し、新たな帝室ウサージバになってゆく。東半分はピョートル大公（後の三世）、西半分はエカテリーナ大公妃（後の二世）とおおよその区分けをして、新しいウサージバの造営が始まった。主導したのはイタリア人建築家のアントニオ・リナルディであった。

メンシコフ宮殿の南東にはピョートル大公のドイツ式「ペテルシュタット要塞」が造られた。実戦上のものではなく、大公がホルシュタインから連れてきた兵隊に演習をさせて楽しむためのものであるが、小さいながら当時の要塞の要件をすべて備えていた。同時に「ピョートル三世宮殿」と呼ばれている石造り二階建て、ほぼ正方形の居館をつくり、尖塔を頂く八角形の塔をのせた「栄誉門」という入城門がつくられた。上の池の周辺が整備され、風景式庭園となった。

西側は全体で「専用ダーチャ」という名のついたエカテリーナ大公妃のテリトリーで、高台にある一六〇ヘクタールの「上のパーク」の中には庭園や様々な建物がつくられた。中でも一番注目されるのは「中国宮殿」である。一七六八―一七九〇年にリナルディによってつくられた建物で、初めから「中国宮殿」と呼ばれていたわけではなかった。始めは「オランダ館」とか「上の庭園の家」と呼ばれていたのが、十八世紀半ばのヨーロッパの「中国かぶれ（シノワズリー）」の影響で、中国や日本の工芸品が沢山集められてインテリアや調度として宮殿を飾り、いつの間にかそう呼ばれるようになったのである。

図2-9
カタリナヤ・ゴールカ・パヴィリオン内　滑走路の復元模型

テラスの北端に建つ、十八世紀後半にリナルディが造った「カタリナヤ・ゴールカ（滑走丘）パヴィリオン」は優美な目を楽しませる多角形の建物で、パヴィリオンの三階テラスから滑り出すために、かつては建物に接して木製の大滑走路が敷かれていた**［図2―9］**。今は木造部分は取り払われて、まわりは草原しかない。

エカテリーナ二世の没後、オラニエンバウムはアレクサンドル・パーヴロヴィチ大公（アレクサンドル一世）のものとなり、一八三一年にはその弟ミハイル・パーヴロヴィチ大公に世襲財産として与えられる。その後、ミハイル大公家には男子の相続者がなく、大公の娘との婚姻によってロシア皇室に入ったドイツのメクレンブルク＝ストレリツキー公家が一八七三年より革命まで所有した。

ソヴィエト政府は接収後のオラニエンバウムをミュージアムとして保全してきた。二〇〇七年よりオラニエンバウムは国立文化財保護地区「ペテルゴフ」の管轄下に入り、多くの建造物と庭園が修復され、一般公開されている。

第三章　貴族文化とウサージバ
——オレーニン別邸プリユーチノ

1　ロシア帝国と貴族

官等表

ピョートル一世期以降ロシアのウサージバはすっかりヨーロッパ指向となり、草深いロシア僻地の田舎にまでヨーロッパ趣味が持ち込まれてゆく。それはロシア貴族が変容したからである。ロマノフ朝の初期までは、まだモスクワ大公国時代からのボヤーレ（大貴族）が国家を動かしていた。軍務、政務における重要ポストは家柄の上下による「門地制」でボヤーレが占め、個人の能力や適性は問題にされなかった。しかしその弊害は、殊に軍務においては深刻で、三代目ツァーリ、フョードル三世の治下、一六八二年に門地制は廃止された。制度はなくなったが、いまだ旧勢力の跋扈するなかで新しいシステムが模索されてゆく。

一七二一年、ピョートル一世は元老院より「皇帝　イムペラートル」の称号を捧げられ、ロシア皇帝となり、ロシアは「ツァーリ国」から「帝国」となった。翌一七二二年、ピョートル一世によって官等表が公表され，実効に移される。[1] 彼はボヤーレという古い体質の支配階層がまだ存在する中で、家柄や出自に関係なく能力で人材を求め、要職にも就けてきたが、その意志を恒久的な国家システムで維持すべく、フランス、プロシャ、オランダ、スウェーデンなどヨーロッパ諸国の例を検討して作り上げたのだった。この時定められた官等表はその後部分的に改正されつつも、ロシア革命まで適用され続けた。ロシア人社会の或る種の体質と相性がよかったようで、その社会的風土を醸成する要素となった。

官等表は武官、文官、宮内官の位階を十四の階級に分けるものであるが、軍人の階級は他より優位に置かれ、陸軍、海軍、親衛隊、砲兵隊という軍の四つの部署では親衛隊が最上位であった。官等表の最下位にも入らない下級官吏や下士官以下の下級軍人は一般平民と同等であったが、最下位の第十四階級の職位に就くと一代貴族となり、第八階級（軍人は第十二階級）以上は世襲貴族の資格があたえられた。世襲貴族になれば土地と農奴を所有する権利が得られ、貴族の地位と特権は男系子孫のすべてに引き継がれた。

ロシアでは官等表が出来たことで、軍や役所等に勤めて昇進することにより貴族階級（ドヴォリャンストヴォ）となることが可能となったのである。官等表は平民から貴族を生み出す装置でもあった。したがって、貴族の数は増え続け、一八九七年の調査ではロシア帝国の貴族総数は約一八〇万人、そのうち世襲貴族は一二〇万人であったとされている。[2]家督によって数が制限されるイギリス貴族などとは大きく実態が異なり、「士族」という言葉が当てられることもある。もともとドヴォリャンストヴォは字義的に「宮廷貴族」とも言え、公や大公に仕えることで、報賞としての土地や地位を得た臣下であり、その特権階級としての存続には君主への奉仕勤務が必須であった。官等表によって国家が動き始めると、公の末裔として古い家柄と格式を誇るボヤーレも国家的権威を持つ官位に無関心ではいられなくなり、ほぼ全員が高位の官位や要職の経歴欲しさに、名目だけでも国家勤務に就いた。こうして官等表はすべての貴族を呑み込んで、ロシアの貴族社会をドヴォリャンストヴォに一体化したのである。また、この大群の貴族たちは爵位など持っていたわけではない。大多数の貴族には爵位は縁遠い、無関係なものでしかないのが現実であった。

十七世紀末までロシアでは貴族のタイトルとしては公（公爵　クニャシ）しかなく、これは授与されるものではなく、貴族の出自に発するものであった。クニャシは古の一門の首領、封建領主を指すもので、家系により称されていたのである。後にピョートル一世は臣下の勲功に対して爵位を授与し始めるが、一七〇七年に最初にロシア国の公爵を授けられたのは出身の定かではないアレクサンドル・メンシコフであった。公爵の下位にある伯爵位は、相当の国家的貢献が認められて与えられるものだが、ボリス・ペトローヴィッチ・シェレメーチェフが一七〇六年に初めての伯爵となっている。その下の男爵位は主に経済の分野での功績に対して授けられたので、貴族層以外からも男爵は現れた。これらの称号は本人とその妻、子女が生涯称することを許され、男系の子孫全員によって継承されていった。[3]従って、爵位を有する人数もイギリス貴族などと比べると格段に多く、ロシアでは格式を維持できない没落有爵貴族も夥しく存在した。

専制君主ツァーリの絶対支配のロシアでは、貴族はいくら強大になろうとも、オラニエンバウムの主人メンシコフ公爵のように、ツァーリの失寵を買うと、一瞬にしてすべてを失うこともあり得た。こういう皇帝と貴族の関係に、十八世紀後半に皇位継承の不安定さから、皇帝側から大きい譲歩があった。まず、ピョートル三世が一七六二年に『貴族の自由に関するマニフェスト』[4]を出し、貴族の国家勤務を義務から外し、自分の意志で退職して領地に帰ることが可能となった。次いでエカテリーナ二世は一七八五年に『特権許可状』[5]を発布し、さらに大きく貴族の権利を認めた。この法令の最も重要なところは、貴族の領地を国家の干渉を受けない完全な私有地とし、そこでの農奴に対する警察権、裁判権を認めたことである。地主貴族は農奴をシベリアに流刑移住させるだけでなく、徒刑囚として送り出すこともできるようになった。農奴が完璧に奴隷化することにより、貴族は領地においては小さな専制君主となり得たのである。勤務と租税の免除、軍務の短縮、官位昇進の優遇等、また、貴族に対する肉体的懲罰の禁止も保障した。また、この『許可状』ではこのオールマイティの貴族の身分は貴族会議の判決によってのみ剥奪できると規定された[6]。十八世紀に完成した貴族という階層の、土地と無償労働力（農奴）の私有化という特権は、ロシア貴族の体質を決定し、国家の将来を決める遠因となった。

ウサージバへ帰る

都市での窮屈な勤めに飽き飽きし、領地での気儘な生活を渇望していた貴族たちは、国家への奉仕が随意なものとなり、病気などの理由を付けて退職し、ロシア各地へ散って行った。地主として領地経営に意欲を燃やす者も多く、私有領地が法的に保全されたことで、安心して勤務をやめて領地に帰ることができたのである。当然のことながら、ロシア全土に様々な規模、個性のウサージバが出現し、貴族生活の主舞台となった。ロシア・ウサージバ全盛時代の幕開けであった。貴族は、エカテリーナ二世の勅令以降、自己の領地に居る限り、皇帝権力の干渉を恐れることなくほぼ完璧な自由・専横を享受することができた。彼らはそのベースとしてのウサージバを街道からそれた孤島のようなところに好んで造営した。ウサージバは貴族の〝王国〟であり、砦であった。それは全能性を体現できる〝貴族の巣〟であり、豊穣のシンボルとも見なされ、十九世紀ブルジョア層の憧れを誘うものであった。

また、貴族たちは国家勤務から解放される権利を有していたとはいえ、勤務で与えられる官位の権威を無視し、その俸給に頼らず生活できるケースはほんの僅かであった。ほとんどの貴族が一定年限は勤務の経験を持ち、その間、領地と勤務地を行き来する生活をしていた。冬の間は首都（ペテルブルグ、モスクワ）や県都の都市で暮らし、夏になると家族と共に田舎の領地へ行くというのが一般的な貴族の生活パターンであった。

2　アレクセイ・オレーニン

オレーニン家

十八世紀九〇年代、オレーニンという二流クラスの貴族が新しいウサージバの建設を試みる。このウサージバは「プリユーチノ」と名付けられ、ペテルブルグの郊外に姿を現す。

プリユーチノをつくったオレーニン家の当主、アレクセイ・ニコラエヴィチ・オレーニン（一七六三―一八四三）という官僚はエカテリーナ二世の啓蒙政策が育て上げた逸材であった(7)［**図3―1**］。

図3-1　A.H. オレーニン
A.Г.ヴァルネク作（1820年代）

オレーニン家は先祖を、A・H・オレーニンより五代前のパルフェニイ（—一六六七）までしか文献的にたどることができない、さほど古いとは言えない中流貴族の流れである。しかし、ロシア貴族のご多聞に洩れず、オレーニン（アレーニン）家にも家の起源にまつわる数々の言い伝えや伝説が伝わっていた。王女を背に乗せた熊が描かれている家の紋章から、熊に庇護されたアイルランドの王女の末裔説や、イワン雷帝に迫害されたという語り伝えから、スモレンスクの公、さらにはアレクサンドル・ネフスキー大公まで遡及して、公（クニャシ）の流れをくむとする説さえある。また、シベリア開発の英雄であるエルマークが一族から出たとする話も伝わっており、エルマークはオレーニン家の人々から特別の敬愛の念を寄せられていた。(8)

アレクセイ・オレーニンは国家評議会に勤めるまで「アレーニン」と署名していたが、「美学的見地より」オレーニンと書くことにしたという。この姓はオレーニ（鹿）に発するという考えである。一族の皆は賢明な当主の決めたことだからと、従うことになったという。ロシアに多い動物由来の姓に正しく納まったのである。(9)

アレクセイの父、ニコライ・ヤコヴレヴィチ（一七四四—一八〇二）はエリザヴェータ女帝時代にスモレンスク地方の田舎貴族の息子として子供時代を過ごした。幼時に父を、十二歳で母を失い、全くの孤児となったが、その時分には兄のドミトリーと共にモスクワ大学付属貴族ギムナジウムに在籍していた。モスクワ大学ならびに付属ギムナジウム（モスクワ大学に先立って一七五五年四月六日開設）の創設に大きく寄与し、モスクワ大学の最初の総監となったイヴァン・イヴァーノヴィチ・シュヴァーロフはオレーニン兄弟の父方の遠縁であった。

大学開設当時、貴族の未成年子弟を旧弊な親元から離して教育機関に入れることは国家の大問題であった。若者たちは審査を受けて大学に入れられるが、審査を受けない者は兵士・水兵にしかなれないとの告示を一七五六年に元老院が出している。兄のドミトリーは学業不振で三年で放校となり、軍務に就かされたが、弟のニコライは学業を続けながらプレオブラジェンスキー近衛連隊に登録され、しかも在学中に結婚したのだ。

結婚相手はセミョーン・フョードロヴィチ・ヴォルコンスキー公爵の三女アンナ（一七三七―一八〇八）であった。この時、アンナは二十五歳で、夫より七歳年長だった。妻の実家は紛れもない名家で、オレーニン家が百年少しの由緒しかないのに対し、アンナ・ヴォルコンスカヤはロシア国家の始祖リューリクから数えて二十五世代目の子孫とされた。家格の違いばかりでなく、結婚を取り決めた際に夫となる若者はまだ士官にもなっていないのに対し、妻の父は陸軍大将級の位階にあった。この父親はなぜか娘の婚約、結婚について異例の性急さでことを運んだのであった。

名門公爵家の令嬢がまだ学業途中で年下の、取るに足りない田舎貴族のもとへ多額の持参金を持って嫁いできたことの不自然さは、第一子（第二子とも？）アレクセイの出生についての異説の生じる素地ともなり得たと思われる。ニコライとアンナの間には十七人の子供が生まれたが、アレクセイと二人の妹、ワルワーラ（一七七四―一八三三）とソフィヤ（一七七五―一八三八）の三人しか成人しなかった。

一七六二年、結婚の後ニコライ・オレーニンはギムナジウムを退学し、近衛軍プレオブラジェンスキー連隊の勤務となったが、間もなく彼は領地経営に専心するため、軍務から退いたようである。一七六一年に兄のドミトリーが没し、妹が相続した領地を妻の持参金で買い取ったので、先代からの全世襲領地の地主となったのである。所有する農奴は一三二〇人であった。

しかし、田舎の引退生活は一年も続かず、一七六四年、ニコライは軍務に復帰するが、今度はきわめて特権的な近衛騎馬連隊に騎兵少尉として勤務し、その後とんとん拍子に出世してゆく。一七七七年、ニコライは二十年（ギムナジウム在学中の一七五七年より軍籍に入っている）の規定軍務を勤めあげ、病気を理由に退役したときは陸軍大佐であった。その後はリャザン県のカシモフ郡サラウール村で過ごし、カシモフ郡の貴族団長に選ばれている。妻の実家のおかげで異例の出世をとげたニコライ・オレーニンは妻よりも早く没したが、家中や領地の農民の間ではその温和さと善良さが伝えられていたという。

アレクセイの子供時代

オレーニン家の唯一生き残った息子としてアレクセイは育てられた。しかし、両親ともに一人息子のアレクセイに対して冷淡な態度だったという。二人の妹はアレクセイとは十歳以上の歳の差があったため共に家庭生活を送ることもなく、彼の十歳頃までの生活を伝えるものはほとんどない。どこで過ごしたのかもさだかではない。この時期、父は近衛騎馬隊勤務でほとんどペテルブルグに滞在していたようであり、彼は母とモスクワの母の家で過ごし、夏には母か家庭教師に連れられて田舎の領地へ行っていたのだろう。

図3-2　アンナ・オレーニナ
O.A.キプレンスキー作（1828年）

温柔な祖父に反して祖母は尊大で偏屈な性格であったと、孫娘にあたるアレクセイの二女アンナは言う［**図3－2**］、「祖父はもっぱら強情な性格の祖母と衝突しないようにしていた」[10]。実家の家格もあり、オレーニン家内での格差は明確で、母のアンナが家のすべてを支配していた。母はオレーニン家の唯一の有爵者であり、生涯「公爵」というタイトルを称することが出来たのである。

偏屈で奇矯な性格は実家のヴォルコンスキー家の人々に共通のものだったようで、祖母の弟グリゴーリー・セミョーノヴィチ（一七四二—一八二四）の常識外れの奇抜な振る舞いにアンナはおかしさよりも恐怖を感じていたこと、ヴォルコンスキー家の兄弟姉妹のなかでも祖母のアンナとその姉のマリヤは変人ぶりでは弟に引けをとらなかったことを述べている。

グリゴーリー・ヴォルコンスキーはA・B・スヴォーロフ将軍への常軌を逸した崇拝ぶりや、異様な着衣、極寒にも上着なしで歩き回る習癖、極端な敬神行為などで、同時代の誰もが認める変人であった。彼らの父セミョーン・ヴォルコンスキー将軍も軍では知られた変わり者で、アンナをオレーニン家に嫁がせたことも彼の性格が大きく作用していたのかもしれない。アレクセイ・オレーニン家ではヴォルコンスキー家の人々を揶揄して「ヴォルホンシチナ（ヴォルコン・バカ）」と呼んでいた。(11)

アレクセイは十歳まで家庭で教育を受けたが、彼自身が後年述べているように決して進歩的なものではなく、「私は自由主義とか博愛主義とかにまったく無縁の両親のもとで育てられ、彼らにほんの幼いころから『どのコオロギも自分の居場所をわきまえている（身の程を知れ、の意味）』という古いロシアの諺をさんざん言って聞かせられたものだ」と述懐している。また、

A・A・アラクチェーエフへの手紙の中で彼は自分が子供時代に受けた教育はきわめて慎ましいもので、文字教本と祈祷書、正教聖歌集を学んだことを書いている。(12)

この時代、貴族の家では子供が文字を学び、祈祷書を読み始めるころには、家庭教師が雇い入れられるのが常であった。オレーニン家も子供に家庭教師を付けたにちがいなく、一七七四年にアレクセイがペテルブルグへ出て来て、侍従幼年学校へ入る時にはフランス人家庭教師のドゥ・レストラと、ポーランドの小貴族出身のイオシフ・シェルヴィンスキという教育監督係がついていた。さらに、身の回りの世話をするために農奴の小間使いが一人つけられていた。家庭教師たちについてのアレクセイの後年の思い出は芳しいものではなく、娘アンナは父の話から、ドゥ・レストラを教養のない軽薄な人物ととらえている。中小貴族の雇える外国人家庭教師のレヴェルは低いものだった。ヨーロッパから教師にふさわしい人間を招くことが出来るのはよほどの富裕な大貴族で、たいていはロシアに流れてきた西ヨーロッパ人なら誰でも構わず雇い入れることで満足していた。(13)

アレクセイ・オレーニンがペテルブルグに出て来て、侍従幼年学校に入った経緯については、これまで母方の遠縁に当たるエカテリーナ・ダシコヴァ公爵夫人のもとにあずけられ、彼女の家でエカテリーナ二世の目に止まったとする説が広く認められてきたが、アレクセイ・オレーニンの評伝を書いたB・M・ファイビソヴィチは否定的である。この時期、ダシコヴァ公爵夫人はエカテリーナ二世との関係が険悪で、失寵寸前であったからである。むしろ、母親の実家であるヴォルコンスキー家の人脈や、アレクセイの実父と目される人物の影響力があったのではないかと言う[14]。

アレクセイが入った侍従幼年学校はエリザヴェータ・ペトローヴナ女帝のもとで一七五九年に設立された軍教育機関であるが、宮廷に出仕するための教育を施し、侍従として育成するための宮廷付きの学校であった。生徒たちは宮廷出仕の時は給料も与えられた。娘アンナの回想によると、アレクセイは小さい頃より軍務につくことを願っていたが、息子の宮中勤務を望む母親によって希望を曲げられていたのだと言う。

侍従幼年学校は四クラス制で、授業は七時半から始まった。第一クラスでは読み書きと初歩的な算数を学び、第二クラスではギリシア語、ラテン語、ドイツ語、フランス語、文法、歴史、地理、算数、代数を学んだ。第三クラスでは今までの科目に加えて、幾何、鉱物学、フェンシングが加わった。第四クラスでは学科がさらに高度な内容のものとなり、築城学の講義があった。どのクラスでもダンスと絵画を学び、宮廷用馬場で馬術が教えられた。

侍従幼年学校で学んでいた十二歳の侍従アレクセイ・オレーニンは一七七五年に自分の書籍目録 *Catalogue des livres de monsieur Alexis Alenin en 1775* を作成し、今日に残っている。これは十八世紀七〇年代、ロシアにおいて啓蒙主義たけなわのころの児童の読書の実態や傾向を示す貴重な資料であることは言うまでもない。カタログはタイトルだけでなく、フランス語で書かれているが、まず、三十項目のフランス語の本、ついで、十九項目のロシア語の本と、全部で四十九の項目からなっている。И・Ф・マルトゥィノフはこの文庫の内容を、内容の分からない二項目をのぞく四十七項目について次のように分類している。(1)文学―十七項目、(2)文法・辞書―七項目、(3)軍事―六項目、(4)歴史―六項目、(5)教育・児童書―四項目、(6)文献学・美学―二項目、(7)自然科学・精密科学―二項目、(8)哲学・宗教―二項目、(9)地理―一項目。一項目は一冊のこともあるが、一項目でもヴォルテール全集は十七巻、モリエール全集は六巻であり、全部で九十五冊の目録となっている。

侍従幼年学校の狭い学寮に暮らす侍従がこのように大量の書籍を所有できるはずはないと、ファイビソヴィチはこのカタログに問題を投げかけているが、物理的な所有でなくとも、アレクセイ少年の読書歴、または読書計画としても読めるもので、この少年の知的能力のスケールと好奇心の方向に気づかざるを得ない。

ドイツ留学

オレーニンは六年ほどの年月を侍従幼年学校で過ごしたのち、一七八〇年エカテリーナ二世の命令で「サクソニア、ドレスデン市へ、当地の砲術学校で軍事技術と文芸諸学問を修得するため」派遣された。

娘アンナの回想によると、アレクセイがドレスデンに派遣されるようになった経緯は次のごとくである。「侍従幼年学校に学んで五年たったころ、アレクセイに初めてのエカテリーナ二世の当番侍従としての番がまわってきた。その時、女帝は彼にどのような立身を望んでいるかと尋ねられた。それに対し、彼ははっきりと軍務を希望していることを言い、砲術を学ぶために、当時、砲術学において世界で一番進んでいると言われていたドレスデンへ行かせて欲しいと願った。彼の懇願をよしとしたエカテリーナ二世は自ら費用を出して彼をドレスデンに派遣した」[15]。かくしてアレクセイ・オレーニン少年は母によって拒まれ続けていた小さい頃からの軍隊勤務の夢を実現するため、自らの手で突破口を切り開いたのである。

オレーニンが砲術を学ぶこととなったドレスデンの砲術学校（die Artillerieschule）は一七六八年にフリードリヒ・アウグスト選帝侯の摂政公クザヴェリイが創設した教育砲兵中隊であった。しかし、彼のもう一つの留学目的である人文諸学はここでは学ぶことはできなかった。それゆえ、彼がドイツ滞在中にストラスブルク大学でも学んだという説もある。

オレーニンは五年余のドイツ留学で、砲術学以外に、文学、芸術、歴史、考古学、古文書学と多岐にわたる人文教養と絵画技術を身につけてロシアに帰っているのだが、彼はどこでこれらの学問に接し、学ぶことができたのであろうか。オレーニンのドレスデン滞在中の行動を直接示す記録はほとんど残っておらず、この時代のドレスデンの状況から推し量るのみであるが、興味深い時代像が浮かびあがってくる。

オレーニンの長女ヴァルワーラは、彼がドレスデンで遠い親戚にあたるベロセリスキー公爵の庇護を受けたと言う[16]。アレクサンドル・ミハイロヴィチ・ベロセリスキー（一七五二―一八〇九一七九九年より家名がパーヴェル帝の意向でベロセリスキー＝ベロゼルスキーとなる）公爵は母国で上層貴族として相応しい最上の教育を施されたのち、ドイツでイエズス会の学校に学び、ロンドンに渡ってさらに高度の教育を受けた。一七七五年から一七七八年にかけてフランス、イタリアを巡り、文学、音楽、芸術の研究を深め、この頃から芸術コレクターとしての活動を始めた。彼のコレクションはのちにロシアで有数のものとなっている。

ベロセリスキー公爵はルソー、ヴォルテール、ボマルシェ、ラアルプらと個人的に交友関係を結び、一七七五年にはヴォルテールへ宛てた書簡詩を出版して[17]、ヴォルテールからそのフランス語を賞讃された。イタリアではガルッピなど音楽家たちに交わり、一七七八年にハーグで『イタリア音楽について』（*De la musique en Italie*）という小冊子を出して[18]、当時のイタリア音楽界の論争にも加わっている。このロシア人による初めてのイタリア音楽についての著作は彼の名をヨーロッパで有名なものとした。ロシア本国でよりもヨーロッパで名を知られていた才人のベロセリスキー公爵は、洗練されて、人をそらさない魅力を持つ美丈夫で、西ヨーロッパの友人たちから「モスクワのアポロン」と呼ばれていたという。(19)

反対にアレクセイ・オレーニンは容姿に恵まれなかった。殊に背が低く、鷲鼻が目立つ顔立ちをしていた。オレーニン家の人たちは容貌に秀でず、妹二人も美形とはいえず、生涯未婚であった。彼は一八〇二年の父の死後、妹たちを貴族女学院へ入学させ、遺産分割でも負債は自分が引き受けて、法で決められたものより多くを彼女たちに与えている。

一七七九年、ベロセリスキー公爵はエカテリーナ二世によってザクセン宮廷への公使に任命され、ドレスデンに派遣された。一七八〇年に入ったアレクセイがドレスデンに現われたとき、公爵はまだ三十歳まえの若さであり、その庇護の下に入ったオレーニンが心服し、全面的な影響を受けたことは想像に難くない。ファイビソヴィチはベロセリスキー公爵邸のサロンこそアレクセイ・オレーニンのドイツにおける「大学」であったと言う。

一七八〇年頃、ドレスデンはドイツ七年戦争の戦禍もまだ癒えきらず、人口も減少してペテルブルグの六分の一ほどの小都市となっていた。しかし、ザクセン選帝侯の居城のあるこの都市は、ドイツの文化的首都として十九世紀においてもヨーロッパで確固たる名声を博していた。特に芸術の分野での誉れは高く、ドイツのヴェネツィアとも呼ばれ、その核としてあったのが王宮ツヴィンガー城のなかにあった美術ギャラリーであった。十六世紀半ばにつくられたこのギャラリーにはラファエロ、コレッジョ、ミケランジェロ、ヴェロネーゼ、ティントレット、バッサーノ、プッサン、ジョルダーノ、ローザ、ルーベンス、ヴァン・ダイクなどの絵画が集められており、ドレスデンが第一に誇る名所になっていた。

十年ほど遅くドレスデンを訪れたカラムジンは『ロシア人旅行者の手紙』のなかで、美術ギャラリーの次に、世界に類を見ない宝石コレクションである「緑の宝庫」を見るべきところとして紹介し、三番目に選帝侯の大図書館をあげている。[20]

おそらく、オレーニンにとって大図書館は最も重要な場所であり、ここで古代軍事用語の歴史文献探索に励んでいたのだろう。また、ベロセリスキー公爵は芸術アカデミーも紹介したはずであり、オレーニンは絵画、彫刻、建築などの分野に自分の興味を伸ばしてゆくことができた。

オレーニンの芸術的嗜好がドイツ啓蒙主義の巨人たちに影響されたことは明確にわかる。最も大きな影響を与えたJ・J・ヴィンケルマンはG・E・レッシングと共にギリシア・ローマの古典美への傾倒をもたらした。オレーニンのドレスデン滞在中まだ存命であった哲学者のJ・G・ヘルダーは彼のナショナルな歴史的指向を育てたと言われる。

ベロセリスキー公爵は一七八四年にカッセルで『フランス人、イギリス人、サンマリノ共和国の人への手紙』[21]を出版して、ヨーロッパの人々にロシア文化の当代の成果を紹介し、誇らしげにロモノーソフ、スマロコフ、フォンヴィージン、ヘラスコフらの名を挙げている。ベロセリスキー公爵の興味は祖国の歴史へと向かっていた。人格形成期の青年時代五年余をドレスデンですごした経験はオレーニンの世界観形成に決定的な役割を果たしたであろう。几帳面で真面目なオレーニンが若い日々にドレスデンで形成したものはヨーロッパ人として通じる古典主義的教養と幾多の外国語能力だけではなかった。それは確固たる祖国ロシアへの愛と忠誠心でもあった。彼はドレスデンで多大な庇護を受け、敬愛したベロセリスキー公爵からの影響もあり、祖国の古代と古典世界という二つの境地への憧れと探求心を深く心に植えつけたようである。規定の留学年限が終わると迷わずロシアへ帰ってゆく。国家勤務に心身共に精励し、知的活動を展開するために。

オレーニンのドレスデン時代の記録はほとんど無く、彼が家族に語ったことに拠るしかないが、後年アンナは回想記に、ドレスデンでの彼の生活はある教授の家に住んで砲術学校等へ通う、きわめて充実した快適なものであったと書いている。その家には彼の他にも幾人かのロシア人留学生がおり、彼らと交友関係を結びながら見聞をひろめ、当時のヴォルテール主義者らしく医学にも興味を示して、解剖学教室へも通っていたという。[22]

侍従幼年学校在籍のままロシアを離れたオレーニンは、一七八三年八月にドレスデンにあって幼年学校を卒業となり、砲兵連隊に入隊し大尉として登録された。この年オレーニンの侍従幼年学校在籍は十年となり、当時の軍の通例としての任官であった。

一七八五年五月、アレクセイ・オレーニンはドレスデンをあとにしてロシアへ帰還する。彼の留学終了に合わせて母アンナがドレスデンにやって来て、共にペテルブルグへ帰ったのである。オレーニンはドレスデンの地に生涯感謝の念を抱いていた。老齢になっても娘たちに対して、外国へ出た際には、彼が多くのものを負っているドレスデンに必ず寄って、かの地に敬意を表してくるようにと言っていたという。[23] 娘たち二人は父の気持ちを大事にして、ヨーロッパに出た際には暖かい気持ちでドレスデンに寄っていた。

オレーニンは、しかし、ドイツ語を好きではなかった。ロシアに帰ってからは、自在に使えるにもかかわらず、どうしても必要な場合しかドイツ語を使うことはなかった。

国家のために　軍人として

オレーニンは砲兵連隊に入って二年後の一七八五年九月から実際の勤務となった。この年、五月二十一日にはエカテリーナ二世により『ロシア貴族への自由と特権の許可状』が出されて、貴族たちは雪崩を打ったように退役して領地へ帰っていたころである。

帰国後の勤務が始まる九月十一日までに、オレーニンはペテルブルグですぐに詩人Ｂ・Ｂ・カプニストと知己になり、彼の義兄弟にあたるН・А・リヴォーフを知り、この詩人であり建築家である万能の天才と親しい関係を結んだ。一七七〇年代後半より、リヴォーフ、カプニスト、И・И・ヘムニツェル、Г・Р・デルジャーヴィンは公私ともに緊密なサークルをつくり、文学・芸術活動をしていた。自然にオレーニンもデルジャーヴィン・サークルと近しい関係に入っていった。さらに彼はА・С・ストロガノフ、И・М・ムラヴィヨフ＝アポストルらの上流知識階級の人々と交わってゆく。当時、デルジャーヴィン・サークルの面々は各地にばらばらになっていたが、カプニストの働きで、つながりは途絶えてなかったのである。オレーニンは帰国翌年の一七八六年五月には帝立ロシア・アカデミーに論文「ロシア古代軍事用語解釈」を提出して、アカデミー会員に選出された。一七八三年創立のロシア・アカデミーの初代総裁は遠縁のエカテリーナ・ダシコヴァ公爵夫人であり、創立初期のアカデミー会員にはリヴォーフ以下、多くの友人が並んでいたのである。

その年、二十二歳のオレーニンは砲兵大尉に昇進している。これは順調なスタートではあるが、決して上層貴族子弟が享受する破格特権的なものではなく、これ以降も実戦と軍務上の功績を重ねて徐々に昇進してゆく。彼は、主としてプスコフ軍管区の竜騎兵連隊に所属し、ロシアで最初の騎馬砲兵中隊を編成することに努めた。一七八九年、一七九〇年と対スウェーデンの戦争に従軍し、フィンランドで参戦している。スウェーデンとの和平交渉の際にはグスタフ三世スウェーデン国王に親しく接し、バシキール人部下の馬上弓術を国王に披露している。その後一七九二年には、プスコフよりポーランドへ革命勢力の鎮圧に出動した。

十年後の一七九五年三月に退役するときには、陸軍大佐（六等官）の官位を与えられた。オレーニンの正規軍での勤めはこれまでである。ナポレオン戦争の迫るころオレーニンは義勇軍の立ち上げに一役買い、この時与えられた義勇軍の制服を終生愛用した。背の低いオレーニンに将官エポレットや綬を付けた大柄な義勇軍の制服はよほど不似合いだったらしく、その奇異な恰好は長く語り草になった。

まだ軍務にある一七九二年六月、オレーニンの生活は大きく転換する。結婚し、自分の家庭を持ったのである。彼の軍勤務はまだ数年続くが、生涯の伴侶を得て、彼の仕事は大きく文官の分野へと方向転換してゆく。

文官オレーニン

歴史家B・O・クリュチェフスキーは文人官僚としてのアレクセイ・オレーニンを評して言う。

「古代ローマの行政官のごとく、国家と祖国の利益とあらば、いかなる方面にも出向き、巧みに仕事をこなしていける実務家を養成しようと目論んだ、エカテリーナ二世とベツコイのシューレが生み出した輝かしい作品の一つであり、その正当性の証左のひとつである」。さらに、「A・H・オレーニン、それは我が国の啓蒙と歴史文献学の半世紀であった…彼は啓蒙と歴史文献学の方向を定めたわけではない、しかし、一八四三年までの五十年間のロシアの啓蒙の歩みのなかで、オレーニンを外しての大小の重要な文化的事業は思い出すことは難しい。強力な発光体ではなかったが、彼はこれらの分野で同時代の輝かしい才能すべてに自己の光を投げかけた…」[24]と言っている。

オレーニンは約十年の軍隊勤務を終え、一七九五年にいったん退役した後、すぐに文官に転進して官務に就く。まずエカテリーナ二世のつくった国立紙幣銀行に入って幹部となり、二年後には造幣局長となっている。

この間、エカテリーナ二世が没し、母帝に反感を抱いていたパーヴェル一世が登場する。内政に大きな波紋のあったパーヴェル帝の時代にも、オレーニンの実務的手腕は必要とされ、そのキャリアが躓くことはなかった。

国の財政はエカテリーナ二世が濫造した大量の紙幣によって混乱していた。パーヴェル一世は兌換によって紙幣を回収すべく、正貨鋳造を銀行に命じた。ペトロ・パウロ要塞内にある造幣局の責任者となったオレーニンは、アイルランド人企業家のガスコインに協力を求めて銀行の敷地内に新たに造幣所をつくろうと奔走するが、兌換総量があまりに巨額だとわかり、皇帝の熱意が失われて、オレーニンの努力は実を結ばなかった。しかし、その仕事ぶりは認められ、一七九八年彼は四等文官に上げられ、一年後には元老院第三局の局長になるという目覚ましい昇進を遂げ、政権の近くで仕事をするようになった。

その後、一八〇一年の三月にパーヴェル帝が暗殺され、アレクサンドル一世（一七七七—一八二五　在位一八〇一—）の開明的な時代になると、新帝から“Tausendkünstler（千芸の達人　何でも屋）”と言われ[25]、オレーニンはますます重用されていくこととなる。

一八〇一年四月、政変の直後にアレクサンドル一世によって国家評議会（暫定）が設置され、オレーニンは国家評議会官房の一部署の長となった。一八〇二年より内務省官房準備のためM・M・スペランスキー（一七七二—一八三九）を助けて働き始める。省庁制度をつくって行政機関を近代化すべく、法整備に取り組むスペランスキーは貴族の出自ではなかったが、自由主義的観念に動かされていたアレクサンドル一世の庇護のもと、孤独のうちに超人的な仕事をしていたのだ。一八〇二年に新たに八つの省が創設され、一八一〇年末にはスペランスキーの尽力のすえに国家評議会が設置された。それはロシアに国会ができるまで存在した唯一の立法諮問機関であった。

オレーニンはスペランスキーの仕事を補佐し、この間、他の職務も兼務しつつ、正式に発足した国家評議会の運営に奔走した。一八一二年、ナポレオンのロシア侵攻という状況のもと、アレクサンドル一世は貴族層からの反発を無視できず、スペランスキーを解職し、彼に替わってオレーニンを国家評議会書記の職務代行とした。彼はその後十四年余もこの代行職にあり、一八二六年のニコライ一世戴冠式の日にやっと正職に任命された。

新旧の政治理念を擁する支配勢力がしのぎを削ったアレクサンドル一世治世の初期はオレーニンにとってきわめて微妙な時代であった。優れて有能な官僚であったが、政治家ではなく、特にどの党派に与することもなかった。また彼は明確な政治思想の持ち主ではなかったが、生涯、政治信条的には王権派で、個人的には家父長な家庭生活のありかたを愛し、その延長の国家を愛するパトリオットであった。

貴族としても、政府の要職が回ってくる特権的貴族の世界には入れない、門地、家柄も今ひとつで、爵位も持たない普通の貴族でしかなかった。官位上の出世も特権的な優遇措置が見られるものではないが、有能な官僚として、常に要職にあるオレーニンには名門貴族たちのねたみや反発が向けられた。政権近くで目覚ましい活躍をするオレーニンを、進歩派の旗頭B・П・コチュベイはエカテリーナ時代の遅れた考えの人物と見なして、激しく嫌悪した。一八〇二年にオレーニンはタヴリーダ（クリミア）県知事への赴任を提示されている。彼は内務大臣のコチュベイに必死で抗わなければならなかった。

国家評議会書記職務代行として、皇帝に直接報告する権利を有する職務にあった一八一〇年代が、オレーニンが官僚として最も活躍した時期であろう。しかし、アレクサンドル一世がナポレオン戦争後、次第に保守化し、軍事行政に手腕をふるうA・A・アラクチェーエフの存在が大きくなるにつれて、オレーニンは皇帝から遠ざけられることとなる。

位階としては、オレーニンは一八三〇年にニコライ一世より二等官に上げられ、文官としての実質的最高位をきわめた。しかし、多大な実務業績にもかかわらず、生涯爵位は与えられず、貴族として特別の栄誉はなかった。幾多のポストを兼務しながらも、彼のキャリア後半は文化芸術の分野が主舞台となり、そこでこそ彼本来の個性とエネルギーが生かされていったのである。

帝立公共図書館初代館長　芸術アカデミー総裁

ドイツで十八世紀のヨーロッパ文化を全身で吸収したオレーニンは歴史学を自分の学術研究のベースとし、ドイツの美術史家J・J・ヴィンケルマンの影響の下で古典ギリシア世界へのあくなき憧れを抱くようになっていた。それはパトリオットであるオレーニンの学術活動の方向を導くものとなり、彼はロシア古代の文化に流れ込んだギリシア文明の痕跡を生涯追い求めることとなる。のちに彼の研究活動はロシア考古学や古文書学の草創期の一端を担うものとなった。また、若き日のドレスデンでの生活は彼の芸術、特に絵画、彫塑の才能を育てた。帰国後オレーニンはペテルブルグで多くの文学者・詩人、美術家と交わり、画才を認められて友人たちの詩に絵をつけた。こうして彼は一七九〇年代にはペテルブルグで学者、美術家としても知られた存在になっていったのである。

一八〇八年、帝立図書館の館長A・C・ストロガノフ伯爵はオレーニンの資質を見込み、自分の補佐官にして、実質的に図書館の運営を任せた。[26] それまでただの書物倉庫のような存在だった帝立図書館を、オレーニンは自分が若き日に恩恵に浴したドレスデンの王立図書館のような、学術と啓蒙活動の中心にしようと思ったのであろう。勤勉で整理好きの彼は翌年には『サンクト・ペテルブルグ帝立図書館のための新しい文献目録整理方法の試み』を作って、出版している。

ペテルブルグに建てられた最初の国立図書館は「全人のために、一人のために」[27] というエカテリーナ二世の命のもとに一七九五年にその基礎が置かれた。ポーランド戦役におけるスヴォーロフ将軍の戦利品として、ポーランド貴族のザルスキ兄弟の蔵書がワルシャワから送られてきたのであった。すぐにそのための建物の建築が始まり、市の中心部、ネフスキー大通りとサドーヴァヤ通りの角に、建築家ソコロフとルスカによって市民の目を引く建物が建てられた。

オレーニンは一八一一年に正式に図書館長となり、同時にその名称を「帝立図書館」から「帝立公共図書館」とし、初代館長となった。現在のロシア国立図書館の誕生であった。

図書館こそオレーニンの後半生の仕事の拠点となった場所であった。彼によって才能を認められた文学者、学者、文化活動家たち（クルィロフ、グネジチ、デリヴィグ、ヴォストコフ、エルモラエフ、バーチュシコフ、グレチ等々）は図書館にポストを与えられて庇護され、公共図書館はペテルブルグの文化的中心となっていった［図3－3］。

図3-3　ネフスキー大通りの帝立公共図書館　右はゴスチーヌィ・ドヴォール（商館）
（П.П.スヴィニイン『ペテルブルグと郊外の名所』（1817年）より）

オレーニンには学術に加えて芸術への野心があった。彼自身の美術関連の仕事として、デルジャーヴィン、ヘムニツェル、オーゼロフ、ジュコフスキー、プーシキンの作品に挿絵を残している［図3－4］。また、造幣局にいた頃、メダル製作の技法を研究し、その研究論文でも知られていた。

一八一一年、彼は芸術アカデミー総裁を兼務することとなり、そのころ負債で惨憺たる状態にあったアカデミーを再建する仕事を引き受けることとなる。オレーニンは早速芸術アカデミーの機構的体質を改善する。学生たちにきちんとした衣服を着させ、三

図3-4　プーシキン『ルスランとリュドミラ』初版扉絵（オレーニン画による）

品からなる満足な食事を与えて、酔っ払いや不良学生を追放した。資金を集めて借金を返済し、学び舎を整備し、勉学の環境をつくった。当時の教授の一人、Ф・И・イオルダンは「オレーニンが登場して、アカデミー全体が驚きで目を醒ましたようだった[28]」と回想している。

当然、造形芸術のそうそうたる才能がオレーニンの周りに集まることとなった。彼はこれら建築や彫刻の人材を使って、一八二〇年以降イサク寺院、カザン寺院の記念モニュメント、アレクサンドル戦勝記念塔、ナルヴァ戦勝門といったペテルブルグの大規模記念建造物の建立をリードしてゆくのである。

結婚

一七九二年二月、プスコフ騎兵連隊に陸軍中佐（七等官）として勤務していた時、アレクセイ・オレーニンはエリザヴェータ・マルコヴナ・ポルトラツカヤ（一七六八―一八三八）と幾多の困難を乗り越えて結婚する。彼女はエカテリーナ二世の時代に宮廷合唱団を差配したマルク・フョードロヴィチ・ポルトラツキー（一七二九―一七九五）の長女であった。オレーニンとエリザヴェータの縁には彼の親友ニコライ・リヴォーフが介在していると考えられている。リヴォーフはポルトラツキーと共にエカテリーナ二世巡幸の随員となったこともあり、有名なポルトラツキー家のトヴェリ県のウサージバ「グルジヌィ」の庭園の設計と造園に携わっている。

エリザヴェータの父マルクはウクライナのチェルニーゴフ県で長司祭の家に生まれ、頭の回転が速く向学心があったので、父は彼をチェルニーゴフのカトリックの学校で学ばせた。マルクはその美声をエリザヴェータ女帝の寵臣アレクセイ・ラズモフスキーに認められて、都に上り、宮廷歌手に加えられた。ポルトラツキーは宮廷に入って後、その音楽的才能と如才のなさで女帝の特別の厚意を得て、宮廷の声楽界を取り仕切るようになり、ウクライナとペテルブルグ近郊に広い領地をあたえられた。エカテリーナ二世の時代には彼は宮廷合唱団の団長となり、四等官にまで上げられ、その貴族としての地位を不動のものとした。エカテリーナ二世は彼の手腕を認め、食卓にも伺候させるほどであった。ウクライナでの特権も手にし、一代で莫大な財産を築きあげた人物であり、あまりの成り上がりぶりにポルトラツキーはその死後も長く人の噂の的ともなった。

彼の二度目の妻アガフォクレヤはその特異な個性を何人もの同時代人により書き残されている

女性である。彼ら二人は企業心に富み、品位に拘泥しない蓄財の才があり、似合いのカップルであったようだ。子宝にも恵まれ息子八人と娘三人を得ている。驚くべきはそのうち十人もの子を成人させていることである。しかも、ほとんど全員が長命なのだ。オレーニン家ではアレクセイを含めて十七人のうち三人しか成人していない。これはポルトラツキー家とオレーニン家の物質的な差のみの故であろうか。

ポルトラツキー夫妻の孫にあたるアンナ・ケルンは次のように書いている。

「（祖母は）まだ人形遊びをしていたころ、マルク・フョードロヴィチ・ポルトラツキーに嫁いだ…彼はとても美男子で善良な人だった…彼女は美人だったが、読み書きはできなかった。だが、とても頭がよく、四〇〇〇人の農奴を使い、いくつもの工場を運営し、徴税請負業をし、村長を置いて差配させることなく、すべての領地経営をこなしていた…彼女は厳しい性格で、残忍でさえあった…」[29]アガフォクレヤはトヴェリ県全体の徴税代理人をしていた。

当時のジャーナリズムで鳴らした作家・評論家のH・И・グレチ（一七八七―一八六七）は彼女を「名うての女暴君」[30]と呼んでいる。オレーニンの評伝を書いているファイビソヴィチは、彼の実母アンナと義母となるアガフォクレヤに性格的な共通点を見ている。農奴制のロシアにあっては農奴を非人道的に扱う酷薄無慈悲な地主領主の存在もまた現実であった。彼女たちの血は孫にあたるアレクセイの三男アレクセイ（一七九八―一八五四）に流れていったのかもしれない。

アレクセイ・アレクセエヴィチ・オレーニンは才気走った、やんちゃで酒好きの「坊ちゃん貴族」で、若いころはデカブリストたちにも通ずる改革派若者グループに出入りして、親を心配させるほどであったが、最期はリャザン県の領地の農奴二人に撲殺されて終わった。当局の調査報告にも「(農奴への) 非道な扱いのため」[31]と書かれている。

オレーニンの母アンナはポルトラツキー家の娘との結婚に断固反対であった。富裕だが、成り上がりの貴族との縁組を嫌ったのである。自らの出自であるヴォルコンスキー公爵家との釣り合いがとれるよう、ドルゴルーコフ公爵家のある令嬢と息子を結婚させようと画策し、息子の結婚を妨害したとも言われている。オレーニンは結婚後もこの母との確執とポルトラツキー家の評判に苦しんだようだ。

周囲の協力やオレーニンの辛抱強い懇願によってなんとか母からの祝福を得て、やっとこぎつけた結婚生活は生涯にわたって幸せなものだった。エリザヴェータはその母に似ることなく、優しい善良な良き妻、良き母となり、みんなに慕われる女主人となった。

オレーニンは独身時代を「ほとんど自分の給料だけで生活してきた」と言っている。いくつも領地を持つオレーニン家のたった一人の息子であったが、経済的にも、またおそらく精神的にも親に頼れない状況であったのだろう。父親は多額の負債を残して一八〇二年に亡くなった。オレーニン家の唯一の相続者として、また子として親に恭順に接してはいても手紙等に両親への敬慕や愛情のこもった表現は見つかっていないという。自らの出生の事情を知っていたからであろうか。

結婚して、彼はペテルブルグ市内に初めて自分の家を持つことになる。エリザヴェータが持参金として親からフォンタンカ川右岸の土地を与えられ、石造りの三階建ての家（現在のフォンタンカ川岸通り、一〇一番地）が建てられたのだ。名義人は妻であったにしろ、これこそ彼にとって初めての家であり、新生オレーニン家の始まりであった。

アガフォクレヤはこのあたり一帯に広い土地を所有していて、エリザヴェータに与えた家のほかに隣にさらに二棟の家を建てている。それらの建物のうしろは広い中庭となり、厩舎、乾草小屋、馬車用の小屋、使用人の住居などがあり、ウオッカの蒸留所もあった。近くのセンナヤ広場で公衆浴場も経営していた。市内に他の家作も所有する資産家であったが、ポルトラツキー家は子沢山の家で、娘たちの持参金や息子の世渡りにかかる費用は莫大なものであったはずだ。

3　ウサージバをつくる

ロシア人とヴォーリャ（自由　意志）

エカテリーナ二世時代の初期にモスクワで生まれたオレーニンに「故郷」はあったのだろうか。生来のパトリオットである彼には祖国ロシアへの愛と忠誠はあらゆる面に見受けられるのだが、どの領地に自身のふるさと的感情を抱いていたのだろうか。オレーニンは子供時代は主にリャザン県カシモフ郡の領地サラウールで過ごしたとされている。彼がペテルブルグに連れ出して女官として宮中に出仕させた十歳以上離れた妹二人もこのサラウールの領地で過ごしていた。父のニコライも軍隊を引退した後はカシモフ郡に落着き、貴族団議長になっている。しかし、オレーニンがこの地に愛着を持っていた形跡は見当たらない。

実家や両親に対するオレーニンの感情を考えるとき、彼の出生の暗面を考えなくてはならないだろう。一八四九年より第三代帝立公共図書館長となったクールラント出身のバルト・ドイツ人、M・A・コルフは断定的な筆致で、オレーニンの実父はエカテリーナ二世の宮廷で式部長官を務めた宮廷内の実力者マトヴェイ・カシタリンスキーであるとし、「…彼の低い背丈はその息子に引き継がれた」(32)と書いている。近年、さまざまな傍証を検討して、コルフの言に信憑性を置く研究が主流となっているのである。十八世紀ロシアの宮廷・上流社会は公然の秘密の上に成り立つ世界であったようだ。

オレーニンはロシア貴族の生活の根が伝統的な領地屋敷であるウサージバにあり、そこに精神的な安定を求めていることを十分認識していた。「そこは違った世界、そこにはすべてがある」という言い回しで表現されるように、ウサージバは地主領主の王国であり、そこには完璧な自由があった。ロシア国家の良民であるオレーニンが自分のウサージバ創設に夢を持っても不思議ではない。

ウサージバ所有を指向するロシア人の心性を考えるとき、ドミトリー・リハチョフの『ロシア的なるものについての覚書』(一九八四)の中での次の叙述は重たい。

ロシア人にとって自然はいつも自由であり、束縛されない意志(ヴォーリャ)であり、広々とひらけた空間(プロストール)であった。言葉に耳を傾けてみよう、気儘(ヴォーリャ)に歩き回る、自由(ヴォーリャ)の身になる、という表現がある。ヴォーリャという言葉は、明日のことを思い煩わないこと、呑気さ、今のことだけに没頭する幸せのことなのだ。…古来よりロシアの文化はヴォーリャとプロストールを人間にとって最大の美的良きものと見做してきた。(33)

ロシア人は誰でもヴォーリャ(気儘な自由)に憧れる、たとえ馬と同じように曳き綱を体にまわして船を曳く人夫でも、盗賊の歌を歌って辛い生活の憂さを晴らす農民でも、果てしない自然の中ではヴォーリャを手に入れることが出来た、とリハチョフはロシア国民に語りかける。ソヴィエト政権が崩壊過程に入るペレストロイカ前夜のことである。

このヴォーリャを現実生活のなかで手に入れたクラスがあった。自然の風のように、何ものにも邪魔されず、気儘にしたいようにする、ロシア貴族はこの絶対的な自由を自分のウサージバで追求、満喫することが出来たのである。ヴォーリャの完遂がもたらす結果を考えてはいけない、それではヴォーリャにならないから。しかし、現実のヴォーリャの負の始末は確実に堆積し、個人生活も社会も崩れてゆく。

十九世紀に入っても封建農奴制のロシアでは農業経済の生産性は低く、領地でもたらされる農業生産物の市場価格は安価だった。市場経済はもうすでに農業では動いていなかったのである。地主貴族の生計は基本的に自領の農産物生産と農奴の賦役労働に支えられており、現金収入は乏しかった。領地からの収入が減ると、一番手っ取り早い増収法は農奴からさらに厳しく搾り取ることであった。よく搾り取るほど、有能な地主と見做されたが、一八六一年の農奴解放まで全体的なシステムには何の改変もなく、生産者である農民は疲弊し、地主も次第に貧しくなり、国家の基盤は弱体化していった。また、こうした非道な収益法は地主貴族のモラルを低下させ、安易で不健康な消費行動につながり、浪費傾向を抜き差しならないところまで追い込むこととなるのである。

無尽蔵な無償の人的労働と乏しい現金収入、これが貴族の経済的実態であった。十八世紀の終わりごろには生活費のかさむペテルブルグやモスクワに住む貴族は、そのほとんどが借金で暮らしていたと考えられている。エカテリーナ二世の寵臣で並ぶもののない権勢を持ち、国内有数の財産家であったポチョムキン公爵でさえ死後に莫大な借金が残されていた。しかし、貴族には豪勢な生活が不可欠であり、さらに過剰なまでの贅美さを追求する貴族の情念（ヴォーリヤ）があった。欲望の増長や暴走を生むヴォーリャという衝動は倫理的な退廃にも繋がりかねないが、果てしなきものへの憧れを肯定し、想像力を喚起し、その情熱を育んでゆく力ともなる。ウサージバの生活と文化のなかにそれを見出すことは出来るだろうか。

リャーボヴォとプリユーチノ

市内フォンタンカ川沿いのオレーニン家も賑やかになっていった。結婚の翌年に長男のニコライ、翌々年に二男ピョートルが続けて生まれ、家内使用人も多くなった。この家の客間にはオレーニンの知人・友人がより集い、彼の学識や人柄を慕って多数の文化人が訪れ、外国知識人の来訪もたびたびであった。女主人エリザヴェータは快く客をもてなして、オレーニン家は文化サロンのようになっていった。

オレーニンは家族の夏の住まいとなるように、首都からほど遠くないところに別邸ウサージバを持つことを考え始めた。

武官から文官へと方向転換した一七九五年、オレーニンは首都ペテルブルグの北東近郊、オーフタ火薬工場の先の、ペテルブルグから十六ヴェルスタ（約十七キロメートル）のところにある荒れ地七七六デシャチーナ（約八〇〇ヘクタール）を購入する。やはり、妻エリザヴェータの持参金で買ったもので、正式な所有者は妻であった。

まもなくウサージバの建設が始まり、このウサージバは「プリユーチノ」という名をつけられる。隠れ家とか避難所ほどの意味である。プリユーチノはダーチャ、時にはムィザと呼ばれることもある。現在、プリユーチノの所在はレニングラード州フセヴォロシスク市に入るが、革命後の一九一八年まではシリッセリブルグ郡であった。一帯は北のラドガ湖、南のネヴァ川の間に位置し、大小の河川が走っている台地や丘陵地で、いたるところ沼や沢がある地形である。オレーニン家が購入したところは未使用の空き地であった。この土地の最初の所有者はピョートル一世より下賜された寵臣のアレクサンドル・メンシコフであった。ペテルブルグ一帯を支配していたインゲルマンランディヤ公爵メンシコフが一七二七年に失脚し、この地はいったん国庫に没収された。次にこの地はアンナ・イオアーノヴナ帝の寵臣ビロンの手に渡るが、彼も失脚して流刑という運命をたどり、その後この土地は何人もの貴族の間をめぐってゆくことになる。

一七七三年よりイヴァン・フレデリクスがこの地を所有し、初めてここにウサージバ「リャーボヴォ」を建設した。大金持ちの企業家であったフレデリクスは首都に近いこの地に、当初は遊園・祝宴用の壮大華美なウサージバをつくろうという意図を持っていた。ペテルブルグまでを一望にできる小高い山に邸館を構え、周囲の低地の沢沼地に運河を引いて、土地改良を施すための大工事を始めたが、途中で彼の考えが変わり、結局、木造の主館と使用人用の家屋、大温室、整形庭園をそなえた四ヘクタール半ほどの小さいウサージバとなる。フレデリクスは土地使用の目的を経済活動に変えて、畜産の施設、畑地、葡萄酒醸造所、製鉄工場をつくった。

リャーボヴォの領地は一七七九年、息子のグスタフが相続するが、十六年後に売却される。この時点でオレーニン家がプリユーチノを造ってゆくのである。オレーニン家がプリユーチノを所有している間、より大きいリャーボヴォの残り部分はゲルテリ、トルスターヤ等々と落ち着きなく所有者が替わるが、一八一八年から大富豪B・A・フセヴォロシスキーの所有となることによってこの土地はやっと主人が定まり、革命期までウサージバが営まれてゆく。そこはプリユーチノのオレーニン家にとっても日常的な付き合いの必要な隣家であった。

オレーニンの経済力

この隣家と比較すれば、オレーニン家は貧しかった。オレーニンはつねに経済的な問題に苦しんでいたのである。実際に彼はどのような経済力を持ち、どういう心づもりで経費のかかる首都での家に加えて郊外にウサージバを持つことにしたのであろうか。前述のような独身時代の貧しさを考えれば、オレーニンは将来にどのような経済的展望を持っていたのだろうか。能力を頼んでの官途の出世と親からの領地相続は期待できるものだったのだろうか。

母のアンナが一八一二年に亡くなるまではオレーニンがどのぐらいの領地の実権を持っていたかは不明である。彼女は夫が亡くなった時、弟のグリゴーリーと謀って、当然息子が相続するべきシムビルスクの領地を取り上げ、この弟のものにしてしまっている。母の理不尽な仕打ちに控えめな抗議をしつつ、オレーニンは耐えるしかなかった。これは相当周囲からも顰蹙を買う行為であったらしく、グリゴーリーが亡くなってから、彼の妻と息子たちはオレーニンにその領地を返している。[34]

オレーニンの評伝作者であるファイビソヴィチは一八一二年から一八四三年（没年）までのオレーニンの経済状態に次のように迫ってゆく。[35]一八六一年の農奴制廃止までは金銭は富裕さの一番の目安とはならなかった。最も重要なのは農奴の所有数であった。オレーニンの在命中に行われた第八回納税人口調査をもとに見てゆくと、全貴族を農奴所有数によって六段階に分けるのが一般的で、それによれば、一番上のランクの一〇〇〇人以上農奴を有する貴族は全貴族数の一・一パーセントにあたり、このランクの貴族の所有になる農奴はロシアの全農奴の三十三パーセントになる。当時オレーニン家は十六ヶ所の領地と二四三五人（納税男子数）の農奴を所有していた。したがって、貴族階層の中でも一番上のランクに属していたことになる。

納税農奴一人がもたらした収入はB・T・セメフスキーの研究によれば、アレクサンドル一世の治世の後半では十三ルーブリ（銀貨）とあり、オレーニン家の場合、所有農奴数より八十五人を控除して計算すると、三万五五〇ルーブリ（銀貨）または九万一六五〇ルーブリ（紙幣）となっただろうと推定する。プリユーチノの建設に取り掛かった時期は文官に転身した三十歳すぎのころであり、まだはるかに貧しく、以降の官務での精励には経済的動機も大きく働いていたと思われる。

官僚として有能さを認められ、オレーニンは各方面の職務を兼務して収入をふやしてゆく（ただし、兼務の職には無償のものもあった）。ファイビソヴィチは収入の形態には給与、食費、年金等があり、すべてを詳らかにすることは不可能であると言うが、一八三四年のオレーニンの収入は分かっている給与タイプの収入だけでも一万六二〇〇ルーブリを下らないと判断している。

さらにオレーニン家にはペテルブルグ市内に賃貸に出している家屋があった。一つの住戸を一八三一年に年一万ルーブリで貸していたことからみても、家賃収入はかなりな額になったであろう。オレーニンは市内の住居を何度も変えているが、自邸を有利な賃貸に出すために転居を繰り返しているような観さえあるという。ともあれ、評伝著者は一八三〇年代のオレーニンの年収は十万ルーブリをはるかに超えたものだったことは確かだと言っている。

オレーニンはプリユーチノとなる土地を一七九五年に三〇〇〇ルーブリ紙幣（銀貨の三分の一）で買っている。将来、これほど多額の収入を得る人物のウサージバとしては、そのスタートはきわめてつましいものであった。

ウサージバ創設の意図とその構想

オレーニンがプリユーチノを建て始めたころ、自分の将来の収入を想定していたとすれば、彼の計算上の見通しは正しかったのだろうが、実際の家政運営と領地経営は思惑通りにはいかなかったようだ。

首都郊外のウサージバを創設するにあたって、オレーニンは遊楽のための別邸をつくろうとは決して思っていなかった。もちろん、経済的制約という現実があったのだが、彼の目論見は「イギリス流の賃貸農場または farm」[36]と書き記したメモに込められていた。

十八世紀ヨーロッパにおけるイギリスの経済的成功はロシア人のイギリス認識を新たにした。特に農業における成功にロシアの開明的な地主貴族たちは注目し、イギリス式の合理的農業経営に憧れにも似た感情を抱くのであった。一七八〇年から五年間をドイツで過ごしたオレーニンは他よりもイギリスの事情に通じ、これからつくろうとするウサージバ経営にひとかたならぬ先見の自負があったのであろう。

オレーニンは「この小さな農場は、比較的少額の資本を投入し、利用者自身の持つ労働力と限られた雇用労働を基盤とする生産組織で、主として農場主自身とその家族の必要を満たすことを目的とする」と、プリユーチノの出発点を述べている。このようにオレーニンが目指したのは、大きな収入をもたらす営利企業的な大農園経営ではなかった。もっぱら自家の家計の助けとなるべく、実利的な農園ウサージバをつくろうとしたのである。彼は他県の領地より四十八人の農奴をプリユーチノへ移住させた。この時期、オレーニンは軍から銀行へと勤務を替えている。家を構えて妻子を持つ地主貴族として、ロシアの伝統的生活形態であるウサージバをイギリス流の合理的経営法を用いてより生産的なものとし、生活の基盤を固めよう、という三十歳前半のオレーニンであった。

ウサージバは一七九五年に土地が購入されてからすぐに必要なものから建設が始まった。一七九八年までに造った建物は全部木造だったが、ルビヤ川の向こうに、いずれ石造建築へ建て直す時に建材を供給するレンガ工場を置いた。

オレーニンは一七九七年から一七九九年のメモ帳に幾度もプリユーチノに建てるべき建物のリストや経営知識の要点を書き込んでいるが、[37] それらに大きな変更は見られない。ある時期のリストには次のような建物が書かれている（傍線はすでに建てられたものを示している）。

一　主人館
二　家畜飼育場
三　洗濯場付き使用人用百姓家型住居
四　使用人用の倉庫、いずれ主人用とする
五　牛乳小屋
六　主家用風呂小屋
七　鍛冶場
八　温室　花壇
九　納屋

十　穀倉
十一　物置

一七九九年に書かれた新しいリストでは「すべての必要建築物」のうち、主人館、家畜飼育場、馬小屋がすでにあり、使用人用風呂小屋、洗濯場、鳥飼育場、鍛冶場が仕上げ中で、納屋と倉庫、穀物乾燥小屋、牛乳小屋が準備中、これからつくる予定のものとして野菜保存庫、温室、病院、水車製粉所があげられている。病院と水車製粉所は実現されることはなかったが、おおよそ彼の思惑通りのウサージバ建設が進んでいたようである。

また、オレーニンはウサージバを所有する地主領主が知っておくべき知識を次のように列挙している。

一　農業の理論的認識：天候、土地、草、土地に関する科学。技術と工芸の知識
二　農民と労働者について：仕事の差配、監督、構成、治療
三　建築について：建材、建築の種類、器具一般について
四　農業について：麦の播種と収穫、草刈り、糞肥、農業器具について
五　畜産について：家畜一般、構成と繁殖、病気、鳥類、魚類について

六　造園について：庭園、温室、花壇、菜園と森について
七　草について：薬草、播種用の草、手工業の材料となる草について
八　工場と手工業について：醸造工場、皮革工場、帆布工場、亜麻工場、ラシャ工場、水車動力による工場（製粉、製材）、バター製造について、養蚕と養蜂について
　上記項目を一括した事典

初めて自分の手でつくりあげたウサージバ・プリユーチノを営み始めて数年間、オレーニンは自分の経営的な成功に自信をつけていったようである。一八〇二年頃には蒸留酒製造所をつくることも目論んでいた。
プリユーチノは家族にとっての夏の家となり、家内工業的に家計を支えるはずであった。

プリユーチノの姿

出来あがったプリユーチノはどのような姿をしていたのだろうか。プリユーチノは一気に出来あがったわけではなく、少しずつ段階的に姿を整えていった。現在、プリユーチノは幸運にも博物館となり、かなりの部分が往時の姿をとどめている。失われて今は見えなくなった部分も含め

図3-5　プリユーチノの光景　И.А.イヴァノフ作（1825年）

て、このウサージバを見渡してみよう〔図3－5〕。

土地を取得してオレーニンはルビヤ川の左岸の高みにウサージバを置くことにした。ルビヤ川には飲用に適した小川が三本流れ込んでいた。ここからは春先の雪解け水で冠水する景色のよい氾濫原が見晴らせ、その向こうには広大な混合林が地平線まで続いていた。

プリユーチノの領地全形については、「それが占める形状は蝶が羽を広げた形に似ている。両方の羽の内側全域にわたって、きわめて清涼な水の流れが二つあり、中央部で合流している。…域内は四つの中小の谷とそこを潤す三つの速い流れの小川で分かたれている」と、一八四一年に作成された売買契約書には描かれている[38]。

プリユーチノは一九七四年に「文学・芸術ウサージバ・プリユーチノ」という名のミュージアムとして開設されたが、ミュージアム化するための準備段階で、オレーニンがA・Π・ブリュロフに指示して作成させたウサージバ内建造物の図面と、前記の売買契約書が修復計画の基本となった。オレーニンは夫人の遺言でプリユーチノの売却を決

図3-6
プリユーチノ見取り図
❶ 主館　❷ 客棟　❸ 召使棟
❹ 厨房・洗濯場　❺ 倉庫　❻ 鍛冶場　❼ ロトンダ　❽ 日時計の跡台　❾ 記念の跡台　❿ 風呂小屋
⓫ 地下倉庫　⓬ 温室跡基礎　⓭ 用務棟

意し、域内の建物を絵図で残そうとしたのであった。指示を受けたブリュロフが芸術アカデミーの画家たちを指導して作成したのであろう十二枚の図が芸術アカデミーに残されている。

建物等配置復元図でプリユーチノの姿を見てゆくことにしよう[39]［**図3－6**］。①の主館は保存修復されて博物館として公開されたが、他はまだ修復に至ってないものがほとんどである。

オレーニンのメモから見ると、当初彼は主人や客人用の建物以外はすべての建物を木造でつくるつもりだったようだ。しかし、一七九九年五月十二日以降のメモは建材用のレンガを焼くための窯の設置に関するものが多くなっている。業務用の建物は領地内の樹木を利用して木造にするはずであったが、レンガの原料となる良質のローム土と砂が領地内に発見されて、方針が変わり、レンガ工場がつくられたのだ。レンガの産出は一七九九年の夏には始まっている。レンガ工場の稼働により、プリユーチノではすべての建物が石造りとなり、メモに記されたものとは全く趣の違う建物が建てられることとなった。このころオレーニンは首都の職務である造幣局で貨幣の鋳造機設置について腐心していた。

主館は左岸の一番の高みに建てられて、正面玄関側が南の庭に向き、庭を四角く取り囲むように他の建物も建てられてゆく。しかし、一七九九年のメモではもう主館を建替えたいとの記述があり、位置はそのままに、この建物は段階的に少しずつ建増し、改修が行われたらしく、一八二〇年頃までには最終的な姿となったようだ。

現在に残る主館は、一階の南側の各部屋が一列に連なる宮殿様式の建物となっている。主人の部屋の前に通り抜けの部屋があり、オレーニンの書斎、客間ギャラリー、客間、小食堂、食堂、女主人の寝室と続く。それら部屋のつなぎのように女中部屋があり、そこへは玄関の間からの入り口と二階への階段がある。二階には十四部屋があり、そのうち六部屋は来客用、他は自家のためのものであった。部屋を分ける内廊下が部屋と並行してあり、部屋はどれも小さいものであった［**図3－7**］。

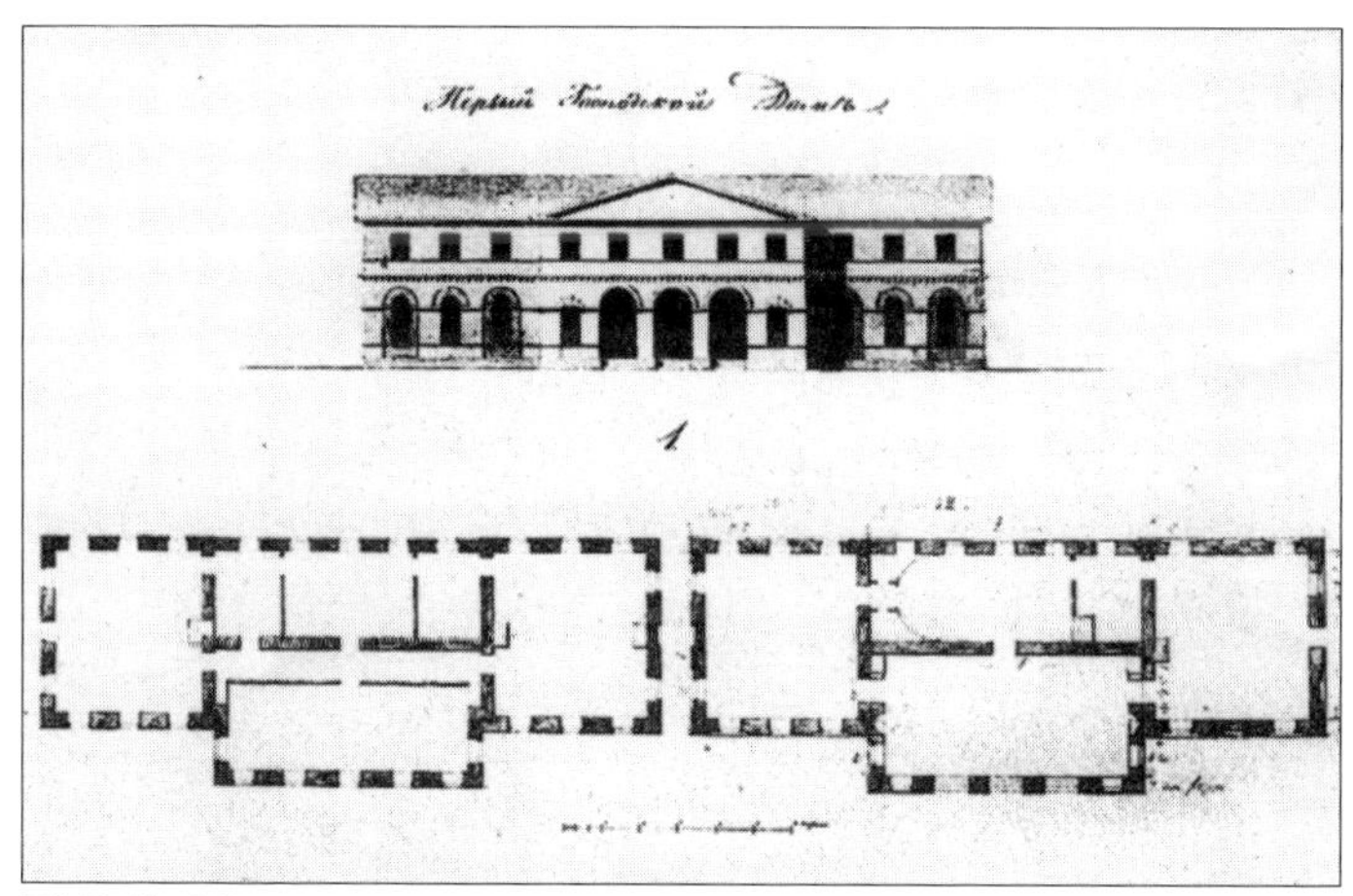

図3-7　第一主館の間取り図　А.П.ブリュロフ画（1838 - 1839年）

一階の南側付き出し部分に置かれた客間ギャラリーが一番大きく、内開きのフランス窓が三つあった。この客間を描いたФ・Г・ソーンツェフの絵（一八三四年）を見ると、その部屋が質素なものだったことが一目瞭然である【口絵②】。部屋は壁の上部が花模様のフリーズで飾られているだけで、椅子やテーブルといった調度はつましいものである。この主館の設計は十八世紀の後半につくられたウサージバによくあるものであった。

一九七二年から一九七七年にかけて実地検証をし、主館の修復の準備をしたЛ・В・チモフェーエフは、建物は徐々に段階的に建てられており、部屋の用途や配置、暖炉の位置なども何度も変えられているとする。また、資金不足のため、主館①と牛乳舎⑦の上のロトンダにしか鉄製の屋根がつけられていないと言う。

庭の向こうに客用の別館②が主館と並行するようなかたちで建てられたが、主館と同じく二階建てで、規模も外形も同じもので、質素なつくりだった。二つの棟は主玄関を向かい合わせるように建っていた。別館は他の建物よりかなり遅く建て始められたが、やはり、改築が行われている。

年を経て、エリザヴェータ・マルコヴナが老齢のため近くの教会に通えなくなったとき、オレーニンは教会の許可を得て、一八三〇年にこの別館の中の東側に家内教会をつくり、それは全体の三分の一を占めた。

これら主人家族や客人用の二つの建物の東側に、中庭を囲むように二階建てで、二階部分は丸太造りの使用人用の建物③があった。使用人棟の後ろ側の右手には洗濯場のある主人用厨房④を建て、左手には穀物の保存庫⑤をつくった。

主館の近く、ルビヤ川の険しい岸辺にレンガの丸い天井とその上に物置を置いた地下倉庫⑪があった。少し流れを下ったところに主人用の風呂小屋⑩があり、その屋根裏には部屋があって人が住めるようになっていた。イヴァン・クルィロフが住みついて、数々の名作寓話をつくり出した場所である。

そこから少し離れたところに石造の温室が二棟あり⑫、一棟ではモモやブドウ、さまざまな異国の植物や花が栽培され、パイナップルもあった。花用の温室には温度維持のための炉があった。

開かれた草地には花崗岩の台座に日時計⑧がつくられており、その近くには記念碑の台座⑨があった。また、客用別館から近くの水辺には子供の遊戯用の石造の要塞もあった。

業務用の家屋⑬は端に置かれているが、二つの主人用建物とその他のすべての建物や造作物は庭園の中に置かれていたと見ることができる。オレーニンのウサージバの庭園はイギリス式の風景庭園である。彼のメモのなかの地主の必須知識には「庭園について」があるが、項目だけで、内容は書かれていない。しかし、ロシアでも風景式庭園が主流となっていた時代であり、また風景庭園は財政状況の厳しいオレーニン家にとっては必然的なものであった。プリユーチノを約半世紀所有したオレーニンがこのウサージバにかけた全金額は十万ルーブリだったと言われるが、庭園には大した資金を投入することはできなかったはずである。[40]

プリユーチノの庭園・パークはほとんどこの土地の自然が持つ力そのものを利用してつくられている。ルビヤ川を中心にそれに流れ込む小川の流れを、一八〇二年に水門と堤をつくって、うまく堰き止め、効果的な池をつくることで舞台が出来あがった。まさに土地の「ケイパビリティ（可能性）」を引き出した庭園で、審美性と経済性が両立するものであった。

池をはさんで主館の向こう側には、水辺近くに鳥小屋があった。少し東寄りにある、四本の柱のポーチを付けた優美な牛乳舎（ロトンダ）⑦は、対岸からはその水面に映った影とともに見ることが出来る。その横には土から生えたのではと思えるような異形の鍛冶場⑥もあった。南の離れたところには家畜飼育場があった。街道が池を横切るために杭を打って橋が架けられ、街道の向こう側には池の中にウサギ島があり、近くに果樹園がつくられて、そこではスイカやメロンを育てるための温床があった。納屋もあり、寒い時期に桜の若木を保護していた。そのあたりには厩舎と馬車小屋があった。池を挟んで南方には穀物乾燥小屋があった。

オレーニンはウサージバを拓くにあたって、古い白樺とトウヒを残して樹木を伐採し、池の岸辺には柳を植え、ルビヤ川の左岸の高みには若いボダイジュを植えた。女主人のエリザヴェータ・マルコヴナが花を愛していたので、プリユーチノはいつも花で埋まっていた。温室で育てられた植物は花壇や桶に移され、また小道に沿って植えられてボーダーガーデンのような花壇もつくられていた。

主館から北西の川の向こう側にはオレーニン村とかプリユーチノ村とか呼ばれる村があり、一八一七年の設計図では四軒の百姓家があった。ここへオレーニンは八所帯を住まわせるために四軒の同じようなレンガ造りの建物と様々な作業場を建てた。ここはレンガ工場もあったところである。

プリユーチノの作者

出来あがったウサージバの姿はオレーニンが一七九七年から一七九九年に書き残したメモからはかなり違ったものとなった。プリユーチノは誰の設計によるものなのだろうか。この問題に関してはどの研究者も必ず、オレーニンの親友、ニコライ・アレクサンドロヴィチ・リヴォーフ（一七五三―一八〇三）の関与に言及している［図3―8］。リヴォーフとはどのような人物であったのか。リハチョフはリヴォーフを次のように捉えている。

様々な才能を必要とする時代がある。まさにそういう時にその時代を必要とする才能が現れる。その時代とは才能が与えるものをすべて受け入れることのできる時代である。

Н・А・リヴォーフは十八世紀末のロシアが国家としてクリエイターたちに向けた要求のすべてに応える才能を持った稀有な人物であった。学者であり、詩人であり、技術者、建築家、造園家、民俗学

図3-8　ニコライ・リヴォーフ
Д.レヴィツキー作肖像画（1792年）により作成された版画

者、何冊もの書籍の著者でもある。

彼はただ一人、この時代の急速に発展する文化をそのあらゆる分野において掌中に収めることが出来た人物だ。彼はどの才能を使う時も自分の考えに「固執」することはなかった。建築家としての彼は決して同じ物をつくらなかった。彼の創り出すものは一回ごとに新しかった。施主にとってだけでなく、彼自身にとっても新しいものであった。それは彼が教会から温室まで、ありとあらゆるジャンルの仕事をしていたからでもあろう。…このような多様性は彼のパークの設営にも、詩作のなかにも見られ、カプニストやデルジャーヴィンの詩に対しても、彼らの言葉の精気をつかんで、その後を続けて詩を〝書き上げる〟こともした。

彼はロシア・フォークロアの価値を認め、それを採集し、保存し、出版する必要ありとした最初の人物である。(41)

リヴォーフはノヴゴロド県トルジョーク（現在はトヴェリ州）の古いが裕福ではない貴族の家に生まれ、十六歳でイズマイロフスキー近衛連隊砲兵中隊に入隊する。それまでは家庭内ですべての学科や技能を独学で身につけた。首都に出て来た天才的な若者の周りにはたちまち優秀な青年たちのサークルが出来た。デルジャーヴィン・サークルの面々に加えて、Д・Г・レヴィツキー、В・Л・ボロヴィコフスキー、Е・И・フォミンといったそうそうたる画家たちも集まって来た。一七八一年にイタリア人建築家のジャコモ・クヴァレンギと知り合い、エカテリーナ二世の重臣A・A・ベズボロドコ伯爵とイタリアへ行き、ヴィチェンツァを訪れた。そこで接したパラディオ建築は彼のそれからの建築の主柱となる。ロシアに帰国後、彼はパラディオの著書『パラディオ主義建築の四冊』（一五七〇）を自分でロシア語に訳し、挿絵を付け、図面を描いて一七九八年に出版した。[42]

二十代早々にエカテリーナ二世の指名を得て、貴顕たちからの注文建築に携わって華々しく活躍していたリヴォーフだが、デルジャーヴィンのウサージバ「ズヴァンカ」[43]など、友人の居館やウサージバの設計、建築にも関わってもいた。

しかし、オレーニンの当初の志は「あまり大きくない、実利的な、家族のための夏の家」をつくることであり、このオレーニンの指向はリヴォーフよりもむしろ、A・T・ボロトフ（一七三八―一八三三）の考えに近いものと思われる。ボロトフの流儀は中小規模のウサージバで実利性を持ちながらも、ロシアの自然の独自性を生かした新しい風景庭園を目指すものだった。[44]ボロトフと対照的にリヴォーフは、大規模な敷地に広々とした自然を取り込み、それに古典的な趣と整形性を巧みに織り込んだ風景式の庭園をつくった。

あまり大きくないウサージバであるプリユーチノは、全体の特徴として、コンパクトな構成、バランスのとれた穏やかさをもたらす設計、絵画的環境と規則的な建物配置の組み合わせ、実務的機能と芸術的要素の結合、池・水面の必然性、街道との関係性があげられる。規模の点は別として、これらの特徴はリヴォーフのつくったウサージバや庭園に共通して見られるものである。また、プリユーチノの庭園に置かれた実用的な名称の建造物である酒蔵、鍛冶場、牛乳舎などはその名にそぐわない特異なフォルムを持ち、実用性はなく、ただオブジェとして庭園のアクセントとなっている。特に牛乳舎は庭園の主人公で、そのローマ的な優美なフォルムからロトンダと呼ばれていた【図3－9】。こういう副次的な庭園設置物に個性的なフォルムを持たせ、自然の景勝のなかに潜ませることはまさにリヴォーフの手法であった。いつの間にかオレーニンはウサージバの庭園に観念の歓びを具現化した審美的なものを選んでいたのである。

図3-9　牛乳舎（ロトンダ）

しかし、リヴォーフの直接的な関与があったと認めるには困難な状況があったとファイビソヴィチは言う。一七九六年にパーヴェル一世が即位してから、彼はあまりにも膨大な仕事を命じられ、忙殺されているからである。一七九九年、彼はすでに病を得ていたが、クリミア、コーカサスへの旅行に出て、ペテルブルグを離れた。その後病が重篤となり、五十歳で亡くなっている。明らかにリヴォーフの影響は見られるものの、実際に手をつけた可能性は低いのだ。

主館については、設計図が発見されてないこと、幾度も増改築が行われていること、装飾の少ないつましい建築であることから、古典主義時代の建築家なら誰でも造りうるものとだとして、オレーニン自身がつくったという見解が強い。彼は建築や造園にも知識があり、リヴォーフの考えを十分理解して、それを自分で実現したのだとも考えられる。

また、リヴォーフのもとで修業を積んだ建築家で画家のИ・A・イヴァノフを作者とする見方もある。イヴァノフはリヴォーフと共に多くのウサージバ建設に携わり、クリミア、コーカサスへの調査旅行へも同行している。イヴァノフはオレーニンから終生愛顧を受け、オレーニンが総裁を務めていた芸術アカデミーで建築のクラスを受け持っていた。特にロトンダ（牛乳舎）はイヴァノフがつくったのだろうと推測される。この建造物は対岸の主館からまっすぐに目に入り、オレーニン家の精神的な霊廟とも目されている。自然石で造った地下蔵の上に建つ、優雅なローマ風のポーチを持つ円柱形の建物の内部には、石の台座があり、丸屋根の頂上の穴より光が真っ直ぐに当たるのだ。プリユーチノの建物群の中でも高い完成度を見せるこの建造物は高度な専門技術を持つ建築家の手によってつくられた可能性が濃いことを示している。

貴族生活の現実

十九世紀の初頭ロシアでは、全貴族の一・一パーセントにあたる約一五〇〇家の富裕貴族層がロシア全土の農奴の約三分の一を所有しており、極端に裕福で、ロシアの最上層を形成していた。貴族層のなかでも特権階級として、政治的にも、社会的・文化的にも国の命運を決める立場にあった。外国に出てはその豪遊ぶりでロシア貴族のイメージをつくり、あくなき浪費でロシア帝国を沈下させていった人々である。

アレクセイ・オレーニンは農奴の所有数からするとこの特権クラスに入る貴族であり、首都ペテルブルグの中央国家機関に勤務する高級官僚であった。オレーニン自身の経済意識はつましく、堅実なものであったが、彼の一家は母の実家ヴォルコンスキー公爵家の繋がりからも、最上級クラスの貴族たちと交際し、そのクラスの常識的生活習俗の流れの中で泳いでいかねばならなかった。彼の経済観がどうあれ、それは避けがたい、ペテルブルグで暮らす貴族として当然の生き方であった。

ロシアの上流貴族層の生活でも、両首都と呼ばれてきたモスクワとサンクト・ペテルブルグのどちらに住んでいるかでその様相はかなり異なっていた。これら新旧の首都は帝政期ロシアにおいてきわまって対照的な性格を持つ都市となっていた。ピョートル一世によって一七一二年から

料金受取人払郵便

松田局承認

914

差出有効期間
2027年
4月15日まで
(切手不要)

郵便はがき

2588790

神奈川県開成町延沢
580—1—101

成文社
行

ご購入ありがとうございました。このはがきをお送りいただいた皆さまには、
新刊のご案内などをさせていただきます。ご記入の上、ご投函下さい。

お名前　フリガナ　　年齢

ご住所　〒

TEL

ご職業

所属団体／グループ名

本書をお買い求めの書店　　市区郡町　　書店

ご購読の新聞・雑誌名

書　名

●本書についてのご感想や小社へのご希望などをお聞かせください。

●本書をお求めの動機（広告、書評、紹介記事には新聞・雑誌名もお書き添えください）
□店頭で見て　　□広告　　　　　□書評・紹介記事　□その他
□小社の案内で　（　　　　　）（　　　　）（　　　　　　　）

●本書の案内を送ってほしい友人・知人のお名前・ご住所

お名前　フリガナ

ご住所　〒

●書籍注文書●

（書名）　（定価）　（申込数）　冊

（書名）　（定価）　（申込数）　冊

（書名）　（定価）　（申込数）　冊

書籍は代引きで郵送、お届けします（送料無料）。

首都となったペテルブルグはロシアの西端に位置しながら政治行政の中心となり、政府機関・官僚機構の集中する都市であった。またヨーロッパとの国境に近い、バルト海に面した軍都でもあり、町には陸・海の軍人があふれて、偏って男性人口の多い都市であった。人工的に造られた都市であり、歴史・伝統が皆無で、まちの隅々に官僚的で規範的な堅苦しい空気があり、皇帝の住むまちとしての、礼節と緊張感が要求されてもいた。

一方、古い歴史を誇るモスクワは何よりもロシアの伝統的生活文化の中心で、〝ロシアの魂〟と呼ばれ、ロシア人の在所のような存在であった。政治的中心地たることがペテルブルグに奪われてからも、古都としてのモスクワへの尊敬は失われず、〝第一玉座の〟という言葉はモスクワの枕詞・代名詞であった。貴族の心情が回帰するところであると同時に、モスクワは商人の町でもあり、しかつめらしい形式主義を嫌い、実利を尊び、人情に厚く、母性的な抱擁力を感じさせる町となった。都市の形状も計画都市のペテルブルグと異なり、自然発生的に放射状の発展をしたので、不規則な狭い横丁の多い町となっていた。

モスクワは古い家柄の貴族のほとんどが縁を有する土地で、上流貴族はペテルブルグに住んでいても、モスクワにも家を持っていた。また、市内からはずれた近郊には名門貴族の名だたるウサージバがいくつも点在し、それ以外に、中小貴族のウサージバが無数に散らばっていた。オレーニン家も中央ロシアのリャザン県カシモフ郡などを中心にいくつかの村を所有していたが、モスクワ圏（現在のモスクワ州南端のセレブリャンナヤ地区）にアレクセイの父、ニコライ・ヤコヴレヴィチが一七七〇年代に造ったとおもわれるエシポヴォという小さいウサージバを持っていたことが最近判明している。[45]

十九世紀前半のペテルブルグとモスクワの貴族の生活を見てみよう。

ペテルブルグの生活

ペテルブルグの最上流層の生活規範は帝室にあり、居住地域も皇帝一家の住まう冬宮を核として、放射状に高級住宅地区（通り）が広がっていた。ネヴァ川に沿った宮殿川岸通り、ネフスキー大通り、ミリオンナヤ通り、マーラヤ・モルスカヤ通り、モイカ川岸通り、ガレルナヤ通り、フォンタンカ川岸通りなどであり、エカテリーナ二世時代からの重臣、貴顕の豪壮な邸館が建ち並び、人目を引いていた。オレーニンが最初に持った家は現在のフォンタンカ川岸通り一〇一番の、石造り三階建ての一軒家である。一七九二年に結婚した妻のエリザヴェータ・マルコヴナの持参金で建てたもので、厳密に言えば妻所有の土地と家であった。

フォンタンカ川岸通りは右記の通りの中では冬宮から一番遠く、宮殿川岸通りが終わる夏の庭園の東側（外側）を流れるフォンタンカ川両側につくられた通りである。フォンタンカはネヴァ川から分かれて、ペテルブルグを半円形に囲むように流れ、ヴァシーリー島の南のボリシャヤ・ネヴァ川に合流し、フィンランド湾に入る、市内では一番長い川である。当然その両側に沿う川岸通りも長く、家の番号も右岸で二〇〇をこえている。右岸は夏の庭園から始まって、ミハイル城、アニチコフ宮殿があり、左岸にはシェレメーチェフ伯爵の豪壮な都市型ウサージバがあったが、この川が町の縁辺となっていることは明白で、フォンタンカ川岸通りはすでに町はずれであった。アニチコフ宮殿（三十三番）をすぎてロモノーソフ橋にいたるあたりはすっかり下町となり、セミョーノフスキー橋（川向こうにセミョーノフスキー連隊の兵舎があった）からはセンナヤ広場が間近で、すでに怪しげな空気が漂っていた。センナヤ広場は十九世紀のルポルタージュ作家フセヴォロド・クレストフスキーの小説『ペテルブルグの貧民窟』（「祖国雑記」一八六四―一八六六年掲載）[46]で知られた、下層民がたむろする不穏な地域であった。

フォンタンカ川の右岸に非常によく似た三階建ての石造りの家が三軒（一〇一、九十九、九十七番）並んで建っている。エストニアの首都タリン市の有名な「三姉妹」の建物にならって、ペテルブルグで「三姉妹」と呼ばれている建物である。この一〇一番（当時は一二五番）が最初のオレーニン家で、横に並ぶ家はエリザヴェータ・マルコヴナの妹たちの結婚のために造られた家である。エリザヴェータの母アガフォクレヤ・ポルトラツカヤはこのあたりの広い地所を所有していた。これらの家の背後はもうセンナヤ広場そのものであり、一番東の九十七番の建物の脇には広場への通路があった。

こういうあまりハイブローな地域ではなかったが、オレーニン家の人々はともかく首都に自邸を構えることができた。上流貴族に属していても家を持たない人々も多く、首都で生活するには賃貸の住居を借りるかホテル住まいをするしかなかった。シェレメーチェフ家のある親戚がペテルブルグに出てきて、はじめネフスキー大通りのデムート・ホテルに泊まったが、「部屋代と食事代のあまりの高さに目の前が真っ暗になり」、マルスカヤ通りの六部屋のアパートを借りた。賃料が月に三〇〇ルーブリと住居費も高いが、貴族には移動に馬車が必要であり、馬車の確保・維持は住居費以上の出費をもたらした。馬と四輪馬車を借り、御者を雇い入れて四〇〇ルーブリかかったという。[47] もちろんペテルブルグはロシアでも飛びぬけて物価が高く、西ヨーロッパからの商品が市場にあふれ、暮らしてゆくのは容易ではなかった。

ペテルブルグに住む貴族たちの中で最上層の特権的貴族層の生活は他の市民と全く異なっていた。高級官僚たちは十一時から十二時頃に役所や宮廷に出掛ける。そのころ家では前夜の舞踏会やパーティーで疲れた妻や娘がやっと起き出して、洗面、調髪などの身づくろいに取りかかっていた。時間をかけて身なりを整えたり、お茶か食事をすますとすでに午後で、二時頃には他家への訪問や買い物、その後は散策という段取りの外出となる。ネフスキー大通りはそういう散策の馬車であふれていた。冬には橇が使われた。奥様、令嬢たちは服や髪、化粧を最新流行で仕立て上げ、馬車には必ず親戚の者とか知人とかを同伴者としてともなっていた。妍を競い贅美をこれ見よがしにぶらつくのであった。

この階層の貴族は地方にいくつもの領地を持ち、領地経営による収入を基盤として市内にも自宅を構えていた。所有農奴数が五〇—一〇〇人の中程度の貴族たちは自邸を持つ力はなく、アパートを借りて住み、勤務の給料が生活の大きな支えであり、贅沢とは縁がなく、家族は衣食を切り詰めて、ようよう暮らしていた。さらに下の一〇〇人以下の農奴所有貴族となると、貴族としての特権はあるものの、生活実態は下層商人や農民と変わるところがなかった。領地や農奴をほとんど持っていない最下層の貴族はゴーゴリの『外套』のアカーキー・アカーキエヴィチ・バシマチキン（九等官　年俸四〇〇ルーブリ）そのものと言って過言ではなかったのだ。ペテルブルグの貴族社会にはまず官位のヒエラルヒーがあり、その社会生活を支えるための経済力が領地に要求されたのである。

オレーニンのフォンタンカの家は彼の文化的関心と開放的な性格、それに妻エリザヴェータの優しい抱擁力のある人柄からすぐに知人、友人の文化人が集まる、賑やかなサロンとなっていった。集まる人たちの輪は広がり、その中に若きプーシキンもいた。一八一九年のはじめ、オレーニンの家（当時一二三番、現在九十七番）でプーシキンは、エリザヴェータ・マルコヴナの姪にあたるアンナ・ケルンに初めて出会った。

モスクワとその周辺

一方、モスクワの貴族社会は十七世紀、またそれ以上昔からの門地貴族としての由緒を持つ旧大貴族たち、ヴャーゼムスキー、オボレンスキー、シチェルバトフ、ヴォルコンスキー、ドルゴルーキーといった名家が支配する世界であった。鷹揚で堅苦しいことを嫌い、地主的な専横性が横溢していた。モスクワの大貴族の邸宅には無数の屋敷農奴が住みこんで、それぞれに当てられた主人の用を待っていた。クスコヴォやアルハンゲリスクなどの遊楽のための大ウサージバを除いては、一般にモスクワの家は豪華であるが、きらびやかさを欠き、素朴で単純さが感じられた。同族が大家族で住んでいることも多く、来客を好み、その歓待ぶり、もてなしの厚さでモスクワは有名であった。

モスクワで贅沢に暮らす貴族たちも夏になると近郊の田舎の領地ウサージバで過ごすのが通例であった。一方、地方に住む格下の地主貴族たちは何よりもモスクワに憧れていた。冬の十二月には何をさておきモスクワに出て来た。モスクワに来られない貴族はその地方の県都に出て、冬の数ヶ月都市生活を送るのだった。

モスクワに来た貴族はザモスクヴォレチエ（モスクワ川右岸、川向こうの地域の意）の住居に落ち着き、田舎の領地からあらゆる食料を荷馬車で運び込み、物価の高いモスクワ生活に備えるのだった。冬の間、彼らは同程度の地方地主たちとの社交に勤しむ。クラスの違う有力者との知遇を得ることは難しかったので、高貴な階層から漏れてくる情報や噂に触れることを楽しんでいた。たがいにせっせと訪問しあい、祝宴、舞踏会、演劇の催しやトランプ遊びに興じて過ごした。あらゆる気晴らしを考え出しては、消費生活に明けくれたのだ。特にトランプ遊びはモスクワの家庭では必ず見られ、気晴らしとして必須のものであった。子どもたちの縁組相手を捜すのもモスクワ生活での大きな仕事であった。こうして冬の都会生活を過ごした地方貴族たちは復活祭の前には領地へ帰って行った。

モスクワ県や他の地方都市に勤務しているより貧しい貴族の生活は変化の乏しい、きわめてつましいものであった。三〇人の農奴を有する家に育ったM・Л・ナジモフは回想記のなかで子ども時代の生活を語っている。アルザマスで小官吏として働く父の僅かな給料で支えられた領地のウサージバには四つの大きくて美しい部屋とバルコニーのある家があり、室内には白樺で作った質素な家具が置かれていた。壁には皇帝や有名な司令官の肖像画や、風景画が飾られていた。しかし、家の食料貯蔵庫は領地でつくられた野菜の塩漬け、ジャムやバター、穀物などで満たされ、いくら来客があっても足りないということはなかった。お茶もウオッカも不自由しなかったが、金銭的な自由はきわめて限定され、子供たちの着るものは両親の服から仕立て直したもので、

「更紗のドレスや自家製でない羅紗のコートを着るのは祝日や来客の時だけであった」[48]。こういう中小地主のウサージバの生活は中央ロシアを中心にロシア全土に見られるものだった。

夏　プリューチノへ

春になると地方貴族は自分の領地へ帰って行ったが、都市に住む有力貴族たちは夏の声が聞かれる頃になると生活空間を町中から郊外へと移すのだった。寒冷地ロシアでは冬は安全な都市部に集中して暮らし、夏は開放的な野に向かうことはきわめて自然なことで、ピョートル一世をはじめとして、歴代皇帝、皇族はペテルブルグ近郊に自分の夏の宮殿を建て、今ではそのいくつかは豪華離宮として観光資源となっている。夏に首都から皇帝家族がいなくなると、貴族たちもわれ先にと郊外の別邸へ馬車を走らせるのだった。

ペテルブルグでは十九世紀初め、フィンランド湾の島嶼部がプレステージの高い流行の別荘地となった。イエラーギン島にパーヴェル帝の未亡人であるマリヤ・フョードロヴナ皇太后が美しく優雅な宮殿を建ててから、島の別荘熱に火がついた。カーメンヌイ島には皇族のオリデンブルクスキー家、大貴族のドルゴルーキー家と次々に風光明媚な場所に別邸が構えられた。これら市内から近い島嶼部に早々と夏の別邸を構えた貴顕たちは、すでに別の領地にいくつものウサージバやダーチャを所有する人々で、この海辺の別邸は完璧に休息と娯楽のためのものであった。夏季、このようなペテルブルグ郊外の別荘・ウサージバにおいては冬に市内で行われるのと変わりない社交生活が夏の趣向で繰り広げられた。

ペテルブルグの西約二〇キロメートルの、フィンランド湾に面して広がるペテルゴフの町では、ピョートル一世の時代より帝室の夏の宮殿があり、皇族のウサージバも点在する格の高い避暑地であった。そこでは気楽な個人生活を楽しむ皇帝一家や大公たちに遭遇することも日常であり、夏には華やかなお祭り気分にあふれていた。

アレクセイ・オレーニンの夏の別邸、ウサージバ・プリユーチノは人気の別荘地では決してないが、当時忙しい官僚としては長く首都を留守にできないこともあり、距離的にも首都との往来が可能で、妥当な購入価格ということで、身の程にあった小領地と考えてのことだろう。

一七九五年から建て始められたプリユーチノは、必要な建物がまず木造で建てられ、一七九九年ごろには一応の形が出来上がった。その後、領地内に建材であるレンガを自給すべく造ったレンガ工場が稼働し始めると、建物は順次石造りに建てかえられてゆく。ウサージバでは絶えず改築・増築が行われていたが、十九世紀に入る頃にはウサージバとして十分機能するものが整っていたと思われる。

一八〇二年にアレクセイ・オレーニンがその年に亡くなった父の遺産を分ける問題でペテルブ

ルグを離れていた時、妻のエリザヴェータは建設中のプリユーチノから旅先の夫に手紙をしたためている。

「…ノヴゴロドからのお手紙有難う。プリユーチノがこんなに愛しく思えたことは初めてです。ヴァーリンカ（長女―引用者）はここでみちがえるほど良くなりました。健康に朗らかになりましたよ。早く帰って来てください。別々に住んではいけないわ。悲しく思えてしまうから。遺産は欲しいだけあげてしまえばいい。…昨日まですごい雨が降って、草原は水浸しで、池も恐ろしいほど増水しました。堤は無事だけど、傾いてしまったように思えます。家計のためには水車がつくれればいいのですが。例の炉は今日据え付けはじめました。地下蔵は無事です。家の前のクローバーは今日刈り取りました。とても伸びていたので。台所の前の草地はとても青々としてきました。これであなたへのニュースはすべてです[49]」。

一家は五月から初雪（十月）までこの屋敷で過ごした。プリユーチノは実に一家の半年の生活の場であった。オレーニン一家が市中から移り住む前に、当然プリユーチノでは受け入れ準備をしなくてはならなかった。主人用、客用の建物では炉や暖炉がたかれて、部屋が暖めておかれた。戸外では春の太陽の下でたくさんの羽根布団等の夜具が干され、風を通された。温室から木桶や鉢に植えられた植物が持ちだされて、庭が華やかになった。小道には砂や砂利が撒かれて、主人たちの散策にそなえられた。馬丁たちは馬車小屋から馬車を引っ張り出し、修理や塗装を施した後、主人たちを迎えにペテルブルグへ馬車を走らせるのだった。

　出立するオレーニン家はどんな人々で構成されていたのだろうか。家族がもっとも多かった一八一〇年前後で見てみると、アレクセイ（父　一七六三年生）、エリザヴェータ（母　一七六八）、ニコライ（長男　一七九三）、ピョートル（二男　一七九四）、アレクセイ（三男　一七九八）、ヴァルヴァーラ（長女　一八〇二）、アンナ（二女　一八〇七）の七人がオレーニンの家族である。しかし、オレーニン家には家族同然、または、その一員とも見なされうる同居人がたくさんいた。まず、幼いころからオレーニン家で養育されてきたアンナ・フョードロヴナ・フルマンと、この家に住みついている遠縁の貴族女性が二人、マルファ・フョードロヴナ・コハネエヴァとアンナ・チモフェエヴナ・ドラムチェエヴァがいた。それに子供たちの家庭教師たち男女数人、語学教師のフランス人、イギリス人たち。乳母もイギリス人でその息子もいた。また、オレーニン家にほとんど住みこんでいるアレクセイ・オレーニンの職場の部下たち数名。その移動の様子を伝えるФ・Ф・ヴィーゲリは、まるで「ノアの箱舟のようだった」[50]と表現する。この大家族とその生活を支える大勢の召使たちが何台もの馬車に分乗し、冬の生活に別れを告げるようにペテルブルグを離れていくのだった。

　オレーニンたちはセンナヤ広場近くの自宅を後に、おそらく次のような行路でプリユーチノへ向かったものと思われる。馬車の列は市内を走って夏の庭園のそばのトロイツキー橋に到り、まだ浮橋であった橋を渡る。さらにネヴァ川から分かれたボリシャーヤ・ネフカ川を渡ってヴィボルグ地区に入る。この地区は市内よりも標高が数メートル高く、ペテルブルグがつくられる前からロシア人の集落が散在し、スウェーデンとの国境地帯と見なされてきた。ここには関所があり、市内から出る者は登録されなければならない。兵士によって遮断機があげられ、馬車の列はネヴァ川沿いに進んでゆく。火薬工場とイリヤ教会のあるイリインスカヤ特区を抜け、リャーボヴォ道に入り、ウサージバに到着する。市境の関所から十六ヴェルスタ走り、彼らは華やかだが、社会的緊張に満ちた首都の生活から逃れ、プライヴェートな領地内での夏の生活に入ってゆくのである。詩人K・H・バーチュシコフ（一七八七—一八五五）のうたう「善き魂をかくまうところ」[51]プリユーチノが彼らを待っていた。

ネヴァ川のむこうに別荘がある、
都から約二十ヴェルスタ（露里＝約一キロメートル—引用者）のところ、
ヴィボルグの境界わきの、
峻嶮なパルゴラの近く、
ダーチャとかムィザとかよばれる屋敷がある、

善き魂をかくまうところ、
そこには善良なエリーザと、
彼女の立派な夫君がいて、
心を開き
優しい言葉を口にして、
簡素な食卓を
柔らかな草の上でかこみ、
舞踏会のドレスは着ずに、
小さいこの隠れ家に
ペトログラードから友人が
村の祭りだと訪れるのを待っている

客たち

高級官吏でありながら、学術、文学、芸術分野に多彩な関心を持つオレーニン家にはさまざまな客が出入りしたが、当代一流の文化人たちが多く訪れた。また後にロシア文化史に名が記されることとなるインテリ、芸術家たちが寄り集って来た。フォンタンカの家に早くから客となっていた、演劇作家のオーゼロフ、シャホフスコイ、同じくマリン、後に女優のセミョーノヴァら俳優たちもやって来るようになった。少し遅れて、詩人・翻訳家のグネジチ、詩人のバーチュシコフが来るようになった。やがて子供の世代の若人たち、詩人ヴャーゼムスキー、そしてプーシキンが訪れ、ポーランド人詩人ミツケーヴィチも来て滞在した。アレクセイ・オレーニンが芸術アカデミーの総裁となってからは芸術家がたくさんやって来るようになった。画家のキプレンスキー、ブリュロフ兄弟、ガムペリン、ヴァルネック、そして彫刻家のフョードル・トルストイ。また、後にデカブリストとなるセルゲイ・ボルコンスキー（アレクセイ・オレーニンの従弟）、トルベツコイ、ベストゥージェフ＝リューミン、ペステリ、ムラヴィヨフ兄弟、ムラヴィヨフ＝アポストルたちも。彼らの多くはオレーニン家の三男アレクセイの友人でプリユーチノの常連客であった。

古文書収集家のムーシン＝プーシキンや作家カラムジンも訪れ、中国学者П・И・カーメンスキー、インド学者のГ・С・レーベジェフといった学術関係の人々もやって来た。ドイツ人博物学者のフンボルトもオレーニンに会うため訪れており、ちょっと名の知れた外国人知識人は必ずペテルブルグからプリユーチノに回って来たという。

また、一時オレーニンの上司に当たり、難しい関係にもあった、政治家А・А・アラクチェーエフもプリユーチノの客となったことがあり、オレーニンもアラクチェーエフの著名なウサージバであるグルジノを訪問している。帝立図書館長、アカデミー総裁のオレーニンは職務上の部下たちや、アカデミーの教授、芸術家の卵の画学生たちをも迎え入れた。

そして、オレーニン家、ポルトラツキー家、ヴォルコンスキー家、アルハーロフ家、チェルヌイショフ家、ドルゴルーコフ家、ブルドフ家等々、親戚の面々の逗留もあった。

プリユーチノの日々

夏にはペテルブルグ市内の家のサロンがそっくりプリユーチノに移ってくるのだった。人数の多い家族に加えて絶えず来客があり、オレーニン家のディナーのテーブルはいつも来客でにぎわっていた。考古学者で画家のΦ・Γ・ソーンツェフはオレーニン家の客の多さを、ウサージバには乳牛が一七頭いたが、クリームがいつも足りなかったということでわかる、と言っている。[52]

彫刻家Φ・Π・トルストイの娘で、子供のころ、父に連れられてプリユーチノをよく訪れていたM・Φ・カーメンスカヤはその思い出を次のように書き残している。

「家庭の日常生活においては主人としてのアレクセイ・ニコラエヴィチは率直で、喜んで客を迎え、客人をみんな全く自由にさせてくれました。誰でも好きなことをしてよく、誰にもそれを邪魔されることはなかったのです。アガフォクレヤ（エリザヴェータの誤り──引用者）・マルコヴナは女主人として愛想よく、誰にも思いやりを持って接し、客のすべてに美味で十分な食事を供しました。しかし、オレーニン家では当時の他家貴族の食卓でのように度をこして食べたり、飲んだりすることはなく、すべてにおいて節度があり、主人夫妻への敬意がありました」[53]。オレーニンも主人として客にできるだけヴォーリャを楽しませようとしていたようだ。

ソーンツェフもプリユーチノでの生活を描いて言う。

「オレーニン家では、とくにウサージバでは、のびのびと客になることができた。一人ずつそれぞれの部屋があてがわれ、必要なものが全部与えられて、それから次のように告げられる。九時にお茶があり、十二時に朝食、四時に正餐で、六時に軽食、九時に夜のお茶になるということを。そのことを知らせる鐘を鳴らして、全ての客が呼ばれる。他の時間は昼も夜もそれぞれ自分のしたいこと、散歩とか、乗馬、森の中での銃やピストルでの狩猟とかすればいいのだ。アレクセイ・ニコラエヴィチが弓の弦の引き方を見せてくれることもあった」[54]。

ヴィーゲリの回想記も見てみよう。

「これほど自由な楽しみと、同時に上品さに出会えるところは他所にはなく、このように和気にあふれ、それぞれがこれほど思いやりをみせる家庭はないし、これほど教養と厚意にあふれた夫妻はいない。何よりも注目に値するのはヨーロッパ流の生活の快適さと、ロシア古来の素朴さや慣習が上手く組み合わされていることである」[55]。

オレーニン家の食卓は滋味にあふれるものだったようだが、決して奢侈に走るものでなかったようだ。二男ピョートルは十四歳の時（一八〇九）、「十三時、またはプリユーチノ」[56]という軽妙な文を書いて、プリユーチノの夏の日の午後を紹介している。台所ではロシア料理がつくられていたことがわかる。時代が下るにつれ、貴族の台所からはフランス風の料理が出てくるようになる。

「鐘がわたしたちに正餐を知らせます。わたしたちは木々の枝の下に整えられた食事のテーブルに向かいます。…ああ、食事の時間が生活の中で最も大事と言う人々、あなた方のために書きましょう。プリユーチノのディナーについてお話しましょう。私たちはオクローシカ（夏の冷たいスープ）から始めます。それは単純な食べ物ですが、滋養ゆたかな、スラヴ人の末裔に好まれる食べ物なのです。それにシチ（野菜スープ）とクレビャーカ（ピロシキの類）が続きます。その後、よい牛肉が一切れ出され、焼かれたパンに豆が付けられたもの、仔牛肉が少し出てきます。クリームの添えられたトヴォログ（チーズの一種）でシメとなります。主人がワインを求めたので、私たちには古く良きラフィタが供されました」。

オレーニン家も食物については出来るだけ自給を目指したにちがいない。プリユーチノで採れるものや他の領地から運ばせた自家製のものでロシア料理を作らせたのだろうが、ワインなど外国製の必需品も少なくはなかったのだ。

野外で食事をすることもよくあったようだ。プリユーチノの屋敷建物自体はペテルブルグ郊外の流行の豪華な別荘とはまったく違った、装飾的な要素のない質素なものだったが、ルビヤ川の岸の高みにあり、そこからの眺めは、清涼な流れの小川が幾筋もルビヤ川に流れ込み、二つの堤が池をつくり、起伏のある地形の素晴らしいものだった。

庭園はウサージバの野外の客間であった。先にあげたバーチュシコフの詩は続ける。

…

詩人でなまけものの幸運児よ、
そして繊細な哲学者、
クルィロフはそこで夢想する
白樺の陰のもとで、
寓話の中の動物のことを、
パルナス風にバラを手折るのも
プリユーチノの森の中。
グネジチもそこで憧れにひたる

ギリシアの神々のことへの思いに
……

И・А・クルィロフも、Н・И・グネジチもプリユーチノにほぼ棲みついていたことは広く知られていた。

庭園を散策するのはウサージバの大きな楽しみ方であるが、ヴャーゼムスキーはプリユーチノの庭園を敵に回した。一八二八年、П・А・ヴャーゼムスキーは妻への手紙で書いている。「ミツケーヴィチと夕方オレーニン家のプリユーチノ村に行った。十七ヴェルスタぐらいのところだ。そこでわれわれは色男っぽく顔をしかめたプーシキンにも会った。村はなかなかきれいなところだ、特にペテルブルグから行くと。かなりの起伏のある景色で、隆起があり、川があり、森がある。しかし、そのかわり蚊がこの地を真の地獄にしている。ほかのどこでもこんな大群の蚊（ロシア語でカマールと発音―引用者）を見たことがない」。彼はすんでのところでカマリンスカヤ（ロシア民謡、踊りの一種―引用者）を踊り出すところだったという[57]。しかし、一緒に庭園を歩いていたプーシキンは真の伊達男だった。ヴャーゼムスキーは、続ける。「蚊の大群に包囲されて全身腫れあがったプーシキンは柔らかく言ったものだ、『甘美だ』と[58]」。

それでもプリユーチノの住人、客人たちはよく散歩をして夏の日をすごした。ウサージバの回りを馬で廻ることもした。池にボートを浮かべて楽しむこともできた。

片側が池への斜面となる散策路のわきに、記念の石碑が置かれている。低い四角い石が台座に置かれているだけの目立たない記念碑である。今はもうグネジチによって書かれた碑文は読めなくなっているが、これはオレーニン家の長男ニコライがボロジノの合戦でナポレオンのフランス軍と戦い、戦死したことを追悼するために一八一三年に置かれたものであった。かつてここには子供のころニコライが植えたカシの木が伸びていたのだが、彼が戦死した後で枯れてしまい、そのカシの木の跡に記念の石が据えられたのである。ウサージバには記念の樹木を植える伝統があり、プリユーチノでは子供たちがカシの木を植えたのであった。

プリユーチノには一八一四年になって傷を負ったフランス兵が現れた。リヨン生まれのマトヴェイ・ピカールという若者で、政府の許可を得て、オレーニンが引き取ったのである。長女ヴァルヴァーラは、ピカールはオレーニン家に長く住んでいて、彼女の乳母の孫のロシア娘と結婚したと書いている。(59)

そのほかの過ごし方について、上記ソーンツェフの文は続く。

「ペテルブルグの家でもそうであったが、別邸でもオレーニン家ではトランプ遊びはきわめて例外的な場合を除いて、全くと言っていいほどすることはなかった。そのかわり、特にアレクセイ・ニコラエヴィチがいる時は活発な会話が花咲くのだった」。

同じく、カーメンスカヤも言う。

「そうです、彼らのところに集まる人たちは他のところの人たちとは違っていました。彼らのところには貴族高官も、俳優たちも来ました、画家や文学者たちも。でもどんな人も他より優位にあるということはなかったのです。みんなを知性や芸術への理解と愛が結びつけていたのです…彼らの家では様々な名手が歌を歌ったり、楽器を演奏したり、文学者は朗読したり、ロシアの文学に起こった新しい出来事のすべてが議論されましたし、画家は絵をかいていました…若い人たちは踊り、家庭劇場を催したり、活人画をつくったり…オレーニン家の祝祭にないものは一つ、鞭の下で主人方のために踊ったり、演奏したりする農奴のダンサーや音楽家たちでした…手短に言えば、当時でもアレクセイ・オレーニンの家では農奴制がつらく目に刺さることはありませんでした！」

プリユーチノの祝祭行事で最も熱心に行われたのは五月二日の女主人エリザヴェータ・マルコヴナの誕生日と九月五日の彼女の名の日の祝日であった。特に、名の日の祝祭は盛大で何人もの同時代人がその様子を書き残している。一八〇六年九月五日には初めて野外に大掛かりな舞台がつくられ、C・H・マリンによって書かれた古典劇[60]を家庭演劇として上演し、後世の語り草になるほどの祝祭となった。歴史家クリュチェフスキーは「首都の文学者、芸術家たちの間では三十年ほどもこの九月五日のことははっきりと覚えられていた。その日、みんなオレーニンのペテルブルグの家や別荘のプリユーチノへ喜んで足を向けたのだ…夫人にお祝いを言って、他所では会えない人々との夜会を過ごすために」[61]と書いている。

近所付き合い　お隣リャーボヴォ

十九世紀前半、祝祭の豪華さでペテルブルグはおろかロシア中に名を轟かせたのは、プリユーチノの隣のウサージバ、リャーボヴォであった。もと、プリユーチノもその一部であったリャーボヴォは持ち主が幾度も変わったが、一八一八年に大富豪のフセヴォロド・アンドレエヴィチ・フセヴォロシスキーの所有となってウサージバとして遅咲きの花を開いてゆく。稀代の幸運児フセヴォロド・フセヴォロシスキーは、エリザヴェータ・ペトローヴナ女帝時代の寵臣であったニキータ・ベケートフの庶出の娘と一七九〇年に結婚し、多大な持参金を得た。ペンザに出自を持つ貴族のフセヴォロシスキーは、伝記によると「昔気質のロシアの旦那」であったというが、ペルミの製鉄業で成功した伯父に気に入られて、伯父の死後、その莫大な遺産をすべて相続し、領地経営だけでなく、鉱山・製鉄業など受け継ぎ、企業家として才能を発揮して富を築いていった。さらにウラルの所領地から金鉱が見つかるなど幸運が続き、彼はその財力で一八一二年のナポレオン戦争では自費で二〇〇〇人以上の義勇兵を集め、兵装して送り出した。戦後、住居をペテル

図3-10　ムィザ・リャーボヴォの光景　A.デザルノ作（1822年）

ブルグに移し、しばらくしてリャーボヴォを手に入れた。彼はここに自分の理想の〝貴族の巣〟をつくろうとしたのである(62)［図3－10］。

ウサージバはルムボロフスカヤ山という七〇―八〇メートルの高台を中心に構成されていた。高台に二階建ての宮殿のような華麗な主館が建てられ、一六〇もの部屋があったと言われる。いくえものテラスを造り、下降するまわりの土地にはイギリス風の風景式パークがつくられた。晴れた日には遠くペテルブルグの街やシリッセリブルグが望められた。リャーボヴォの近くには三つの湖があり、そのまわりの森林も整備されて、その中にウサージバから二十五ヴェルスタ以上もの道が敷かれて、散歩道がつくられていた。祝祭には天気がよければ、主人を囲んでの馬車での散策が欠かせなかった。そして、散策のあと、レストラン「カラムブリン」でのディナーとなるのが通例であった。

ロシア中に知れわたった、一八二二年十月二十四日のリャーボヴォの主人の名の日の祝祭行事についてＭ・П・プィリャーエフは次のように書いている。

「この大富豪は自分の名の日に数百万ルーブリをかけた…この貴顕の主館は一六〇の部屋がある二階建てであった。リャーボヴォへペテルブルグから十月二十四日の主人の名の日の祝賀へと、五〇〇人以上の客がやって来た。全部の客に特別に部屋が用意されていた…祝宴は三日続いた。リャーボヴォの馬場では騎士の衣装をまとっての馬上試合のトーナメントやカルーセル馬術競技があり、甲冑をまとった騎士が出ていた。この富豪の正餐はロシア全土に鳴り響くものだった。ウラルから郵送便で取り寄せたチョウザメを湯気の立つ鍋にまるごと入れて蒸し煮にして、その鍋をたくさんの布巾で捲いて、雪のように真っ白なルバシカを着た四人の屈強な料理人が運んで、そのまま供するのだった。劇場ではフセヴォロシスキーの農奴の男女俳優が演技を見せていた。ここのかなり多人数の劇団員たちである…」(63)

プリユーチノはリャーボヴォと境を接し、日常的な用件で不断に付き合う必要のある隣同士であった。一八二一年七月、オレーニンはフセヴォロシスキーに手紙を出し、たがいの領地の村民同士の諍いでのことでやんわりとクレームをつけている。「…火薬工場の祭から帰るところのオシップという名のうちの指物師が、したたか酔っていたのではありますが…おたくの農民の一人に『こんにちは兄弟、おやっさんよ』と声をかけたら、返礼に一発くらい、今も彼の顔を赤く美しくしております、その場には村長もいたのですが、彼は止めるどころか、その勇士にもっと手柄をたてろとか…」

フセヴォロシスキーからは直ちに返事がきた。「以前の所有者たちによって根付いてしまった悪癖を根絶するためであれば、村長を兵役にやってもよし、兵役は避け、仕事を課して罰としてもよし、その農民は兵隊にはむいていませんので、いかようにも貴殿のご判断に従う用意があります」(64)。

オレーニン夫妻もリャーボヴォで催される演劇を見にゆくこともあった。また、リャーボヴォの農奴劇団・楽団は作曲家でヴァイオリン奏者のマウレルが指導するレヴェルの高い音楽集団で、プリユーチノへも援助出演に来ていた。オレーニン家の客たちもリャーボヴォに足を向け、どちらの行事にも手を貸していた。件のフセヴォロシスキーの名の日の祝いは三日続き、四日目の二十七日は屋敷農奴、職人、農民たちのための宴が行われた。隣人であるオレーニンがクルィロフを連れてリャーボヴォに表敬訪問をしたのはその二十七日であった。

落日と更なる年月

一八〇一年五月にオレーニンに会いにフォンタンカ川沿いの家を訪れ、初めてその書斎で彼を見たグレチは後年つぎのように書いている。

「その時から四十年の間ずっと、彼は執務室の大きなデスクの前に坐り、積み上げられた書類や書籍類、図面や絵画や彫像もろもろの類の中に埋まっていた[65]」。

晩年までオレーニンの職務への精励ぶりは変わらなかったが、時間は容赦なくその生活に変化をもたらしていく。一八三八年六月、最愛の妻エリザヴェータがこの世を去った。オレーニンの悲しみは深く、周囲を心配させるほどで、二人の娘は八月父をペテルブルグから連れ出し、ノヴゴロド県にあるソフィヤ・ヴラジーミロヴナ・ストロガノヴァ伯爵夫人のウサージバ・マリイノを訪れている。上司筋のストロガノフ家とオレーニン家はかつてナポレオン戦争でともに息子を失い、慰め合ってきた間柄でもあった。美しいイギリス式の景観の中にあるマリイノに来て、女主人の優しい細やかな接遇を受けて、オレーニンは内心平静ではいられなかった。エリザヴェータの死後、彼女が生前に書き置いた手紙を読むと、妻が経費のかかるプリユーチノを手放すようにと指示していたからである。美しい自然の中に広がるマリイノを見るにつけ、売却の運命にあるプリユーチノを思わずにはいられなかった。彼は息子ピョートル夫妻への手紙で「つらい」ともらしてしまう[66]。

プリユーチノは、だが、簡単には売れなかった。しかし、その間に喜ばしいこともあった。二十代の若い頃はプーシキンのミューズともなり、聡明で活発な性格で社交界の華でもあった二女のアンナは何故か縁遠く、三十代に入って父親の心配の種となっていた。「負債がなくて、アンナが結婚すれば、心安らかに死ねるのだが」とやはりピョートルへの手紙に書いていたオレーニンだが、一八三九年十月二十七日付の息子への手紙で、「はからずも」アンナが近衛竜騎兵連隊の大佐Φ・А・アンドロと婚約したことを嬉々として報告している。(67)

三年ほどもかかってやっとプリユーチノの買い手が見つかった。フェルディナンド・アダムスという参謀本部に勤める医師が半値で買うことに同意したのである。大きな負債を抱えていたオレーニンには領地の売却に縛りがあり、実現までに法的手続きに苦戦したが、アダムスに銀貨四万ルーブリで売ることが出来た。アダムスは以前から農業改善に関心があり、彼は早速領地の半分を乳牛牧場にした。また、四つの別荘をつくって売却した。

一八四四年にはロシア南部に基盤を持つ二つのドイツ人植民コロニーがアダムスから九十八デシャチーナの土地を買って、「プリユーチノ」という分枝コロニーをつくった。一八五三年、四等官のダレルという人物がアダムスに代わって所有者となり、以降所有者は次々と変わった。

最後の所有者はペテルブルグの世襲名誉市民であるマルティン・クラウスで、彼は市内に牛乳倉庫を持っていた。一八九二年十二月に五万五〇〇〇ルーブリで買い取り、ウサージバに残るすべての建物を保全し、極めて良好な領地経営をした。土地の灌漑工事をうまく行い、土地改良が進展した。レンガ工場は貸し出した。二つのドイツ人コロニーも存続していた。

一八九二年にはイリノフスカヤ狭軌鉄道が開通し、「プリユーチノ」という名の駅が近くにできた。この鉄道はペテルブルグ北部のオーフタ地区に始発駅を置き、シリッセリブルグへ向かう小さい鉄道で、リャーボヴォを通り抜けてゆく。建設時、リャーボヴォの地主領主の妻エレーナ・フセヴォロシスカヤの関与があり、迂回してウサージバの中心を通ることになった。このことはその後の大量のダーチャ建設を可能にした。この狭軌鉄道は一九二三年に廃線となっている。

二十世紀の初頭、プリユーチノを訪れた演劇研究家のA・H・ブリャンスキーは次のように書いている。

「ペテルブルグから十一ヴェルスタ、イリノフスカヤ鉄道で行くと、心が虜にされる場所、プリユーチノがある。十九世紀初めの詩や、詩人たちの交わした書簡をちゃんと読んでいれば、それらが謳いあげたこの土地の素晴らしい面影の数々に出会うのだ…いくつもの停車場を狭軌鉄道で亀のようにのろのろと過ぎて、プリユーチノに着く。小さな駅、静かで、イリノフスカヤ鉄道には誰も乗っていなかった。レールのそばからプリユーチノは始まり、その中のレンガ造りの建物は緑の中に沈んでいるのが駅からも見えた。

畑と草原の静けさ、まわりの森は沈黙し、人影も見えず、都会生活の気苦労を忘れさせてくれる。水気たっぷりの畝はペテルブルグ人の目を優しくいたわり、首に鈴をつけた乳牛の群れだけがプリユーチノの野の呑気な世界をこわしている」(68)。

一九一一年、クラウスは土地のすべてを、バルト貴族領地農業会社「ポメシチク（地主）」に売却し、一九一六年フィンランドに出て、その後ドイツに亡命した。

ロシア革命の後、プリユーチノの土地にはソフホーズ（国営農場）「プリユーチノ」がつくられた。

一九四一―四五年の第二次世界大戦中にはここに小さい飛行場がつくられていた。ナチス・ドイツ軍によるレニングラード包囲の時、飛行場にはレニングラード市民への唯一の補給路であった「生命の道」が数キロメートルにわたって通っていた。ウサージバの既存の建物はそれぞれが飛行連隊の用務に使われた。厚いレンガ壁の主館には司令部やパイロットたちの部屋が置かれ、職員宿舎にもなっていた。

一九六〇年八月、プリユーチノはロシア・ソヴィエト連邦社会主義共和国の歴史文化記念物に指定されたが、現実には何も顧みられず、パークは放置されて荒れ放題の藪となり、残った建物は住宅難の人々のコムナルカとして使われていた。一九七〇年代に入って少しずつ博物館への方向性が動き出し、一九七四年十二月十七日に主館の二つの部屋の展示が始まった。オレーニンの直系子孫の協力もあり、一九七〇年代には肖像画や家具、遺品など展示物が充実していった。

一九七八年には主館を住居にしていた人々が退去し、その修復工事が始まり、ミュージアムは一旦閉じられた。別館は一九九〇年までコムナルカとして使われていた。しかし、工事は一九八〇年代に入り停滞し、数年間凍結されている。

一九八五年から一九九九年にかけて研究者たちも参加する委員会の活動により、ミュージアムの再開に向けた準備が進められ、庭園部分の整備や、牛乳舎や鍛冶場などの建築記念物の修復が行われた。不完全な状態ながらプリユーチノは一九九〇年五月にミュージアムとして新しく開館した。敷地の広さは全体で三十二ヘクタール、そのうち七ヘクタールがパークである[69]。現在は主だった建物や庭園も修復されて、よく往時が偲ばれる状態になっているが、静けさをその魅力としたプリユーチノは、かつてクルィロフが住んだ風呂小屋の近くを幹線道路が走る環境となり、園内では現代風に様々なイヴェントが催されている。

第四章　ストロガノフ家ウサージバ

ストロガノフ庭園　マルトゥイノフ画（1813 年）

1　上はツァーリのみ

アレクサンドル・ストロガノフ伯爵

アレクセイ・オレーニンがさしたる有力貴族でもないにもかかわらず、官界で異例の出世をとげたのは、彼の実務的才能と教養を認め、その学術・芸術上の関心を共有して、引きたててくれた上司を持ったことが大きな力となったのだった。その上司とはオレーニンのほぼ一世代前の時代を生きた、大富豪で知られるアレクサンドル・セルゲエヴィチ・ストロガノフ伯爵（一七三三―一八一一）であった。

このA・C・ストロガノフ伯爵ほど豪勢な風評と伝説につつまれた「ロシア貴族」らしい貴族はいないとよく言われる。その富は「上はツァーリのみ」[1]といわれ、エカテリーナ二世からよく「破産しようとしてどんな散財をしても破産できない」とからかわれ[2]、また自ら所有領地の広大さを恥じて、その半分（三分の一とも）を国家に返上したいという直訴状を皇帝に出したという伝説さえ流布した[3]。また、その気前の良いもてなしぶり、食卓の奢侈も常に巷間の噂となっていた。ビーフストロガノフという料理はこの家の厨房から出現したと言われ、さまざまなストーリーとなって世界中で語られてきた。

A・C・ストロガノフ伯爵はサンクト・ペテルブルグの目抜き通り、ネフスキー大通りがモイカ川を越えたところ、警察橋（ポリツェイスキー・モスト）、現在の緑橋（ゼリョーヌィ・モスト）のたもとにある宮殿ともまごう大邸館（現在ネフスキー大通り、十七番）の主であった。皇帝の正宮殿である冬宮から程近く、外観も内部も皇帝宮にひけをとらない大建築で、伯爵の父、セルゲイ・グリゴーリエヴィチ男爵（一七〇七ー一七五六）が冬宮をつくった建築家フランチェスコ・ラストレッリにつくらせたものである。その内部は華麗な大階段に導かれ、絢爛たる大広間などと共に、ストロガノフ一族が蒐集したヨーロッパ絵画のコレクションを飾るギャラリーがつくられた。現在このストロガノフ宮殿はロシア美術館の一部となって公開されている［**図4-1**］。

図4-1　ストロガノフ宮殿　ネフスキー大通り　ポリツェイスキー橋端
И.シャルレマン作（1840-1850年代）

エカテリーナ二世の気の置けない話し相手でありなが

ら、ストロガノフ伯爵はその非政治的な性格からパーヴェル一世にも信任され、パーヴェル帝からは一七九八年にロシア帝国伯爵位を授けられている。一八二六年までストロガノフ一族で唯一の伯爵家であった。

アレクサンドル・ストロガノフは青年期にその教育の仕上げとして父にヨーロッパに送られた。さらに、二度目の結婚のあと家族でヨーロッパに長く滞在し、ヴォルテールを始め、百科全書派の進歩的文化人たちと親しい交わりを結び、ヨーロッパ的生活文化を身につけた。ロシアに帰国してからは、当代最先端の啓蒙主義的文化人として芸術・学問分野のパトロンとなり、その財力を惜しみなく使って、身分を問わず才能のある若者の教育に心をくだいた。

西ヨーロッパ啓蒙主義の学習体験という共通の人格形成期の基層があることで、ストロガノフ伯爵がアレクセイ・オレーニンに親しく接したのは当然のことでもある。また、ストロガノフ、オレーニン両家は、その昔モスクワ公国時代にコサック隊長エルマーク・チモフェエヴィチというシベリア征服の英雄と深い関わりを持ち、ストロガノフとオレーニンの二人はいっそう互いに親近感を強めあっていた。

ストロガノフ伯爵は帝立図書館の館長の地位と、アカデミー総裁の職務をアレクセイ・オレーニンに譲って、一八一一年に他界した。畢生の事業であるカザン寺院の竣工聖成式典を見とどけてのことであった。

その豪儀さと芸術への傾倒でロシア貴族の典型とも見えるストロガノフ伯爵家はしかし、もともと貴族の家系ではなかった。A・C・ストロガノフは貴族となったストロガノフ家の二代目でしかなく、伯爵としては上述の如く初代であったのだ。では、ストロガノフはメンシコフのように新興の成り上がりであったのかといえば、決してそうとは言えない。商家ながらモスクワ大公国、ロシア帝国と国家の命運に大きく関わり、富を築きあげてきた。ロシア史上特異な存在であるストロガノフ家のたどった道を概観してみよう。

ストロガノフ家の始まり

帝政期の貴族の神話的な家系図の常として、ストロガノフ家の始祖も仰々しい伝説に包まれていた。それによると、ストロガノフ家の祖はキプチャク・ハン国の王族の息子で、彼はモスクワ公国のドミトリー・ドンスコイ公（一三五〇―一三八九）に臣従し、ロシア正教に改宗したスピリドンという名の若者であったという。モスクワからハン国に遣わされていたスピリドンは父ハンの怒りをかい、生きながらに全身を削られて（ストロガチ＝削る）、亡くなった。それゆえ、スピリドンとロシア人の妻のあいだに生まれた子孫は自分たちをストロガノフと称するようになったという。(4)

この伝承は巷間にもよく流布していたようであるが、まず、Ｈ・Ｍ・カラムジンによって疑問視され、十九世紀半ばには歴史家たちによって否定されている。[5] おそらく、富を蓄積したストロガノフ家が十七世紀にはモスクワ大公国の貴族名家と婚姻関係を結ぶようになり、出自を飾る要求から生まれた伝説の類とみられている。

おなじく、ノヴゴロド出身の富裕市民という説も有力であった。しかし、ソヴィエト時代の経済史家Ａ・Ａ・ヴヴェジェンスキーはそれをも否定し、白海沿岸地方の豊かな農民の出身であったとする。しかし、十五世紀後半にスピリドンから三代目のルカの名が訴訟文に現れるまで、文献的資料はほぼ皆無で、事実の確定は困難と言う。[6]

ヴヴェジェンスキーは、一七二二年にストロガノフ家の三人兄弟が男爵位を授けられた際に元老院に提出されたストロガノフ家の家系図が、スピリドンから四代目のフョードルまでは、記録として全く信頼できない（父フョードルの死後三十六年後に末息子アニカが生まれることになる等々）と言う。ほぼ確定的に生没年がわかるのは五代目のアニカ（一四九七―一五七〇）からである。

しかし、三代目のルカ・クジミッチの時代、十五世紀中頃にはストロガノフ家は農民身分でありながら、北ドヴィナ川沿いに徴税権を持つ土地をかなり有し、大きな富を蓄えていたようだ。一四四五年、モスクワ大公ヴァシーリイ二世（盲目公）がタタール軍の捕虜となったとき、ストロガノフ家がその身代金を肩代わりしたという話は十九世紀のロシアでは周知の歴史逸話であった[7]。ストロガノフ家はこうしてモスクワ大公国の歩みに寄り添い、時の中央権力に資金面で貢献し、見返りに特権を得て、さらに富強化していったようだ。

ストロガノフ家がその中世の本拠地であるソリヴィチェゴツクに移り住んだのは一四七二年以降で、ルカ・クジミッチのもとでのことであった。ソリヴィチェゴツクは北ドヴィナ川の支流であるヴィチェグダ川の右岸にある町（現アルハンゲリスク州）で、十四世紀から塩湖の近くに人が住み始めて、十五世紀にはウソーリスクと呼ばれていた。ノヴゴロドやスーズダリからシベリアへの交易路にある入植地として出来た町であった。ルカの息子フョードルはこの町にしっかり根を下ろし、いくつも屋敷を構え、本邸への道はストロガノフ通りと呼ばれるようになっていた。彼はソリヴィチェゴツクで十五世紀末に亡くなった。

アニカ　不敗の創業者

フョードルのあと、ストロガノフ家は三枝に分かれる。その一つ、トーテムスキー・ストロガノフ家は三代で終わり、一六一八年に断絶した。ツィレンニコヴォ系ストロガノフ家は十七世紀に農民化し、ソリヴィチェゴツクの近郊に暮らしてきた。ロシア帝国の貴族へと続くのは三番目のソリヴィチェゴツク・ペルミ系のストロガノフ家である。この家系は父と入れ替わるように生まれた末息子のアニカ（アニケイとも　一四九七―一五七〇）を始まりとする。彼こそストロガノフ家の始祖と言っていい人物である。十八歳のアニカはウスチュグ郡の年代記によれば、一五一五年ソリヴィチェゴツクで初めて製塩業を始めた。[8] 製塩はこの時以降ストロガノフ家の基幹事業となり、生産地と商域を拡大し、後には経営的に紆余曲折の道をたどりつつも、末代にまで巨大な富を供給し続ける家業の核となった。

アニカは突出した経営能力と鋭い時代・政治感覚を持ち、製塩所を増設し、他業者からも製塩釜を買収して事業を拡張してゆき、モスクワ大公国へ大量の塩を納入する業者となった。ゴスチ（大商人）という称号を持ち、国家権力との密接な関係により富を築いていった。東のウラル方面へ商域を広げて交易で巨利を得ようと、異民族との衝突をくりかえすストロガノフ家はイヴァン四世より特許状を得て、進出地域に町をつくり、要塞を建設し、それらを守るため私兵（ドルジーナ）を持つことも許された。また、水路による塩の搬送路の確保も必要で、水路の争いに長けたコサックを利用した。火器の製造も特別に許されて、私兵を銃砲で武装して異民族から町や砦を護らせつつ、チェレミス、オスチャック、バシキールといった周辺ウラル地方の諸民族を威嚇制圧し、服従させながら東進していった。事業も製塩だけにとどまらず、狩猟、漁業や農業はもとより、ウラル山地の豊富な鉱山資源をもとに、製鉄、製銅など冶金業にもおよんだ。

歴史・思想

イヴァーノフ＝ラズームニク著　佐野努・佐野洋子訳

ロシア社会思想史 上巻

インテリゲンツィヤによる個人主義のための闘い

A5判上製　616頁　7400円　978-4-915730-97-9

ロシア社会思想史はインテリゲンツィヤによる人格と人間の解放運動史である。ラヂーシェフ、デカブリストから、西欧主義とスラヴ主義を総合してロシア社会主義を創始するゲルツェンを経て、革命的民主主義者チェルヌイシェフスキーへとその旗は受け継がれていく。　2013

歴史・思想

イヴァーノフ＝ラズームニク著　佐野努・佐野洋子訳

ロシア社会思想史 下巻

インテリゲンツィヤによる個人主義のための闘い

A5判上製　584頁　7000円　978-4-915730-98-6

人間人格の解放をめざす個人主義のための闘い。倫理的個人主義を高唱したトルストイとドストエフスキー、社会学的個人主義を論証したミハイローフスキー。「大なる社会性」と「絶対なる個人主義」の結合というロシア社会主義の尊い遺訓は次世代の者へと託される。　2013

歴史・文学

清水俊行著

オプチナ修道院とロシア文学

ロシア作家の創作の源泉としてのオプチナ文献をめぐって

A5判上製貼函入　992頁　11000円　978-4-86520-074-4

ゴーゴリ、トルストイ、ドストエフスキー。ロシア正教会の修道制の中でも特異な位置を占めている長老制の歴史的・宗教的意義を、その最大の中心地であったオプチナ修道院との関係において捉えつつ、それがロシア文学・思想にもたらした影響について考察していく。　2025

歴史・文学

松原広志訳

監獄と流刑

イヴァーノフ＝ラズームニク回想記

A5判上製　380頁　5000円　978-4-86520-017-1

帝政ロシアの若き日に逮捕、投獄された著者は、物理学徒からナロードニキ主義の作家・思想家の途へ転じ、その著作で頭角を現す。革命後のロシアでは反革命の嫌疑をかけ続けられ、革命と戦争の激動の時代に三度の投獄・流刑の日々を繰り返した。その壮絶な記録。　2016

歴史・文学

松原広志著

ロシア・インテリゲンツィヤの運命

イヴァーノフ＝ラズームニクと20世紀前半ロシア

A5判上製　312頁　4000円　978-4-86520-032-4

自由と人格の尊厳を求めて文筆活動に携わり、帝政ロシアからスターリンの監獄までを経験、その後ナチス・ドイツの収容所を経て、戦火のヨーロッパ各地を流転。その間、多くの知識人たちと交わした論争を紹介しながら、その流浪の生涯を浮き彫りにしていく。　2019

歴史・思想

T・G・マサリク著　石川達夫訳

ロシアとヨーロッパ I

ロシアにおける精神潮流の研究

A5判上製　376頁　4800円　978-4-915730-34-4

第1部「ロシアの歴史哲学と宗教哲学の諸問題」では、ロシア精神を理解するために、ロシア国家の起源から第一次革命に至るまでのロシア史を概観する。第2部「ロシアの歴史哲学と宗教哲学の概略」では、チャアダーエフからゲルツェンまでの思想家たちを検討する。　2002

歴史・思想

T・G・マサリク著　石川達夫・長與進訳

ロシアとヨーロッパ II

ロシアにおける精神潮流の研究

A5判上製　512頁　6900円　978-4-915730-35-1

第2部「ロシアの歴史哲学と宗教哲学の概略」（続き）では、バクーニンからミハイローフスキーまでの思想家、反動家、新しい思想潮流を検討。第3部第1編「神権政治対民主主義」では、西欧哲学と比較したロシア哲学の特徴を析出し、ロシアの歴史哲学的分析を行う。　2004

歴史・思想

T・G・マサリク著　石川達夫・長與進訳

ロシアとヨーロッパ III

ロシアにおける精神潮流の研究

A5判上製　480頁　6400円　978-4-915730-36-8

第3部第2編「神をめぐる闘い。ドストエフスキー」は、本書全体の核となるドストエフスキー論であり、ドストエフスキーの思想を批判的に分析する。第3編「巨人主義かヒューマニズムか。プーシキンからゴーリキーへ」では、ドストエフスキー以外の作家たちを論じる。　2005

歴史・思想

石川達夫（編）、貝澤哉、奈倉有里、西成彦、前田和泉著

ロシア・東欧の抵抗精神

抑圧・弾圧の中での言葉と文化

四六判上製　176頁　1800円　978-4-86520-065-2

長い歴史のなかで権力に対峙し、いまもそれを続けている人々や思想をロシア、ベラルーシ、ウクライナ、ポーランド、チェコのなかに見ていく。権力に対する言葉による抵抗と苛酷な弾圧。ロシアのウクライナ侵攻が続くいま、ロシア・東欧の人々の抵抗の軌跡を辿る。　2023

歴史・思想

A・F・ローセフ著　大須賀史和訳

神話学序説

表現・存在・生活をめぐる哲学

四六判上製
322頁
3000円
978-4-915730-54-2

スターリン体制が確立しようとする一九二〇年代後半、ソ連に現れた哲学の巨人ローセフ。革命前「銀の時代」の精神をバックグラウンドに、ギリシア哲学、ロシア正教、宗教哲学、西欧哲学に通暁した著者が、革命の時代に抗いながら提起した哲学的構想の一つ。　2006

歴史・思想

御子柴道夫著

ロシア宗教思想史

四六判上製
304頁
2500円
978-4-915730-37-5

神を論じることは人間を論じること、神を信じることは人間を信じること。ロシア正教一千年の歴史のなかで伝統として蓄積され、今なおその底流に生き続ける思想とはなにか。ビザンチン、ヨーロッパ、ロシアの原資料を渉猟し、対話することで、その思想の本質に迫る。　2003

歴史・思想

御子柴道夫編

ロシア革命と亡命思想家

1900―1946

A5判上製
432頁
4000円
978-4-915730-53-5

革命と戦争の時代を生きたロシアの思想家たちが、その雰囲気を語り、その社会に訴えかけた諸論文を紹介する。その背後には、激しい時代の奔流の中で何かを求めて耳傾けている切迫した顔の聴衆が見える。時代を概観できる詳細な年表、各論文の丁寧な解題を付す。　2006

歴史・思想

セルゲイ・ブルガーコフ著　堀江広行訳

名前の哲学

二十世紀ロシア神名論の哲学

A5判上製
352頁
5000円
978-4-86520-049-2

無神論に対抗して二十世紀初頭に花開いたロシア宗教哲学は、ロシア正教の言語観と神名論に着目した独自の言語哲学を生む。名詞の背後に人間を介した宇宙の発話と、宇宙を介した個人の発話を見て、これら人間によるすべての命名の頂点にある神名の啓示を説く。　2021

歴史・文学

川崎隆司著

原典によるロシア文学への招待

古代からゴーゴリまで

四六判上製
336頁
3200円
978-4-915730-70-2

古代から近代までのロシア文学・思想を、その特異な歴史的背景を解説しながら、それぞれの代表的作品の原典を通して紹介。文学を理解するために一番大切なことはなによりも原典を読むことであるとする著者が、独自の視点で描く。　2008

歴史・文学

坂内知子著

ロシア帝国ウサージバ（貴族屋敷）物語

四六判並製
386頁
2500円
978-4-915730-75-1

夢のロシア――それはロシアのウサージバ！　プーシキンの天才を爆発させ、トルストイに歓喜と苦悩を与え、チェーホフをはかない野望に駆り立てたロシアのユートピア。大地の富と無限の自由を手にしたロシア貴族のウサージバ変遷の三百年をたどる。　2025

現代・思想

倉田稔著

日本社会をよくするために

B6変並製
32頁
300円
978-4-86520-026-3

金権政治、選挙、行政、労働それに教育とテーマは幅広く深い。それにも関わらず、平易な文章なので、日本語を母国語としない学習者向け教材にも活用できる程。何よりも著者が自身の考えや知識で教え導くのではなく、読者に寄り添い共に考えてくれる意義深い書物。　2018

歴史・思想

N・K・ミハイロフスキー著　石川郁男訳

進歩とは何か

A5判上製
256頁
4854円
978-4-915730-06-1

個人を神聖不可侵とし、個人と人民を労働を媒介として結び付け、社会主義を「共同体的原理による個人的原理の勝利」とする。この思想の出発点が本書でありナロードニキ主義の古典である。その本邦初訳に加え、訳者「生涯と著作」所収。待望の本格的研究。　1994

歴史・思想

高野雅之著

ロシア「保守反動」の美学

レオンチエフの生涯と思想

四六判上製
240頁
2400円
978-4-915730-60-3

十九世紀ロシアの特異な人物であり、今日のロシアでブームを呼び起こしているレオンチエフの波乱にみちた生涯を追う。そして思想家としてのかれのなかに、すなわちその政論と歴史哲学のなかに、「美こそすべての基準」という独自の美学的世界観を跡づけていく。　2007

歴史・思想

浜由樹子著

ユーラシア主義とは何か

四六判上製
304頁
3000円
978-4-915730-78-8

ロシアはヨーロッパでもアジアでもないユーラシアである。ソ連邦崩壊後にロシア内外で注目を集めたこの主張は、一九二〇年代のロシア人亡命者の中から生まれた思想潮流に源を発している。その歴史的起源を解明し、戦間期国際関係史の中への位置づけを図る。　2010

歴史・思想

デイヴィド・シンメルペンニンク＝ファン＝デル＝オイェ著　浜由樹子訳

ロシアのオリエンタリズム

ロシアのアジア・イメージ、ピョートル大帝から亡命者まで

A5判上製
352頁
4000円
978-4-86520-000-3

敵か味方か、危険か運命か、他者か自己か。ロシアにとってアジアとは。他のヨーロッパ人よりもはるかに東方に通じていたロシア人が、オリエントをいかに多様な色相で眺めてきたかを検証。ユーラシア史、さらには世界史を考えようとする人には必読の書（杉山正明氏）。　2013

歴史・思想

A・シュタイン著　倉田稔訳

ヒルファディング伝

ナチズムとボルシェヴィズムに抗して

978-4-915730-00-9

B6変並製　112頁　1200円

名著『金融資本論』の著者としてだけでなく、社会民主主義を実践し大戦間の大蔵大臣を務めるなど党指導者・政治家として幅広く活躍したヒルファディング。ナチズムによる非業の死で終った彼の生涯を、個人的な思い出とともに盟友が鮮やかに描き尽くす。　1988

歴史・思想

倉田稔著

マルクス『資本論』ドイツ語初版

978-4-915730-18-4

B6変並製　36頁　300円

小樽商科大学図書館には、世界でも珍しいリーナ・シェーラー宛マルクス自署献呈本がある。この本が、シェーラーに献呈された経緯と背景、また日本の図書館に入って来ることになった数奇な経緯をエピソードとともに辿る。不朽の名著に関する簡便な説明を付す。　1997

歴史

倉田稔著

ハプスブルク・オーストリア・ウィーン

978-4-915730-31-3

四六判上製　192頁　1500円

中央ヨーロッパに永らく君臨したハプスブルク帝国。その居城であったウィーンは、いまでも多くの文化遺産を遺した、歴史に彩られた都である。その地に三年居住した著者が、歴史にとどまらず、多方面から独自の視点でオーストリア、ウィーンを描きだす。　2001

歴史・思想

倉田稔著

ルードルフ・ヒルファディング研究

978-4-915730-85-6

四六判上製　240頁　2400円

二十世紀前半の激動の時代に、ヒルファディングは初めマルクスに従いながら創造的な研究をし、そしてマルクスを超える視点を見出した。『金融資本論』の著者は、新しい現実をユニークに分析し、とりわけナチズムとソ連体制を冷静に観察し、批判した人物でもある。　2011

歴史・思想

倉田稔著

ヨーロッパ社会思想　小樽

私のなかの歴史

978-4-915730-99-3

四六判上製　256頁　2000円

学問への目覚めから、ヨーロッパを中心とする社会思想史、そして小林多喜二論、日本社会論へと続く、著者の学問的足跡をたどる。『北海道新聞』に連載された記事（2011年）に大きく加筆して再構成。また、留学したヨーロッパでの経験を、著者独自の眼差しで描く。　2013

歴史・思想

倉田稔著

マルクス主義

978-4-86520-002-7

四六判並製　160頁　1200円

マルクス主義とは何か。その成り立ちから発展、変遷を、歴史上の思想、人物、事象を浮き彫りにしながら辿る。かつ、現代の世界情勢について、マルクス主義の視座から、グローバルにそして歴史を踏まえつつ分け入っていく。今日的課題を考えるときの一つの大きな視点。　2014

歴史・文学

白倉克文著

近代ロシア文学の成立と西欧

978-4-915730-28-3

四六判上製　256頁　3000円

カラムジン、ジュコフスキー、プーシキン、ゴーゴリ。ロシア文学の基礎をなし、世界的現象にまで高めたかれらは、いかにして西欧と接し、どのようなものを享受したのか。西欧世界の摂取を通じ、近代の相克そのものを体験せねばならなかったロシアを微細に描きだす。　2001

歴史・文学

白倉克文著

ラジーシチェフからチェーホフへ

ロシア文化の人間性

978-4-915730-84-9

四六判上製　400頁　4000円

十八世紀から二十世紀にかけてのロシア文化が、思想・文学を中心に据えて、絵画や音楽も絡めながら、複合的・重層的に紹介される。そこに通底する身近な者への愛、弱者との共感という感情、そうした人間への眼差しを検証していく。　2011

歴史・文学

ゲーリー・マーカー著　白倉克文訳

ロシア出版文化史

十八世紀の印刷業と知識人

978-4-86520-007-2

A5判上製　400頁　4800円

近代ロシアの出版業はピョートル大帝の主導で端緒が開かれ、十八世紀末には全盛期を迎えた。この百年間で出版業の担い手は次々に移り変わったが、著者はその紆余曲折を、政治・宗教・教育との関係のなかに丹念に検証していく。特異で興味深いロシア社会史。　2014

歴史・文学

M・プリーシヴィン著　太田正一訳

森と水と日の照る夜

セーヴェル民俗紀行

978-4-915730-14-6

A5変上製　320頁　3107円

知られざる大地セーヴェル。その魂の水辺に暮らすのは、泣き女、呪術師、隠者、分離派、世捨て人、そして多くの名もなき人びと…。実存の人、ロシアの自然の歌い手が白夜に記す「愕かざる鳥たちの国」の民俗誌。一九〇六年夏、それは北の原郷への旅から始まった。　1996

自然・文学

M・プリーシヴィン著　太田正一編訳

プリーシヴィンの森の手帖

978-4-915730-73-3

四六判上製　208頁　2000円

ロシアの自然のただ中にいた！　生きとし生けるものをひたすら観察し洞察し表現し、そのなかに自らと同根同種の血を感受する歓び、優しさ、またその厳しさ。生の個性の面白さをとことん愉しみ、また生の孤独の豊かさを味わい尽くす珠玉の掌編。　2009

歴史・文学

太田正一編訳

プリーシヴィンの日記

1914―1917

978-4-86520-025-6

A5判上製　536頁　6400円

本書は、プリーシヴィンが長年に渡って書き続けた詳細かつ厖大な日記のなかで、第一次世界大戦からロシア革命に至る四年間を選び出し編訳したものである。メディアや人びとのうわさ、眼前に見る光景などが描かれ、時代の様相と透徹した眼差しが伝わってくる。　2018

歴史・民俗

中堀正洋著

ロシア民衆挽歌

セーヴェルの葬礼泣き歌

四六判上製 288頁 2800円 978-4-915730-77-1

世界的に見られる葬礼泣き歌を十九世紀ロシアに検証する。天才的泣き女と謳われたフェドソーヴァの泣き歌を中心に、時代とセーヴェル（ロシア北部地方）という特殊な地域の民間伝承、民俗資料を用い、当時の民衆の諸観念と泣き歌との関連を考察していく。 2010

歴史・文学

中村喜和編

イワンのくらし いまむかし

ロシア民衆の世界

四六判上製 272頁 2718円 978-4-915730-09-2

ロシアで「ナロード」と呼ばれる一般の民衆＝イワンたちはどんな生活をしているだろうか？「昔ばなし」「日々のくらし」「人ともの」「植物誌」「旅の記録」。五つの日常生活の視点によってまとめられた記録、論稿が、ロシア民衆の世界を浮かび上がらせる。 1994

文学

V・ベローフ著 中村喜和訳

村の生きものたち

B6判上製 160頁 1500円 978-4-915730-19-1

ひとりで郵便配達をした馬、もらわれていった仔犬に乳をやりにいく母犬、屋根に登ったヤギのこと……。「魚釣りがとりもつ縁」で北ロシアの農村に暮らす動物好きのフェージャと知り合った「私」が、村のさまざまな動物たちの姿を見つめて描く詩情豊かなスケッチ集。 1997

文学

大森雅子著

時空間を打破するミハイル・ブルガーコフ論

A5判上製 448頁 7500円 978-4-86520-010-2

二十世紀ロシア文学を代表する作家の新たな像の構築を試みる。代表作に共通するモチーフやテーマが、当時のソ連の社会、文化の中でどのように形成され、初期作品から生涯最後の長篇小説『巨匠とマルガリータ』にいかに結実していったのかを明らかにする。 2014

文学

S・ドヴラートフ著 沼野充義訳

わが家の人びと

ドヴラートフ家年代記

四六判上製 224頁 2200円 978-4-915730-20-7

祖父達の逸話に始まり、ドヴラートフ家の多彩な人々の姿を鮮やかに描きながら、アメリカに亡命した作者に息子が生まれるまで、四代にわたる年代記が繰り広げられる。その語りは軽やかで、ユーモアに満ち、どこまで本当か分からないホラ話の呼吸で進んでいく。 1997

文学

S・ドヴラートフ著 ペトロフ＝守屋愛訳 沼野充義解説

かばん

四六判上製 224頁 2200円 978-4-915730-27-6

ソ連からアメリカへ旅行鞄一つで亡命したドヴラートフ。彼がそのかばんをニューヨークで開いたとき、そこに見出したのは、底の抜けた陽気さと温かさ、それでいてちょっぴり悲しいソビエトでの思い出の数々だった。独特のユーモアとアイロニーの作家、本邦第二弾。 2000

歴史

松家仁著

統制経済と食糧問題

第一次大戦期におけるポズナン市食糧政策

A5判上製 304頁 3200円 978-4-915730-32-0

十八世紀末葉のポーランド分割でドイツに併合されたポズナン。本書は、第一次大戦下、そこで行われた戦時統制経済を具体的に描き出し、分析していく。そこには、民族、階級の問題など、それ以降の統制経済に付き纏うさまざまな負の遺産の萌芽がある――。 2001

歴史

亀田真澄著

国家建設のイコノグラフィー

ソ連とユーゴの五カ年計画プロパガンダ

A5判上製 184頁 2200円 978-4-86520-004-1

ユーゴスラヴィア第一次五カ年計画のプロパガンダは、ソ連の第一次・第二次五カ年計画とはいかに異なる想像力のうえになされていたのか。それぞれのメディアで創りだされる視覚表象を通し、国家が国民をどのようにデザインしていったのかを解明していく。 2014

歴史

ヤーン・ユリーチェク著 長與進訳

彗星と飛行機と幻の祖国と

ミラン・ラスチスラウ・シチェファーニクの生涯

A5判上製 336頁 4000円 978-4-86520-012-6

スロヴァキアの小さな村に生まれ、天文学の道へ。パリ―アルプス―南米―タヒチと世界を巡り、第一次大戦時にはフランス軍でパイロットとして活躍。そして、マサリク、ベネシュとともにチェコスロヴァキア建国に専念していく。その数奇な生涯をたどる。 2015

社会思想

黒滝正昭著

私の社会思想史

マルクス、ゴットシャルヒ、宇野弘蔵等との学問的対話

A5判上製 488頁 4800円 978-4-915730-75-7

「初期マルクス」の思想形成過程から入って、宇野弘蔵、ヒルファーディング等現代社会思想の森林の迷路を旅する。服部文男・ゴットシャルヒの導きで学問的対話の域に達した著者四十五年間の、研究の軌跡と問いかけ。 2009

歴史・思想

小沼堅司著

ユートピアの鎖

全体主義の歴史経験

四六判上製 296頁 2500円 978-4-915730-41-2

マルクス＝レーニン主義のドグマと「万世一党」支配の下で起っていた多くの悲劇。本書は、スターリンとその後の体制がもったメカニズムを明らかにするとともに、ドストエフスキー、ジイド、オーウェルなどいち早くそこに潜む悲劇性を看取した人びとの思想を紹介する。 2003

歴史

ジークフリート・ナスコ著　青山孝徳訳

カール・レンナー

1870―1950

四六判上製　208頁　2000円

978-4-86520-013-3

オーストリア＝ハンガリー帝国に生まれ、両大戦間には労働運動、政治の場で生き、そして大戦後のオーストリアを国父として率いたレンナー。本書は、その八十年にわたる生涯を、その時々に国家が直面した問題と、それに対するかれの対応とに言及しながら記述していく。　2015

歴史

ジークフリート・ナスコ著　青山孝徳訳

カール・レンナー

その蹉跌と再生

A5判上製　400頁　5000円

978-4-86520-033-1

二つの世界大戦後の混乱の中で二度の共和国樹立者、つねに調和を重んじ、構想力に富み、前向きで思いやりのある政治家。すでにコンパクトながら包括的な伝記のある著者が、本書でより詳細にレンナー八十年の実像に迫る。粘り強くオーストリアを率いた「国父」の肖像。　2019

歴史

アントーン・ペリンカ著　青山孝徳訳

カール・レンナー入門

四六判上製　176頁　1800円

978-4-86520-050-8

オーストリアの「国父」は死後70年の現在も評価と批判が交錯する人物である。オーストリアの抱える「あいまいさ」――ナチから解放された国であるとともに、ナチとともに犯した加害を忘れた国――を作り出したのはレンナーではないか、と著者は鋭く迫る。　2020

歴史

オットー・バウアー著　青山孝徳訳　水田洋序論

資本主義の世界像

四六判並製　96頁　1000円

978-4-86520-052-2

本書は一九一六年、シベリアの捕虜収容所において、大きな資料的制約の下で執筆された、バウアーの唯一とも言える哲学的著作である。名著『封建的世界像から市民的世界像へ』の著者フランツ・ボルケナウは、自分が重要な示唆を受け取った著作の一つに本書を上げる。　2020

文学

古宮路子著

オレーシャ『羨望』草稿研究

人物造形の軌跡

A5判上製　240頁　4000円

978-4-86520-058-4

革命後のロシア文壇に彗星のごとく現れ、わずか10年の活躍ののちにスターリン体制によって窒息させられたユーリー・オレーシャ。無名だった彼を一躍文壇の寵児にした小説『羨望』の草稿を読み解き、作品として形を取るまでのプロセスに肉薄、小説誕生の軌跡に迫る。　2021

文学

竹内恵子著

廃墟のテクスト

亡命詩人ヨシフ・ブロツキイと現代

四六判上製　336頁　3400円

978-4-915730-96-2

ソ連とアメリカ、東西陣営の両端から現代社会をアイロニカルに観察するという経験こそ、戦後の文化的廃墟から出発した彼を世界的詩人へと押し上げていく。ノーベル賞詩人の遺したテクストを読み解く本邦初の本格的研究。「極上の講義を受けている気分」（管啓次郎氏）。　2013

歴史・文学

高橋誠一郎著

ロシアの近代化と若きドストエフスキー

「祖国戦争」からクリミア戦争へ

四六判上製　272頁　2600円

978-4-915730-59-7

祖国戦争から十数年をへて始まりクリミア戦争の時期まで続いたニコライ一世（在位一八二五―五五年）の「暗黒の三〇年」。父親との確執、そして初期作品を詳しく分析することで、ドストエフスキーが「人間の謎」にどのように迫ったのかを明らかにする。　2007

歴史・文学

高橋誠一郎著

黒澤明で「白痴」を読み解く

四六判上製　352頁　2800円

978-4-915730-86-3

「白痴」の方法や意義を深く理解していた黒澤映画を通し、登場人物の関係に注目しつつ「白痴」を具体的に読み直す―。ロシアの「キリスト公爵」とされる主人公ムィシキンの謎に迫るだけでなく、その現代的な意義をも明らかにしていく。　2011

歴史・文学

高橋誠一郎著

黒澤明と小林秀雄

「罪と罰」をめぐる静かなる決闘

四六判上製　304頁　2500円

978-4-86520-005-8

一九五六年十二月、黒澤明と小林秀雄は対談を行ったが、残念ながらその記事が掲載されなかったため、詳細は分かっていない。共にドストエフスキーにこだわり続けた両雄の思考遍歴をたどり、その時代背景を探ることで「対談」の謎に迫る。　2014

歴史・文学

高橋誠一郎著

「罪と罰」の受容と「立憲主義」の危機

北村透谷から島崎藤村へ

四六判上製　224頁　2000円

978-4-86520-031-7

青春時代に「憲法」を獲得した明治の文学者たちの視点で、「憲法」のない帝政ロシアで書かれ、権力と自由の問題に肉薄していた『罪と罰』を読み解き、島崎藤村の『破戒』や『夜明け前』との関連に迫る。さらに、徳富蘇峰と小林秀雄の文学観の危険性に迫る。　2019

文学

長瀬隆著

ドストエフスキーとは何か

四六判上製
448頁
4200円
978-4-915730-67-2

全作品を解明する鍵ドヴォイニーク（二重人、分身）は両義性を有する非合理的な言葉である。唯一絶対神を有りとする非合理な精神はこの一語の存在と深く結びついている。ドストエフスキーの偉大さはこの問題にこだわり、それを究極まで追及したことにある。　2008

文学

木下豊房著

近代日本文学とドストエフスキー

夢と自意識のドラマ

四六判上製
336頁
3301円
978-4-915730-05-4

二×二が四は死の始まりだ。近代合理主義への抵抗と、夢想、空想、自意識のはざまでの葛藤。ポリフォニックに乱舞し、苦悩するドストエフスキーの子供たち。近代日本の作家、詩人に潜在する「ドストエフスキー的問題」に光を当て、創作意識と方法の本質に迫る。　1993

文学

木下豊房著

ドストエフスキー　その対話的世界

四六判上製
368頁
3600円
978-4-915730-33-7

現代に生きるドストエフスキー文学の本質を作家の対話的人間観と創作方法の接点から論じる。ロシアと日本の研究史の水脈を踏まえ、創作理念の独創性とその深さに光をあてる。国際化する研究のなかでの成果。他に、興味深いエッセイ多数。　2002

文学

木下宣子著

ロシアの冠毛

A5判上製
112頁
1800円
978-4-915730-43-6

著者は二十世紀末の転換期のロシアを三度にわたって訪問。日本人として、日本の女性として、ロシアをうたった。そこに一貫して流れるのは、混迷する現代ロシアの身近な現実を通して、その行く末を温かく見つめようとする詩人の魂である。精霊に導かれた幻景の旅の詩。　2003

歴史

H・バラージュ・エーヴァ著　渡邊昭子、岩崎周一訳

ハプスブルクとハンガリー

四六判上製
416頁
4000円
978-4-915730-39-9

中央ヨーロッパに巨大な版図を誇ったハプスブルク君主国。本書は、その啓蒙絶対主義期について、幅広い見地から詳細かつ精緻に叙述する。君主国内最大の領域を有し、王国という地位を保ち続けたハンガリーから眺めることで、より生き生きと具体的にその実像を描く。　2003

歴史

R・リケット著　青山孝徳訳

オーストリアの歴史

四六判並製
208頁
1942円
978-4-915730-12-2

中欧の核であり、それゆえに幾多の民族の葛藤、類のない統治を経てきたオーストリア。そのケルト人たちが居住した古代から、ハプスブルク帝国の勃興、繁栄、終焉、そして一次、二次共和国を経て現代までを描いた、今まで日本に類書がなかった通史。　1995

歴史

アンドレーアス・ピットラー著　青山孝徳訳

オーストリア現代史

1918—2018

四六判上製
160頁
1600円
978-4-86520-055-3

オーストリア＝ハンガリー君主国が崩壊し、そこに暮らしていた諸民族は、自分たちの民族国家を樹立したり、すでに存在した同一民族の国家に加わったりした。取り残された「オーストリア人」が、自らのアイデンティティを求めて歩んだ共和国一〇〇年の歴史を辿る。　2021

歴史

エドワード・クランクショー著／今井道夫、青山孝徳訳

たそがれのウィーン

四六判上製
304頁
3000円
978-4-86520-060-7

ウィーンの街を遠近のはっきりした絵画に見立て、時代が刻印されたそれぞれの地域を紹介していく。観光の要所を押さえ、その歴史が文化はもちろん政治史も的確に取り込みながら叙述される。原著はヒトラーによるオーストリア併合の時期に書かれ、現代を彷彿とさせる。　2022

歴史

長縄光男、沢田和彦編

異郷に生きる

来日ロシア人の足跡

A5判上製
274頁
2800円
978-4-915730-29-0

日本にやって来たロシア人たち――その消息の多くは知られていない。かれらは、文学、思想、芸術の分野だけでなく、日常生活の次元において、いかなる痕跡をとどめているのか。数奇な運命を辿った人びとの足跡を追うとともに、かれらが見た日本を浮かび上がらせる。

2001

歴史

中村喜和、長縄光男、長與進編

異郷に生きるII

来日ロシア人の足跡

A5判上製
274頁
2800円
978-4-915730-38-2

数奇な運命を辿ったロシアの人びとの足跡。それは、時代に翻弄されながらも、人としてしたたかに、そして豊かに生きた記録でもある。日本とロシアの草の根における人と人との交流の跡を辿ることで、異郷としての日本をも浮かび上がらせる。好評の第二弾――

2003

歴史

中村喜和、安井亮平、長縄光男、長與進編

遥かなり、わが故郷

異郷に生きるIII

A5判上製
294頁
3000円
978-4-915730-48-1

鎖国時代の日本にやってきたロシアの人や文化。開国後に赴任したペテルブルクで榎本武揚が見たもの。大陸や半島、島嶼で出会うことになる日露の人々と文化の交流。日本とロシアのあいだで交わされた跡を辿ることで、日露交流を多面的に描き出す、好評の第三弾――

2005

歴史

中村喜和、長縄光男、ポダルコ・ピョートル編

異郷に生きるIV

来日ロシア人の足跡

A5判上製
250頁
2600円
978-4-915730-69-6

ポーランド、東シベリア、ウラジヴォストーク、北朝鮮、南米、北米。ロシア、函館、東京、ソ連、そしてキューバ。時代に翻弄され、数奇な運命を辿ることになったロシアの人びと。さまざまな地域、時代における日露交流の記録を掘り起こして好評のシリーズ第四弾――

2008

歴史

中村喜和、長縄光男、ポダルコ・ピョートル編

異郷に生きるV

来日ロシア人の足跡

A5判上製
360頁
3600円
978-4-915730-80-1

幕末の開港とともにやって来て発展したロシア正教会。日露協商、ロシア革命、大陸での日ソの対峙、そして戦後。その間にも多様な形で続けられてきた交流の歴史。さまざまな地域、時期における日露交流の記録を掘り起こして好評のシリーズ第五弾――

2010

歴史

中村喜和、長縄光男、沢田和彦、ポダルコ・ピョートル編

異郷に生きるVI

来日ロシア人の足跡

A5判上製
368頁
3600円
978-4-86520-022-5

近代の歴史の中で、ともすれば反目しがちであった日本とロシア。時代の激浪に流され苦難の道を辿ることになったロシアの人々を暖かく迎え入れた日本の人々。さまざまな地域、さまざまな時期における日露交流の記憶を掘り起こす好評のシリーズ、最新の論集――

2016

歴史・芸術

近藤昌夫、渡辺聡子、角伸明、大平美智代、加藤純子著

イメージのポルカ

スラヴの視覚芸術

A5判上製
272頁
2800円
978-4-915730-68-9

聖像画イコン、シャガール、カンディンスキーの絵画、ノルシュテイン、シュヴァンクマイエルのアニメ、ペトルーシュカやカシュパーレクなどの喜劇人形――聖と俗の様々な視覚芸術を触媒に、スラヴ世界の共通性とともに民族の個性を追い求める六編を収録。

2008

文学

J・サイフェルト詩集　飯島周訳

新編 ヴィーナスの腕

四六変上製
160頁
1600円
978-4-915730-26-9

詩人の全作品を通じて流れるのは『この世の美しきものすべて』、特に女性の美しさと自由に対するあこがれ、愛と死の織りなす人世模様や不条理を、日常的な言葉で表現しようとする努力である。ノーベル文学賞を受賞したチェコの国民的詩人の本領を伝える新編選集。

2000

文学

飯島周、小原雅俊編

ポケットのなかの東欧文学

ルネッサンスから現代まで

四六判上製
560頁
5000円
978-4-915730-56-6

隠れた原石が放つもうひとつのヨーロッパの息吹。四十九人の著者による詩、小説、エッセイを一堂に集めたアンソロジー。目を閉じてページをめくると、そこは、どこか懐かしい、それでいて新しい世界。ポケットから語りかける、知られざる名作がここにある。

2006

芸術・文学

加藤有子編

ブルーノ・シュルツの世界

A5判上製
252頁
3000円
978-4-86520-001-0

シュルツの小説は、現在四十ちかくの言語に訳され、世界各地で作家や芸術家にインスピレーションを与えている。そのかれは画業も残した。かれのガラス版画、油彩を収録するほか、作品の翻案と翻訳、作品が各所に与えた影響を論じるエッセイ、論考を集める。

2013

歴史・文学

沓掛良彦・阿部賢一編

バッカナリア 酒と文学の饗宴

四六判上製
384頁
3000円
978-4-915730-90-0

「酒」を愛し、世界の「文学」に通じた十二名の論考による「饗宴」。世界各地の文学作品で言及される酒を、縦横に読解していく。盃を片手に、さらなる読書へと誘うブックガイドも収録。酒を愛し、詩と小説を愛するすべての人に捧げる。

2012

歴史

N・ヴィシネフスキー著　小山内道子訳

トナカイ王

北方先住民のサハリン史

978-4-915730-52-8　四六判上製　２２４頁　２０００円

サハリン・ポロナイスク（敷香）の先住民集落「オタス」で「トナカイ王」と呼ばれたヤクート人ドミートリー・ヴィノクーロフ。かれは故郷ヤクーチア（現・サハ共和国）の独立に向け、日本の支援を求めて活動した。戦前、日本とソ連に翻弄された北方先住民たちの貴重な記録。　２００６

歴史・文学

リディア・ヤーストレボヴァ著　小山内道子訳

始まったのは大連だった

リュドミーラの恋の物語

978-4-915730-91-7　四六判上製　２４０頁　２０００円

大連で白系ロシア人の裕福な家庭に育ったミーラ。日本降伏後に進攻してきたソ連軍の将校サーシャ。その出会い、別離、そして永い時を経ての再会。物語は、日本人の知らなかった満州、オーストラリア、ソ連を舞台に繰り広げられる。　２０１２

歴史

エレーナ・サヴェーリエヴァ著　小山内道子訳　サハリン・樺太史研究会監修

日本領樺太・千島からソ連領サハリン州へ

一九四五年―一九四七年

978-4-86520-014-0　A５判上製　１９２頁　２２００円

日本領樺太・千島がソ連領サハリン州へ移行する過程は、ソ連時代には半ばタブーであった。公文書館に保存されていた「極秘」文書が一九九二年に公開され、ようやくその全容が知られることになる。民政局によって指導された混乱の一年半を各方面において再現、検証する。　２０１５

歴史

水谷尚子、ニキータ山下著

夕空の鶴　音楽CD付き

ニキータ山下オーラル・ヒストリー

978-4-86520-061-4　A５判上製　３０４頁　４０００円

日本とロシア、中国の血筋を引くニキータ山下はロイヤルナイツのメンバーとして１９６０、７０年代に人気を博し、同時代のソ連邦ではアイドル的存在であった。同時に彼は、日ロの政治、経済、芸術の交流現場に立ち続けてきた人物でもあった。ニキータの声を聴く。　２０２２

歴史・文学

長與進、沢田和彦、アンドレイ・ドミートリエフ編

日露文学研究者の対話

安井亮平＝ボリス・エゴーロフ往復書簡 1974–2018

978-4-86520-064-5　A５判上製　４１４頁　４２００円

長年にわたる稀有な文通は、ロシア文学とロシア文化に対する両氏の深い愛着と見識、そこから生まれる両氏の間の人間的共感に支えられていた。これらの書簡群は、二つの稀有な知性と魂の触れ合いを示すと同時に、ソ連邦の崩壊など激動の時代の証言ともなっている。　２０２３

歴史・芸術

石川達夫著

チェコ・ゴシックの輝き

ペストの闇から生まれた中世の光

978-4-86520-056-0　A５判上製　１９６頁　３０００円

不条理な受難をいかに受け止め、理不尽な不幸といかに折り合いをつけるか――チェコがヨーロッパのゴシック文化の中心地のひとつとなった時代はペストが猛威を振るった時代でもあった。建築・美術のみならず文学・音楽も含めたチェコ・ゴシックの全体像を探る。　２０２１

歴史・文学

浦井康男訳

コスマス年代記

プラハ教会・聖堂参事会長によるチェコ人たちの年代記

978-4-86520-063-8　A５判上製　２８８頁　３０００円

「現存するチェコ中世の年代記はすべて本書を出発点にしている」と言われ、チェコ最古の歴史書であると共に「チェコの地で書かれた最も重要な中世文学作品の一つとなっている」。一方、歴史学の文献という枠を超えて、読み物としても非常に面白いものになっている。　２０２３

歴史・文学

アロイス・イラーセク著　浦井康男訳

暗黒　上巻

18世紀、イエズス会とチェコ・バロックの世界

978-4-86520-019-5　A５判上製　４０８頁　５４００円

フスによる宗教改革の後いったんは民族文化の大輪の花を咲かせたものの独立を失い、ハプスブルク家の専制とイエズス会による再カトリック化の中で言語と民族文化が衰退していったチェコ史の暗黒時代。史実を基に周到に創作された、本格的な長編歴史小説。　２０１６

歴史・文学

アロイス・イラーセク著　浦井康男訳

暗黒　下巻

18世紀、イエズス会とチェコ・バロックの世界

978-4-86520-020-1　A５判上製　３６８頁　４６００円

物語は推理小説並みの面白さや恋愛小説の要素も盛り込みつつ、いよいよ佳境を迎える。隠れフス派への弾圧が最高潮に達した18世紀前半の宗教・文化・社会の渾然一体となった状況が、立場を描き分けられた登場人物たちの交錯により、詳細に描写されていく。　２０１６

文学

ペトル・クラール著　阿部賢一訳

プラハ

978-4-915730-55-9　四六判上製　２０８頁　２０００円

パリへ亡命した詩人が、故郷プラハを追憶するとき、かつてない都市の姿が浮かび上がってくる。さりげない街の光景に、詩人は、いにしえの都市が発するメッセージを読み取っていく。夢想と現実を行き来しながら、百塔の都プラハの魅力を伝えてくれる珠玉のエッセイ。　２００６

歴史・文学

エマヌエル・フリンタ著　ヤン・ルカス写真　阿部賢一訳

プラハ　カフカの街

978-4-915730-64-1　菊判上製　１９２頁　２４００円

プラハ生まれのドイツ語作家フランツ・カフカ。彼のテクストに刻印された都市を、世紀末プラハを知悉する批評家エマヌエル・フリンタが解読していく。世紀転換期における都市の社会・文化的位相の解読を試みる画期的論考。写真家ヤン・ルカスによる写真を多数収録。　２００８

歴史

スターリンとイヴァン雷帝

スターリン時代のロシアにおけるイヴァン雷帝崇拝

モーリーン・ペリー著　栗生沢猛夫訳

四六判上製　432頁　4200円　978-4-915730-71-9

国家建設と防衛、圧制とテロル。矛盾に満ちたイヴァン雷帝の評価は、その時代の民衆と為政者によって、微妙に、そして大胆に変容を迫られてきた。スターリン時代に、その跡を辿る。国家、歴史、そしてロシアを考えるうえで、示唆に満ちた一冊。　2009

歴史

さまざまな生の断片

ソ連強制収容所の20年

J・ロッシ著　外川継男訳　内村剛介解題

四六判上製　208頁　1942円　978-4-915730-16-0

フランスに生まれ、若くしてコミュニストとなり、スパイ容疑でソ連で逮捕。以降二十四年の歳月を収容所で送った著者が、その経験した出来事を赤裸々に、淡々と述べた好編。スターリン獄の実態、そしてソ連邦とは何だったのかを考えるうえでも示唆的な書。　1996　◎

歴史・思想

サビタの花

ロシア史における私の歩み

外川継男著

四六判上製　416頁　3800円　978-4-915730-62-7

若き日にロシア史研究を志した著者は、まずアメリカ、そしてフランスに留学。ロシアのみならずさまざまな地域を訪問することで、ロシア・ソ連邦史、日露関係史に関する独自の考えを形成していく。訪れた地域、文明、文化、そして接した人びとの姿が生き生きと描かれる。　2007

歴史

「ロシア・モダニズム」を生きる

日本とロシア、コトバとヒトのネットワーク

太田丈太郎著

A5判上製　424頁　5000円　978-4-86520-009-6

一九〇〇年代から三〇年代まで、日本とロシアで交わされた、そのネットワークに迫る。個々のヒトの、作品やコトバの関わり、その彩りゆたかなネットワーク。それらを本邦初公開の資料を使って鮮やかに蘇らせる。掘り起こされる日露交流新史。　2014

歴史

イリーナさんというひと

ソ連という時間をさがして

太田丈太郎著

A5判上製　272頁　3000円　978-4-86520-048-5

ソ連という時間を生きた女性が遺した文書を読み解き、個々のヒトの「ヴォイス」を甦らせていく。いぬいとみことチュコーフスキーの児童文学、ブブノワの画家としての業績、「青年同盟」をめぐるニコライ・ハールジエフの研究、島尾敏雄の小説が蘇ってくる。　2020

歴史

「北洋」の誕生

場と人と物語

神長英輔著

A5判上製　280頁　3500円　978-4-86520-008-9

北洋とは何か、北洋漁業とは何か。十九世紀半ば以降のその通史（＝場）を概観し、そこに関わった人物たちの生涯（＝人）を辿りながら、北洋（漁業）の歴史の語り方そのもの（＝物語）を問うていく。いまなお形を変えながら語り継がれている物語に迫る。　2014

芸術・文学

イジー・コラーシュの詩学

阿部賢一著

A5判上製　452頁　8400円　978-4-915730-51-1

チェコに生まれたイジー・コラーシュは「コラージュ」の詩人である。かれはコラージュという芸術手法を造形芸術のみならず、言語芸術においても考察し、体系的に検討した。ファシズムとスターリニズムの時代を生きねばならなかった芸術家の詩学の全貌。　2006

文学

古いシルクハットから出た話

アヴィグドル・ダガン著　阿部賢一他訳

四六判上製　176頁　1600円　978-4-915730-63-4

世界各地を転々とした外交官が〈古いシルクハット〉を回すとき、都市の記憶が数々の逸話とともに想い起こされる。様々な都市と様々な人間模様――。プラハに育ち、イスラエルの外交官として活躍したチェコ語作家アヴィグドル・ダガンが綴る晩年の代表的な短編集。　2008

歴史・建築

ベドジフ・フォイエルシュタインと日本

ヘレナ・チャプコヴァー著　阿部賢一訳

A5判上製　296頁　4000円　978-4-86520-053-9

プラハで『ロボット』の舞台美術を手がけ、東京で聖路加国際病院の設計にも加わった、チェコの建築家・美術家フォイエルシュタインの作品と生涯を辿る。日本のモダニズム建築への貢献、チェコでのジャポニスムの実践と流布など、知られざる芸術交流をも明らかにする。　2021

文学

ミラン・クンデラにおけるナルシスの悲喜劇

ローベル柊子著

四六判上製　264頁　2600円　978-4-86520-027-0

クンデラは、自らのどの小説においてもナルシス的な登場人物の物語を描き、人間全般にかかわる根幹的な事柄として、現代のメディア社会が抱える問題の特殊性にも着目しつつ、考察している。本書はクンデラの小説をこのナルシシズムのテーマに沿って読み解いていく。　2018

文学

三輪智恵子訳　ダヴィド・ゴギナシュヴィリ解説

アレクサンドレ・カズベギ作品選

四六判上製
２８８頁
３０００円
978-4-86520-023-2

ジョージア（旧グルジア）の古典的著名作家の本邦初訳作品選。グルジア出身のスターリンもよく読んでいたことが知られている。ジョージア人の慣習や気質に触れつつ、ロシアに併合された時代の民衆の苦しい生活を描いた作品が多い。四つの代表的短編を訳出。　２０１７

文学

五月女颯著

ジョージア近代文学のポストコロニアル・環境批評

Ａ５判上製
３３６頁
５０００円
978-4-86520-062-1

ロシアの植民地として過酷な変容を迫られた十九世紀ジョージア。この地の若き知識人たちは、カフカース山脈を越えて、宗主国ロシアに新たな知見を求めねばならなかった。ジョージア近代文学を環境・動物批評など新しい文学理論を駆使して解読、新機軸を打ち出す。　２０２２

文学

イヴァン・ゴドレール、佐々木とも子訳　鈴木啓世画

イヴァン・ツァンカル作品選

四六判上製
１７６頁
１６００円
978-4-915730-65-8

四十年間働き続けたあなたの物語——労働と刻苦の末、いまや安らかな老後を迎えるばかりのひとりの農夫。しかし彼の目の前に突き出されたのはあまりにも意外な報酬だった。スロヴェニア文学の巨匠が描く豊かな抒情性と鋭い批判精神に満ちた代表作他一編。　２００８

文学

イヴァン・ツァンカル著　佐々木とも子、イヴァン・ゴドレール訳　鈴木啓世画

慈悲の聖母病棟

四六判上製
２０８頁
２０００円
978-4-915730-89-4

町を見下ろす丘の上に佇む慈悲の聖母会修道院——その附属病棟の一室に十四人の少女たちがベッドを並べている。丘の下の俗世を逃れたアルカディアのような世界で四季は夢見るように移り変わり、少女たちの静謐な日々が流れていくが……。　２０１１

歴史

生田美智子編

満洲の中のロシア

境界の流動性と人的ネットワーク

Ａ５判上製
３０４頁
３４００円
978-4-915730-92-4

満洲は、白系ロシアとソヴィエトロシアが拮抗して共存する世界でも類を見ない空間であった。本書は、その空間における境界の流動性や人的ネットワークに着目、生き残りをかけたダイナミズムを持つものとして、様々な角度から照射していく。　２０１２　◎

歴史・思想

森岡真史著

ボリス・ブルツクスの生涯と思想

民衆の自由主義を求めて

Ａ５判上製
４５６頁
４４００円
978-4-915730-94-8

ソ連社会主義の同時代における透徹した批判者ボリス・ブルツクスの本邦初の本格的研究。ブルツクスがネップ下のロシアで、また国外追放後に亡命地で展開したソヴェト経済の分析と批判の全体像を、民衆に根ざした独自の自由主義経済思想とともに明らかにする。　２０１２

歴史

近藤喜重郎著

在外ロシア正教会の成立

移民のための教会から亡命教会へ

Ａ５判上製
２８０頁
３２００円
978-4-915730-83-2

革命によって離散を余儀なくされたロシア正教会の信徒たち。国内外で起きたさまざまな出来事が正教会の分裂と統合を促していく。その歴史を辿るなかで、在外ロシア正教会の指導者たちがいかにして信徒たちを統率しようとしていったのかを追う。　２０１０

歴史

Ｖ・クラスコーワ編　太田正一訳

クレムリンの子どもたち

Ａ５判上製
４４６頁
５０００円
978-4-915730-24-5

「子どもたちこそ輝く未来！」——だが、この国の未来はそら恐ろしいものになってしまった。秘密警察長官ジェルジーンスキイから大統領ゴルバチョフまで、歴代の赤い貴族の子どもたちを通して、その「家族の記録」すなわち「悲劇に満ちたソ連邦史」を描き尽くす。　１９９８

歴史

沢田和彦著

日露交流都市物語

Ａ５判上製
４２４頁
４２００円
978-4-86520-003-4

江戸時代から昭和時代前半までの日露交流史上の事象と人物を取り上げ、関係する都市別に紹介。国内外の基本文献はもとより、日本正教会機関誌の記事、外事警察の記録、各地の郷土資料、ロシア語雑誌の記事、全国・地方紙の記事を利用し、多くの新事実を発掘していく。　２０１４

歴史

沢田和彦著

白系ロシア人と日本文化

Ａ５判上製
３９２頁
３８００円
978-4-915730-58-0

ロシア革命後に故国を離れた人びとの多くは自国の風俗、習慣を保持しつつ、長い年月をかけて世界各地に定着、同化、それぞれの国や地域の政治・経済・文化の領域において多様な貢献をなしてきた。日本にやってきたかれらが残した足跡を精緻に検証する。　２００７　◎

歴史

沢田和彦著

ブロニスワフ・ピウスツキ伝

〈アイヌ王〉と呼ばれたポーランド人

Ａ５判上製
４００頁
４０００円
978-4-86520-040-9

ロシア領リトアニアのポーランド貴族の家に生まれたピウスツキは、ペテルブルグ大学へ進学するも、皇帝暗殺未遂事件に連座してサハリン島へ流刑。過酷な運命を生きた巨人の生涯を、近代史を彩るアイヌ、日本を含む珠玉のような事柄とともに描く、本邦初の本格的評伝。　２０１９

歴史

長縄光男著

ニコライ堂遺聞

四六判上製
４１６頁
３８００円
978-4-915730-57-3

明治という新しい時代の息吹を胸に、その時代の形成に何ほどかの寄与をなさんとした人々。祖国を離れ新生日本の誕生に己の人生をかけたロシア人たちと、その姿に胸打たれ後を追った日本人たち。ニコライ堂に集った人々の栄光、挫折、そして再生が描かれる。　２００７

歴史

ポダルコ・ピョートル著

白系ロシア人とニッポン

Ａ５判上製
２２４頁
２４００円
978-4-915730-81-8

来日した外国人のなかで、ロシア人が最も多かった時代があった。一九一七年の十月革命後に革命軍に抗して戦い、敗れて亡命した白系ロシア人たちだ。ソ連時代には顧みられなかった彼らを、日露関係史を専門とするロシア人研究者が入念に掘り起こして紹介する。　２０１０　◎

文学

工藤直子、斎藤惇夫、藤田のぼる、工藤左千夫、中澤千磨夫著

だから子どもの本が好き

四六判上製
１７６頁
１６００円
978-4-915730-61-0

私は何故子どもの本が好きか、何故子どもと子どもの本にかかわるのか、子どもの本とは何か——。五人の著者たちが、多くの聴衆を前に、この難問に悪戦苦闘し、それぞれの立場、それぞれの方法で、だから子どもの本が好き!、と答えようとした記録。　２００７

文学

南裕介著

シベリアから還ってきたスパイ

四六判上製
３４０頁
１６００円
978-4-915730-50-4

敗戦後シベリアに抑留され、ソ連によってスパイに仕立てられた日本人。帰国したかれらを追う米進駐軍の諜報機関、その諜報機関の爆破を企む反米過激派組織。戦後まもなく日本で起きたスパイ事件をもとに、敗戦後の日本の挫折と復活というテーマを独自のタッチで描く。　２００５

国際理解

横浜国立大学留学生センター編

国際日本学入門

トランスナショナルへの12章

四六判上製
２３２頁
２２００円
978-4-915730-72-6

横浜国立大学で六十数カ国の留学生と日本人学生がともに受講することのできる「国際理解」科目の人気講義をもとに執筆された論文集。対峙する複数の目＝「鏡」に映り、照らし合う認識。それが相互に作用し合う形で、「日本」を考える。　２００９

哲学

佐藤正衞著

素朴に生きる

大森荘蔵の哲学と人類の道

四六判上製
２５６頁
２４００円
978-4-915730-74-0

大森哲学の地平から生を問う！　戦後わが国の最高の知性の一人である大森荘蔵と正面からとり組んだ初めての書。大森が哲学的に明らかにした人間経験の根本的事実を、人類の発生とともに古い歴史をもつ狩猟採集文化の時代にまでさかのぼって検証する。　２００９

芸術

マイヤ・コバヒゼ著　鍋谷真理子訳

ロシアの演劇教育

Ａ５判上製
２２８頁
２０００円
978-4-86520-021-8

ロシアの演劇、演劇教育は、ロシア文化と切っても切り離せない重要な要素であり、独自の貢献をしている。ロシアの舞台芸術に長く関わってきた著者が、劇場、演劇教育機関、その俳優教育メソッドを紹介し、ロシアの演劇教育の真髄に迫る。　２０１６

語学

宮崎千穂、エルムロドフ・エルドルジョン著

調査・実務・旅行のためのウズベク語会話

ロシア語付き

Ａ５判並製
１９６頁
２０００円
978-4-86520-029-4

勤務先の大学で学外活動をウズベキスタンにおいて実施する科目を担当する著者が、現地での調査や講義、学生交流、ホームステイ時に学生たちの意思疎通の助けとなるよう、本書を企画。初学者から上級者まで、実際の会話の中で使えるウズベク語会話集。　２０１８　◎

歴史・思想

石川達夫著

マサリクとチェコの精神

アイデンティティと自律性を求めて

A5判上製
310頁
3800円
978-4-915730-10-8

マサリクの思想が養分を吸い取り、根を下ろす土壌となったチェコの精神史とはいかなるものであり、彼はそれをいかに見て何を汲み取ったのか？　宗教改革から現代までのチェコ精神史をマサリクの思想を織糸として読み解く。サントリー学芸賞・木村彰一賞同時受賞。　1995

歴史・文学

カレル・チャペック著　石川達夫訳

マサリクとの対話

哲人大統領の生涯と思想

A5判上製
344頁
3800円
978-4-915730-03-0

チェコスロヴァキアを建国させ、両大戦間の時代に奇跡的な繁栄と民主主義を現出させた哲人大統領の生涯と思想を、「ロボット」の造語で知られるチャペックが描いた大ベストセラー。伝記文学の傑作として名高い原著に、詳細な訳注をつけ初訳。各紙誌絶賛。　1993

チャペック小説選集

珠玉の作品を選んで編んだ本邦初の小説集

……【全6巻】

子どもの頃に出会って、生涯忘れることのない作家。今なお世界中で読み継がれている、チェコが生んだ最高の才人。そして「ロボット」の造語で知られるカレル・チャペック。文学史上名高い哲学三部作を含む珠玉の作品を選んで、作家の本領を伝える。

歴史

E・J・ディロン著　成田富夫訳

ロシアの失墜

届かなかった一知識人の声

A5判上製
512頁
6000円
978-4-86520-006-5

十九世紀半ば、アイルランドに生まれた著者は、ロシアへと深く入り込んでいく。ウィッテの側近にもなっていた彼は、帝政ロシアの崩壊に直面。ロシアが生まれ変わろうとするとき、それはロシア民衆にとって幸せなことか、未知なるものへの懐疑と願望を吐露していく。　2014

歴史

E・J・ディロン著　成田富夫訳　西山克典監修

ロシア　昨今

ソヴィエト・ロシアへの偏らざる見解、1928年再訪の記録

A5判上製
360頁
5000円
978-4-86520-046-1

革命後の一九二八年秋、十四年間の空白の後、人生の思い出多きロシアの地を訪れたひとりのアイルランド人。革命とボリシェヴィズムを世界に対する「浄化」カタルシスと捉え、期待と危惧を秘めたソヴィエト社会を活写していく。異色のソヴィエト社会・文化論。　2020

歴史・文学

E・J・ディロン著　成田富夫訳

トルストイ　新しい肖像

四六判上製
344頁
3400円
978-4-86520-024-9

アイルランド生まれの著者は、十九世紀末葉、世界的に名を馳せていたトルストイとの関係を築いていく。文学作品の翻訳から始まり、トルストイと彼を取り巻く人々との交わりは、著者ならではの体験と観測とを育み、新たなトルストイ像が形造られていく。　2017

歴史・文学

セルゲイ・トルストイ著　青木明子訳

トルストイの子どもたち

四六判上製
274頁
2500円
978-4-86520-037-9

トルストイは十三人の子どもをもうけたが、夭折した五人を除く八人について孫である著者が語る。かれらは父の死後、第一次世界大戦、ロシア革命、内戦と続く二十世紀初頭の激動の時代を生きた。そんな波乱に満ちた彼らの生涯に通底する文豪との関係にも迫る。　2019 ◎

現代・ビジネス

中尾ちゑこ著

ロシアの躁と鬱

ビジネス体験から覗いたロシア

四六判上製
200頁
1600円
978-4-86520-028-7

ソ連崩壊後に「気まぐれな好奇心」からモスクワのビジネススクールで短期講師に就任。それ以来、ロシアに特化したビジネスを展開する著者の目に映ったロシア、ロシア人、彼らとのビジネスを赤裸々に描く。48歳でロシアビジネスに踏み込んでいった女性の型破りの記録。　2018

歴史

日露戦争研究会編

日露戦争研究の新視点

978-4-915730-49-8
A5判上製　544頁　6000円

戦争に大きく関わっていた欧米列強。戦場となった朝鮮半島と中国。戦いの影響を受けざるをえなかったアジア諸国。当事国であった日露、とくにロシア側の実態を明らかにするとともに、従来の研究に欠けていた新たな視角と方法を駆使して百年前の戦争の実相に迫る。　2005

歴史

松村正義著

日露戦争一〇〇年

新しい発見を求めて

978-4-915730-40-5
四六判上製　256頁　2000円

日露戦争から一〇〇年を経て、ようやく明らかにされてきた真実を紹介する。講和会議を巡る日露および周辺諸国の虚々実々の駆け引き。前世紀末になって開放された中国、ロシアの戦跡訪問で分かった事。歴史的遺産を丹念に発掘し、改めて日露戦争の現代的意義を問う。　2003

歴史

松村正義著

日露戦争と日本在外公館の〝外国新聞操縦〟

978-4-915730-82-5
A5判上製　328頁　3800円

極東の小国日本が大国ロシアに勝利するために採った外交手段のひとつが〝外国新聞操縦〟であった。現在では使われなくなったこの用語の内実に迫り、戦争を限定戦争として世界大戦化させないため、世界中の日本の在外公館で行われた広報外交の実相に迫る。　2010

歴史

土屋好古著

「帝国」の黄昏、未完の「国民」

日露戦争・第一次革命とロシアの社会

978-4-915730-93-1
A5判上製　352頁　6000円

日露戦争がロシアに問いかけたもの——それは、「帝国」という存在の困難と「国民」形成という課題であった。日露戦争を「長い一九世紀」という歴史的文脈の中に位置づけて、自由主義者たちの「下から」の国民形成の模索と第一次革命の意味を論じる。　2012

歴史

稲葉千晴著

増補改訂版　ヤド・ヴァシェームの丘に

杉原千畝とホロコーストからユダヤ人を救った人々

978-4-86520-066-9
四六判並製　192頁　1800円

イェルサレムにあるヤド・ヴァシェームは、ホロコーストによって命を奪われた同胞と、ナチの脅威に立ち向かった英雄を追悼する場所である。本書は、その場所の成り立ち、ホロコーストからユダヤ人を救った「有徳の人」を概説し、かれらを具体的に紹介していく。　2024

歴史

コンペル　ラドミール著

長い終戦

戦後初期の沖縄分離をめぐる行政過程

978-4-86520-047-8
A5判上製　320頁　5600円

いったい何が沖縄の戦争の幕引きを長引かせたのか。「降伏をめぐるプロセス」と「沖縄の行政分離に至るプロセス」の二つのプロセスに注目して、その過程を見ていく。沖縄の問題に、戦後初期の日米の資料を多角的、多面的に解明することで迫っていく。　2020

文学

K・チャペック著　石川達夫訳

①受難像

978-4-915730-13-9
四六判上製　200頁　1942円

人間が出会う、謎めいた現実。その前に立たされた人間の当惑、真実を探りつつもつかめない人間の苦悩を描いた13編の哲学的・幻想的短編集。真実とは何か、人間はいかにして真実に至りうるかというテーマを追求した、実験的な傑作。　1995

文学

K・チャペック著　石川達夫訳

②苦悩に満ちた物語

978-4-915730-17-7
四六判上製　184頁　1942円

妻の不貞の結果生まれた娘を心底愛していた父は笑われるべきか？　外的な状況からはつかめない人間の内的な真実や、ジレンマに立たされ、相対的な真実の中で決定的な決断を下せない人間の苦悩などを描いた9編の中短編集。　1996

文学

K・チャペック著　飯島周訳

③ホルドゥバル

978-4-915730-11-5
四六判上製　216頁　2136円

アメリカでの出稼ぎから帰ってくると、家には若い男が住み込んでいて、妻も娘もよそよそしい……。献身的な愛に生きて悲劇的な最期を遂げた男の運命を描きながら、真実の測り難さと認識の多様性というテーマを展開した3部作の第1作。　1995

文学

K・チャペック著　飯島周訳

④流れ星

978-4-915730-15-3
四六判上製　228頁　2233円

飛行機事故のために瀕死の状態で病院に運び込まれた身元不明の患者X。看護婦、超能力者、詩人それぞれがこの男の人生を推理し、様々な展開をもつ物語とする。一人の人間の運命を多角的に捉えようとした作品であり、3部作の第2作。　1996

文学

K・チャペック著　飯島周訳

⑤平凡な人生

978-4-915730-21-4
四六判上製　224頁　2300円

「平凡な人間の一生も記録されるべきだ」と考えた一人の男の自伝。その記録をもとに試みられる人生の様々な岐路での選択の可能性の検証。3部作の最後の作品であり、哲学的な相対性と、それに基づく人間理解の可能性の認知に至る。　1997

文学

K・チャペック著　石川達夫訳

⑥外典

978-4-915730-22-1
四六判上製　240頁　2400円

聖書、神話、古典文学、史実などに題材をとり、見逃されていた現実を明るみに出そうとするアイロニーとウィットに満ちた29編の短編集。絶対的な真実の強制と現実の一面的な理解に対して、各人の真実の相対性と現実の多面性を示す。　1997

歴史

大野哲弥著

国際通信史でみる明治日本

A5判上製　304頁　3400円
978-4-915730-95-5

明治初頭の国際海底ケーブルの敷設状況、それを利用した岩倉使節団と留守政府の交信、台湾出兵時の交信、樺太千島交換交渉に関わる日露間の交信、また日露戦争時の新技術無線電信の利用状況等の史実を明らかにしつつ、政治、外交、経済の面から、明治の日本を見直す。　2012

歴史

D・B・パヴロフ、S・A・ペトロフ著　I・V・チェレヴァンコ史料編纂　左近毅訳

日露戦争の秘密

ロシア側史料で明るみに出た諜報戦の内幕

四六判上製　388頁　3690円
978-4-915730-08-5

大諜報の主役、明石元二郎を追尾していたロシア側スパイ。ロシア満州軍司令部諜報機関の赤裸々な戦時公式報告書。軍事密偵、横川省三、沖禎介の翻訳されていた日記。九十年を経て初めてロシアで公開された史料が満載された「驚くべき書」（立花隆氏）。　1994　◎

歴史

稲葉千晴著

バルチック艦隊ヲ捕捉セヨ

海軍情報部の日露戦争

四六判上製　312頁　3000円
978-4-86520-016-4

新発見の史料を用い、日本がいかにしてバルチック艦隊の情報を入手したかを明らかにし、当時の海軍の情報戦略を解明していく。さらに世界各地の情報収集の現場を訪れ、集められた情報の信憑性を確認。日本海軍がどれほどの勝算を有していたか、を導き出していく。　2016

歴史

稲葉千晴編著

日露戦争再考

軍事と外交の視点から

A5判上製　448頁　5000円
978-4-86520-076-8

日露戦争一二〇年、その通説を疑う！　イギリスは同盟国？　アメリカは親日的？　中国は中立？　韓国で戒厳令？　御前会議で捏造？　潜水艇を密輸入？　世界初の無線報道？　内外の新史料・研究を駆使して、日露戦争を問い直す。日露英韓のヒストリオグラフィー付。　2025

歴史

松山大学編

マツヤマの記憶

日露戦争一〇〇年とロシア兵捕虜

四六判上製　240頁　2000円
978-4-915730-45-0

マツヤマ！　そう叫んで投降するロシア兵がいたという。国際法を遵守して近代国家を目指した日本。実際に捕虜を迎えた市民たち。捕虜受け入れの実相、国内の他の収容所との比較、日露の収容所比較、ロシア側からの視点などを包摂して、その実態を新たに検証する。　2004

な行

は行

ま行

や行

ら行

わ行

書名索引

＊は現在品切れです。

歴史

栗生沢猛夫著

『ロシア原初年代記』を読む

キエフ・ルーシとヨーロッパ、あるいは「ロシアとヨーロッパ」についての覚書

A5判上製貼函入
1056頁
16000円
978-4-86520-011-9

キエフ・ルーシの歴史は、スカンディナヴィアからギリシアに至る南北の道を中心として描かれてきた。本書は従来見過ごされがちであった西方ヨーロッパとの関係（東西の道）に重点をおいて見直し、ロシアがヨーロッパの一員として歴史的歩みを始めたことを示していく。　2015

歴史

栗生沢猛夫著

キエフ・ルーシ考　断章

ロシアとウクライナの歴史家はどう考えてきたか

A5判上製
312頁
3300円
978-4-86520-067-6

「ウクライナ侵攻は、どのような認識を背景になされたものなのか。筆者を含む大多数の研究者が受け入れてきたロシア史の構想中に、これを正当化する何ほどかの論拠が含まれてはいなかったのか」。建国とその遺産から「侵攻」の背景を探り、検証していく。　2024

歴史

栗生沢猛夫著

イヴァン雷帝の『絵入り年代記集成』

モスクワ国家の公式的大図解年代記研究序説

A5判上製
396頁
6000円
978-4-86520-030-0

「天地創造」からの「世界史」とそれに続く16世紀までのロシア史を極彩色細密画で描き出す『絵入り年代記集成』。21世紀に初めて出版された『集成』はなぜこれまで日の目を見なかったのか。謎の解明を目指すと同時に、全体構成と内容、歴史史料としての意義について考察する。　2019

歴史

栗生沢猛夫編訳著

『絵入り年代記集成』が描くアレクサンドル・ネフスキーとその時代　全2巻

A5判上製貼函入
480+512頁
12000円
978-4-86520-057-7

ロシアの英雄の実像とは？　モスクワの公式的年代記の極彩色の絵とテクストから探る。合わせて同時代のルーシとドイツやスウェーデンなど西方諸国との戦い、またモンゴル・バトゥ軍の侵入の様子を余すところなく描き出す。付録にヘンリクス『リヴォニア年代記』。　2022

歴史

R・G・スクルィンニコフ著　栗生沢猛夫訳

イヴァン雷帝

四六判上製
400頁
3690円
978-4-915730-07-8

テロルは権力の弱さから発し一度始められた強制と暴力の支配はやがて権力の統制から外れそれ自体の論理で動きだす――イヴァン雷帝とその時代は、今日のロシアを知るうえでも貴重な示唆を与え続ける。朝日、読売、日経、産経など各紙誌絶賛のロングセラー。　1994　◎

歴史

長縄光男著

評伝ゲルツェン

A5判上製
560頁
6800円
978-4-915730-88-7

トム・ストッパード「コースト・オブ・ユートピア」の主人公の本邦初の本格的評伝。十九世紀半ばという世界史の転換期に「人間の自由と尊厳」の旗印を掲げ、ロシアとヨーロッパを駆け抜けたロシア最大の知識人の壮絶な生涯を鮮烈に描く。　2012

SEIBUNSHA

出版案内
2025

オプチナ修道院（20世紀初頭、『オプチナ修道院とロシア文学』貼函より）

成文社

〒258-0026　神奈川県開成町延沢 580-1-101
Tel. 0465-87-5571　Fax. 0465-87-9448　URL https://www.seibunsha.net/
価格はすべて本体価格です。末尾が◎の書籍は電子媒体（PDF）となります。

ストロガノフ家は一五五八年、アニカの二男グリゴーリーがイヴァン四世（雷帝）から、ウラル地方、カマ川沿岸に巨大な土地を与えられた。領地は一五六六年オプリーチニナに編入返却されるが、その後長男ヤコフがさらに広大な土地をチュソヴァーヤ川沿いに得て、一族はペルミ地方にも領地を拡大していった。アニカの代でストロガノフ家の世襲領地は当時のヨーロッパの中程度の国よりも大きいものであった。(9)

製塩業は次第に搬送に都合のよいカマ川右岸地方、チュソヴァーヤ川河口寄りの地域に重点を移してゆく。ペルミ地方にも町が建設され、その守りとして砦がつくられた。その町はオリョール・ゴロドクという名で呼ばれるようになり、十七、十八世紀にはストロガノフ家が本拠ウサージバを移すところとなる。ストロガノフ家はロシア国家の辺境にあって時の国家権力の意図を積極的に支え、ソリヴィチェゴツクやペルミ地方では政府の地方行政を実質的に代行する存在となっていた。ストロガノフ家は所領に堅固な石造りの城のような邸館を建て、要塞をつくったが、教会を建立することにも熱心だった。特にアニカは自身の身のまわりのことには質素だったが、信心深く、コラ川、ヴィチェグダ川、カマ川等の沿岸に製塩所をつくると、その近くに必ず教会を建てた。カマ川のそばに一五五八年から一五六〇年代にかけてプレオブラジェンスキー・プィスコルスキー修道院を建て、アニカは最晩年にそこで剃髪してイオサフという名の修道僧となり、修道生活の中で亡くなった。

アニカという名はめったに出会わない名である。C・O・クズネツォフはこの「不敗者」という意味を持つ名は、父親が宗教歌謡「アニカ・ボーイン」から取ったに違いないと言う。[10]珍しいネガティブ・ヒーローとして宗教歌謡に登場するアニカ・ボーインは長寿に恵まれた（二二〇歳から三九〇歳まであり）豪傑で、長いその生涯において幾多の勝利をあげ、数々の不信心な破壊行為を犯してきた。エルサレムを破滅させようと（地を天に、天を地に逆転させようともする）勇んで向かう途中で、「死神」と出会う。アニカは「死神」を脅して打ち負かそうとするが、勝負に敗れ、死すべき運命となる。財をもって交渉し、教会、修道院への寄進を申し出るが聞き入れられず、「死神」に厳しく制裁され、神によって永遠の苦難へと落とされてゆく。

クズネツォフはアニカ・ストロガノフの当時としては長い七十余年の生涯を、アニカ・ボーインの戦勝と悪行の一生と重ね合わせて読む。アニカが革新的に産業を興し、辣腕商人として富を蓄積しつつ、いくつもの教会や修道院を建て、最晩年には自ら剃髪して、俗界から去ったことをこの宗教歌謡の流れで読んでいる。しかし、『民衆宗教詩』の編者ブチリナの注によれば、アニカと「死神」の「生と死の問答」の原型はドイツからもたらされたもので、十五世紀にロシア語に訳された。十六世紀の半ばに「生」が人的形象となり、アニカ・ボーインという名を得て、ロシアでの歌謡形成の基となったと言う。[11]アニカの壮年の頃の現象である。アニカという人物には後世の研究者の想像力を惑わせるほどの蠱惑的存在感があるのだろうか。アニカは彼の事業の本拠地であるソリヴィチェゴツクに一五五〇年代に石造のブラゴヴェシェンスキー寺院を建て始めている。その寺院について、クズネツォフは、その専門とするストロガノフ家建造物の研究から、モスクワのクレムリン内にあるブラゴヴェシェンスキー寺院との相似性を指摘し、ストロガノフ家の家長アニカに商人でありながら、ツァーリに対抗する挑戦的とも言える秘かな自負を見ている。

アニカ・ストロガノフは教会・修道院を建て、それらを財政的に支えることによりロシア正教会に大きな貢献をした。それによって彼は自分の現世での行為の償いとしていたのかも知れないが、正教会の精神的権威や庇護も利用するに値するものであった。ストロガノフ家の冒険的経済活動は正教会に支持され、精神的なバックボーンを得ていたのである。

宗教分野での活動はストロガノフ家の文化的伝統を育む基盤となった。アニカはイコンや宗教関係の書物を集め、ソリヴィチェゴツクのブラゴヴェシェンスキー教会には当時としては驚くべき点数の印刷書籍や写本のコレクションが出来ていった。アニカが心血を注いだこの教会建築は彼が亡くなる頃にはほぼ完成したが、内部の装飾・仕上げは彼の孫たち、ニキータ・グリゴーリエヴィチとマクシム・ヤコヴレヴィチが中心となって行った。彼らはモスクワからイコン画家たちを呼び寄せ、イコン製作工房をつくり、そのストロガノフ・イコン工房からはほぼ一世紀の間に多量のイコンが製作されたのである。この工房から生まれるイコンは次第に独特な描法を特徴とするようになり、多くの名作を生み出し、ストロガノフ派という名称を得ることになった。[12]

代々のストロガノフ家の妻女たちは教会で使う布に施す金糸銀糸の刺繍製作を担った。村の女性たちを集めて刺繍工房を主宰し、教会を飾る刺繍の技術を磨いた。そこで製作された錦布はストロガノフ家の廟を飾り、教会、修道院へ多量の刺繍装飾布が寄進された。現存する最古のものは一五九二年製作の納棺布である。[13]

また、ストロガノフ家は教会儀礼での聖歌を尊重し、手厚く援助したので、独自の歌唱法も発達している。ソリヴィチェゴツクは首都を遠く離れた地方の産業経済都市でありながら、ロシアの伝統的美術・工芸・音楽の歴史的中心地の一つともなったのである。[14]

エルマーク　シベリア征服

アニカの代でイヴァン四世の政策に歩調を合わせて、ストロガノフ家は事業を拡大して富裕化し、ロシア北東部の一大企業集合体となったが、当主のアニカが亡くなると、三人の息子たちはすぐに父親の残した財産、事業、土地を分割相続した。以降ストロガノフ家は求心力を失い弱体化してゆく。また、かつてイヴァン四世から与えられていた特許状によるカマ川地域の二十年免税の期限が一五七九年には切れて、ストロガノフ家は苦境に立たされた。製塩業が常に主たる家業であったが、最盛期にはカマ川沿いに二十七の製塩所が動いていたものが、一五七九年までにはその半数しか操業していないありさまとなっていた。[15]

ストロガノフ家の人々はこれまでウラル地方の異民族に対して強奪的な折衝をしてきたが、一五八〇年代になると迫害されたウラル諸民族の反乱が頻繁に起こった。さらにウラル以東からはシビル・ハン国クチュマ帝の脅威があった。アニカの息子セミョーンと孫のマクシム・ヤコヴレヴィッチとニキータ・グリゴーリエヴィチは周辺諸民族からの襲撃防御とさらにはシベリアへの進出も視野に入れ、ヴォルガ・コサックの老練な頭領、リヴォニア戦争で名をあげていたエルマーク・チモフェエヴィチをそのコサック集団と共に雇い入れ、火器を与えて武装集団をつくった。しかし、「コサック」という言葉は使われていない。[16]当時ヴォルガ・コサックはヴォルガ川を通航する船舶を襲う「強盗」と同義であった故か。イヴァン四世がストロガノフ家にエルマークたちを兵として雇い入れる許可を与えたのは、エルマークたちがシビル・ハン国への遠征に出発する直前であったが、実際にはすでにエルマークはストロガノフ家に雇われており、モスクワも当然それを知っていてのことであった。

没落傾向にあったストロガノフ家にはシベリアに是が非でも進出したい理由があった。それは毛皮価格の高騰であった。十六世紀半ばにイギリス人航海者がロシアに現れた。イギリス人商人たちは組合をつくり、船団を北海回りのアジア航路探索へと出帆させたのだが、嵐で船はばらばらになり、ムルマンスク海の冬越しで壊滅してしまった。その際生きのびた船長が白海に出て、北ドヴィナ川河口に到った。それを契機にしてイギリスとロシアの白海経由の交易が生まれてゆく。イギリス人たちはロシアでの毛皮の安さに驚愕した。一五六〇年にイギリス・モスクワ商会はロシアにおける主取引品目を「サーロ（豚の脂身）、蝋、毛皮」としている。[17] イギリスに続いてオランダや他の西ヨーロッパ諸国からの商船も訪れ始め、毛皮の需要はますます大きくなり、ロシア国内での毛皮の価格急騰を招いた。

モスクワ大公国はこの時期大きな危機のなかにあった。一五五八年から始まったバルト地方の支配地をめぐるドイツ騎士修道会とのリヴォニア戦争は、一五六四年までの最初の段階こそ戦勝続きであったが、ポーランド・リトアニア連合国、スウェーデンを相手に以降戦況は反転する。同時にロシアは南方ではクリミア汗国、オスマン帝国とも戦わねばならなかった。対外的な苦境に立ったイヴァン四世はイギリスとの同盟を望み、イギリス人商人たちには破格の特権を与えて厚遇した。国内にも極端に強権的な政策ゆえに多くの敵を見ていたツァーリは、まさかの時はイギリスへ亡命することも考えていたのである。[18]

イヴァン四世は一五六四年末にツァーリの専制的全権を大貴族たちに認めさせ、悪名高いオプリーチナ制度をつくった。「オプリーチナ（イヴァン四世期の皇室領）」という名の直轄地に大貴族、富裕層の土地を没収、編入していったのである。ストロガノフ家の富の源泉である製塩業の中心地はオプリーチナのものとなって、その財源となった。一五六六年には当主のアニカがカマ川流域のすべての製塩所を持ってオプリーチナの成員となるが、そのことは多くの新たな特権をストロガノフ家にもたらすことであった。一五六八年にはまだ手つかずのチュソヴァーヤ川沿岸の広大な土地が長男のヤコフに与えられた。また、オプリーチナとしてツァーリの許可を得て、多数の兵士を雇うこともできた。オプリーチナ制度が無くなったあとも、イヴァン四世はウラル以東のイルトィシ川、オビ川地域に要塞をつくる許可をストロガノフ家に与えている。

国家主権者の政策と表裏一体となり、事業を拡大することがストロガノフ家の商法であり、軍事費で疲弊した国家の財政にとって必須の要件であったシベリア征服の先鞭をつけることは、屋台の傾きかけたストロガノフ家にとって起死回生の方策であったのだ。一五七九（または一五八一）年、約一六五〇人からなるエルマークの軍団はソリカムスク地区から船で河川沿いにシベリアの奥深くへ入って行った。一五八二年の秋頃にはシビル・ハン国の中心部に到り、九月にハンの世子マメトクル指揮下のタタール人の大軍を撃破し、十月、イルトィシ川での三日間の攻防のすえクチュム・ハンの主力部隊を打ち破って、十月二十六日にシビル・ハン国の首都カシュルィクを陥落させたのである。

エルマークは一五八五年に、逃亡していたクチュム・ハン軍の夜襲を受けて、イルトゥィシ川の支流で溺死する。エルマークのシベリア遠征に関して、ストロガノフ家はその企画と武器弾薬の装備、糧秣等の供給を担ったのであるが、『エルマークのシベリア遠征』（一九八二）の著者であるР・Г・スクルィンニコフは、ストロガノフたちはコサックたちに最小限のものしか与えず、目的達成後は、厳しいシベリアの冬越しの危険性を知りながら、商家の計算高さからさらに援助を与えようとしなかったと述べている。[19] コサックたちが去った後にシベリアにはイヴァン四世によって正規軍が送り込まれ、モスクワ大公国の支配下におかれた。一五九八年、ツァーリのボリス・ゴドノフはシビル・ハン国を最終的に合併する。ウラル以東にロシアの版図を広げたことへの貢献によって、ストロガノフ家はその褒賞として新領地での無税交易など多大な利権を得ることとなる。

動乱期にストロガノフ家は積極的に政治的な動きをすることはなかったが、ヴァシーリー・シューイスキー帝（在位　一六〇六―一六一〇）には資金や兵力の援助をした。それによってストロガノフ家の男性にはツァーリより「名士（イメニートゥィ・チェロヴェク）」という称号が与えられ、父称をつける呼称が許された。これはロシア史上ストロガノフ家にのみ与えられた特異な称号で、平民でもなく貴族でもないのだが、事実上貴族に準ずる特権的な処遇が認められた。[20] それにより商人でありながらストロガノフたちは名門貴族と婚姻関係を結び、大貴族のロマノフ家との姻戚関係にもつながっていった。[21] ロマノフ家を金銭的に支えてきたストロガノフ家の見通しに誤りはなく、一六一三年の貴族会議では十六歳のミハイル・ロマノフが全ロシアのツァーリに選出されたのである。

名士から貴族へ

アニカの築いた富と膨大な世襲領地は多くの子孫によって代々分割相続され、細分化されてゆく。ストロガノフ家総体としては一体性を失い、製塩業もその専売的優位性を失って弱体化していった。アニカの息子セミョーン（一五三三―一五八六、以降ストロガノフ家の名の残る人々は全て彼とその二番目の妻であるエヴドキヤ・ネステロヴァの子孫である）の曾孫であるグリゴーリー・ドミトリエヴィチ（一六五五―一七一五）は当時最高の家庭教育を受け、早くから父を助けて働き、十六歳よりロマノフ朝の宮廷行事にも加わっていたが、かつての強いストロガノフ家を再興すべく野心的に動いた。ペルミやウラル地方のかつての父祖の領地ソリヴィチェゴック、ウスチュグ、ニジェゴロドなどを次々と自分の手中におさめ、一六八〇年代には全てのストロガノフ家領地は彼によって再び一つにまとめられた。グリゴーリーは長くオリョール・ゴロドクを本拠地とし、ここよりひんぱんにペルミの領地やソリヴィチェゴックに出かけた。ソリヴィチェゴックには十七世紀教会建築の精華とも言われるヴヴェジェンスキー教会を建てた。

ロシア中央部都市への商品供給が重要になるにつれ、次第にモスクワ方面への搬送の要所であるニージニー・ノヴゴロドに活動の重心が移っていった。グリゴーリーはニージニー・ノヴゴロドにストロガノフ教会と呼び慣わされている聖母生誕教会を建て、市外のオカ川とヴォルガ川の合流点近くにある自村ゴルデエフカにも石造の館と教会を建てた。彼はモスクワにもよく出向くようになったが、時はまさに若きピョートル一世が活動を始めんとする時代となっていた。

帝室ロマノフ家と繋がりを持つグリゴーリーは皇子ピョートルの将来を見込んで、即位する前から援助してきた。銃兵隊の給料をピョートルの名で肩代わりしていたこともあったと言われる。[22]ストロガノフ家は政権を手にしたピョートルの開明政策を全面的に支援して、資金面で支えた。スウェーデンとの北方戦争では自家の費用で二隻のフリゲート艦を建造してピョートル一世に贈っている。決してツァーリとの同席を許されるような身分ではなかったが、富の力とピョートル一世の個性のおかげでグリゴーリー・ストロガノフはツァーリのすぐそばにいたのであった。

グリゴーリーは一六九三年に最初の妻を失い、翌年、マリヤ・ヤコヴレヴナ・ノヴォシリツェヴァ（一六七七―一七三三）と再婚した［図4－2］。マリヤは夫よりもずっと若かったが、夫に劣らず経営の才に恵まれた、当時の貴族女性の型にはまらない進取の気性に富んだ人物であり、ピョートル一世の好む外交性と意思のある堂々とした女性であった。彼女は三人の男子、アレクサンドル（一六九八―一七五四）、ニコライ（一七〇〇―一七五八）、セルゲイ（一七〇七―一七五六）を、それぞれニージニー・ノヴゴロド、ヴォロネジ、モスクワで生み、二男のニコライの洗礼式ではピョートル一世が自らの発意で教父となった。[23] マリヤはエカテリーナ后妃の好意も厚く、宮廷に出仕し、二人目の最高女官（スタッツ・ダーマ）となった。[24] 当時、宮中では誰もが西ヨーロッパ流の服（ドイツ服）を着用することが義務づけられていたが、マリヤ・ヤコヴレヴナだけはそれを肯んじ得ずとも許されるという特例ともなっている。残された肖像画では彼女は伝統的なロシアの礼装婦人服を身に付け、大きなロシア風髪飾りをかぶり、ピョートル大帝から授与されたそのミニチュア肖像メダル（ダイヤモンドが散りばめられたエナメル製）を胸につけている。夫のグリゴーリー・ドミトリエヴィチの肖像画にもその胸にピョートル大帝の同様のメダルがつけられているが、彼は鬘をかぶり、ヨーロッパ風の出で立ちで描かれている。

グリゴーリー・ドミトリエヴィチは一七〇三年頃にはいよいよ帝都モスクワを本拠地とするよ

図4-2
グリゴーリー・ストロガノフ（上）とマリヤ・ストロガノヴァ ともにP.H.ニキーチン作

図4-3　P.ピカルト作モスクワ・パノラマ図（1707年）より

うになっていた。ストロガノフ家の人々は本拠地を変えるごとに、新しい土地に目にモノを見せるような建物をつくってきた。豪華な邸館や教会、修道院である。クズネツォフは、グリゴーリー・ドミトリエヴィチが建てたモスクワの居館について、オランダ人版画家Ｐ・ピカルトの描くモスクワ市内パノラマ画（一七〇七）のなかで、木造三階建てのその大きな建物はひときわ偉そうに聳えている、と表現する［図4―3］。

　ストロガノフ家の居館はヤウザ川がモスクワ川へ流れ込む地点近くにある河口丘の高み、コチェリニチェスカヤ職人地区の近くにあった。この丘は古くよりモスクワの七つの丘の一つとして、タガンヌィ・ホルムとか、また「美しい丘」とも呼ばれ、クレムリンを見渡せる位置にあった。また、東方からロシアの都を目ざしてやって来る商人、旅行者たちの最終宿場であり、そこには以前ヤウザ川畔の風呂屋のまわりに出現した多数の床屋や仕立・縫製（シヴェイ）を生業とする人々のあつまる地域があったことから、民衆の間では「シヴィヴァヤ・ゴルカ（縫師の丘）」と呼ばれていたというが、その言葉はまた、「ヴシヴァヤ（虱の、不潔な）」という言葉を反転させてもいると理解されていた。[25]

一三八〇年にはドミトリー・ドンスコイ公がここを通ってコロムナ、リャザンへと出立し、クリコヴォの戦いでモンゴル・タタール軍を撃ち破って、またこの道を通ってモスクワに凱旋した。多くの公たちがタガンヌィ・ホルムを越えて南へ、タタールとの戦へと向かっていったので、その道沿いには多くの教会、修道院が建てられた。高い鐘楼はランドマークであり、見張りの塔でもあった。壁の厚い修道院は人々の信仰だけでなく、異民族の襲撃から町を守る砦でもあった。

ここはモスクワ川、ヤウザ川を渡ってモスクワ市内に入るに便利な地点であり、各地から商人がやって来て、商業活動地域が生まれた。職人、手工業者たちも集まり、それぞれの生業が成功することを祈願してこの丘の斜面には多くの教会が建立されていったのである。ピカルトのパノラマ画にはストロガノフ邸の左横にも大きな教会が描かれているが、それは当時巷間では「ストロガノフ屋敷近くの大受難者ニキータ教会」と呼ばれていたといい、[26]ストロガノフ邸が異様なほど目立っていたことが推し量られる。

ストロガノフ家はアニカの時代より外国とも接触があり、同時代に先んじてヨーロッパの文化にも親しんできた。グリゴーリー・ドミトリエヴィチは朝食にコーヒーをたしなみ、銀器の収集をしていた。彼の趣味は引き継がれて、ストロガノフ家には銀器の一大コレクションが形成されたが、彼がオランダに注文してつくらせた銀器の一部は現在モスクワ・クレムリンの武器庫に収蔵されている。

シヴィヴァヤ・ゴルカのストロガノフ屋敷は客好きでもてなしのよい豪家として市内に知られていた。友人たちだけでなく、どんな身分の者にも扉が開かれており、「善良で優しく、貧乏な者の面倒をよくみる」という同時代人の言葉も伝えられている。[27] ストロガノフ家の影響で丘の上には富裕商人の家が続々と建てられるようになり、高級住宅地域となり、貧しい人々は下の斜面へと集まっていった。

グリゴーリー・ドミトリエヴィチは最後の「名士」として亡くなる一七一五年までこの地で過ごし、コチェリニチェスカヤ地区の屋敷の隣に立つ奇跡の聖ニコライ教会に葬られた。聖ニコライ教会はストロガノフ家よって一六五五年に以前の木造教会が石造りに建替えられており、ストロガノフ家がモスクワに本拠を置いている間は十分な財政的援助を受けて存立していた。菩提寺のような立場のこの教会にはストロガノフ一族の廟所が建てられ、一七三三年に亡くなったマリヤ・ヤコヴレナも夫と共にそこに葬られていたが、グリゴーリー・ドミトリエヴィチ没後五十年ほどしてこの廟所は無くなってしまった。現在はそれを記念して丸い石碑が置かれ、そこには廟所に眠っていたストロガノフたちの名が刻まれている。[28]

ツァーリの近くにいながら彼は結局商人の本分を捨てなかった。シベリア知事のM・П・ガガーリン公爵が収賄容疑で告発された時、後任を提示されたが、失敗した時に財産を没収されるリスクを自覚して、領地経営に専念するという理由で断ったというエピソードが伝わっている。[29] グリゴーリー・ドミトリエヴィチが亡くなった時、家には三人の息子が残され、ピョートル一世の定めた「長子相続令」に従えば、長男のアレクサンドルがおおよそ全財産を相続するはずであった。しかし、実際はそうはならず、彼らの母マリヤ・ヤコヴレナにストロガノフ家のすべての財産が生涯委ねられた。

シヴィヴァヤ・ゴルカのストロガノフ邸はピョートル大帝の「アサムブレヤ（夜会）」の場所となったことでも知られている。一七一八年十二月四日に始まったアサムブレヤは貴顕私邸の持ち回りで催され、ストロガノフ邸では一七二二年三月六日、四月七日と盛大に行われた。特に三月六日はその場で三人の息子たち、アレクサンドル、ニコライ、セルゲイに新生ロシア帝国から男爵位が授与された。父グリゴーリー・ドミトリエヴィチはじめ父祖の国家への貢献に報いるものであり、彼らの母マリヤ・ヤコヴレナも女性の男爵バロネッサという称号が与えられた。

ストロガノフ家は正真正銘の貴族となったのである。新しくつくられた男爵家の紋章には真ん中に男爵の宝冠を戴く楯が置かれ、冠の上と、楯上部とに銀色の熊の頭部が描かれている。また、楯は両側を二匹の黒テンが支えている。楯は対角線状に波型の帯がわたされ、その上に三つの槍先が描かれている。これらはすべてロシアのシベリア獲得におけるストロガノフ家の貢献を表している【図4－4】。

図4-4　ストロガノフ男爵家の紋章

　このストロガノフ家にとって記念すべきアサムブレヤにホルシュタイン公カール・フリードリヒが訪れていた。その廷臣であるフリードリヒ・フォン・ベルフゴリッツの手記にはその日のストロガノフ家の模様が興奮気味で次のように描かれている。「ここは全てが特別に美しく素晴らしいが、それはストロガノフが非常に裕福だからだ…彼は山の上にある大きな石造の御殿に住んでいるが、そこからはモスクワのどの家からも望めない素晴らしい景色が見渡せる。ダンスをした部屋にはブュッフェがしつらえられ、見事なクリスタルや銀器が美味満載であった。また、当地の慣習にならって冷たい食べ物を載せたテーブルもあった。しかし、隣の部屋には実に帝王にも比肩されるごとき素晴らしく飾られた食卓もあり、その料理の味は私がこの地では想像もしなかったものであった…冷たい料理は、この家に住んでいるドイツ人の料理人が調理したということで、とても食欲をそそるものであったが、特に焼いたものは、当地で出される料理につきもののあの田舎臭い味とは無縁であった」[30]。

　ホルシュタイン公はまた十二人のレヴェルの高い音楽家たちを連れて来ていた。イオガン・パウリ・ヒューブネルが指揮するこの楽団は北方戦争のあいだ週一度宮廷で演奏をしていたが、一七二一年のニシュタット講和の祝祭ではホルシュタイン公の住居の前にアーチが建てられ、楽団が市民のために三日間演奏をした。このことの影響は大きく、新しい楽器を習い始める者が続出した。アレクサンドル・ストロガノフは自らがチェロの才能を見せたばかりでなく、八名からなる自家の楽団を持つことになった。のちに彼は自分のウサージバの夜会で客たちを音楽でもてなすのである。

母のマリヤ・ヤコヴレナは広大な領地の経営に取り組みながら、さらにモスクワ郊外の新しいウサージバの運営にも腐心していた。「クジミンキ」と呼ばれて今に残る名高いウサージバである。ここは当時、建物といえば水車小屋しかなかったことで「メーリニッツァ（水車）」と呼ばれていたが、一七一六―一七年にブラヘルンスカヤの聖母イコンを祀る木造教会が建てられて、ウサージバは現在まで「ブラヘルンスコエ」という名でも呼ばれるようになった。このウサージバ・メーリニッツァで男爵アレクサンドル・グリゴーリエヴィチは一七二四年に二度、ピョートル大帝の来訪を受けている。(31)

マリヤ・ヤコヴレナは夫と同じく教会をいくつも建てた。屋敷の近くにピョートル一世の許可を得て、石造の教会を新しく建て、自家の中にも家族用の教会をつくっている。同時に彼女は身寄りのない貴族子女のことを憂え、孤児を引き取り、家中で養育し、婚資まで持たせて嫁がせている。さらに一七二六年には、彼女は新しい首都サンクト・ペテルブルグから近いトスノ川沿いの森林地帯（当時ノヴゴロド県）に新しい領地を購入する。この小領地は以降手つかずのまま四世代九十年を経ることになる。

母が亡くなり、長子相続令もすでに廃止されていたので、アレクサンドル、ニコライ、セルゲイの三兄弟は一七四〇年にストロガノフ家の財産を等分割して相続した。シヴィヴァヤ・ゴルカの屋敷とウサージバ・メーリニッツァは長男のアレクサンドルが相続した。だが、アレクサンドルには娘たちしかおらず、このウサージバ（現在の「クジミンキ」）は長女アンナがミハイル・ミハイロヴィチ・ゴリツィン公爵と結婚するときの婚資となり、以降ゴリツィン家に所属するものとなった。

ペテルブルグへ

新しく貴族となったストロガノフ家の男爵たちは、しかし、なかなか新都サンクト・ペテルブルグへ移り住もうとはしなかった。無論、新都にも貴族として家を持たされてはいたのだが。新しいロシア建設のために汲々としているピョートル一世が莫大な個人資産を持つストロガノフ家に都市建設の負担を押し付けないはずがなかった。当初、ロシア帝国新首都の中心とすべく目論んだワシーリイ島の開発計画で、最初に作った設計図では島で一番の重要地、三角州の突端部分「ストレルカ」の、現在の西関税倉庫の場所がストロガノフ家に割り当てられていたのである。そこは商人たちが住みついている地域だった。ストロガノフ家はネヴァ川の河口での都市建設には極めて慎重な態度を取っていた。一七一〇年代の後半、三兄弟はストレルカ突端近くに共同で大きい家を建てた。現在ロシア科学アカデミー・ロシア文学研究所（プーシキンスキー・ドム）のある辺りである。とにかく家は建てたが、まだ商業活動に不便なペテルブルグに住みつこうとは思わなかったようだ。結局その建物はずっと貸し出されるだけとなる。

一七二二年に貴族となっても、国家権力をめぐる政治的な動きにはストロガノフ家は極力距離をおこうとした。ワシーリイ島に先陣を切ってペテルブルグ随一の宮殿をつくったメンシコフ公爵はピョートル大帝の腹心として比類なき権勢をふるい、一七二五年に大帝が没した後も、エカテリーナ一世を帝位に就け、背後で二年間全ロシアを支配した。しかし、メンシコフは一七二七年少年帝ピョートル二世の心変わりであっけなく全ての権力と財産を失ったのである。強力な指導者を失ったロシアはその後十数年間にわたって皇帝の座をめぐって陰謀が渦巻き、宮廷クーデターが繰り返される時代となる。

ストロガノフ男爵たちの中で三男のセルゲイだけはモスクワへの愛着を残しつつもペテルブルグへ移り住む決心をする。しかし、それも一七四二年のエリザヴェータ・ペトローヴナ女帝即位後のことである。ピョートル大帝の開明政策に与し、財政的支援は惜しまなかったけれども、政治的な謀略には巻きこまれないように、距離を取って静観する商家の本能的な身構えがそこには伺える。新旧の貴族が数度の宮廷クーデターに翻弄され、運命を変えてゆくさまを見ながら、ピョートル大帝の娘が即位して、やっと重い腰をあげたのだ。しかも、兄弟三人のうち兄二人は依然としてモスクワを離れようとしなかった。セルゲイの家族だけがモスクワを去り、ペテルブルグへと本拠を移して行った。そこから貴族として華々しく活躍するストロガノフ家の新しい段階が始まるのであった。

セルゲイはモスクワ時代に名門貴族ソフィヤ・キリーロヴナ・ナルィシキナと結婚したが、結核に苦しむ妻は一七三七年に若くして亡くなっていた。彼にはアレクサンドル（一七三三―一八一一）とマリヤ（一七三六―一七七〇）の二子が残された。セルゲイはその後再婚することもなく、領地経営と宮廷勤務、そして子供たちの養育に専念した。セルゲイはエリザヴェータ・ペトローヴナ女帝の宮廷に侍従として出仕し、女帝のお覚えめでたく、ペテルブルグの生活をスタートさせることとなる。

ストロガノフ家はワシーリイ島の建物以外にも、ネフスキー大通りとモイカ川の交差する角地に地味な背の低い家屋を所有していた。当初この家を住まいとしていたセルゲイはペテルブルグに本拠を置くと決めてから、一七四二年に隣接する二軒の家を買い足し、本邸ウサージバをつくる決心をする。隣家二棟は宮廷御用仕立師の所有する未完成の家であった。セルゲイは翌年にはカーメンヌイ島向かいのボリシャーヤ・ネフカ川右岸に近距離別邸のための土地を買い、遠くの別荘用には町から六〇キロメートル余り離れたウサージバを手に入れている。

ネフスキー大通りは新都の中心街ではあったものの、まだ沼地から都市を立ち上げて四十年足らず、大通りの両側に立つ家はピョートル大帝推奨の、最初期のペテルブルグをつくったイタリア人建築家ドメニコ・トレジーニ設計の画一的な、いわゆるモデルハウスがほとんどだった。セルゲイの買った家も、トレジーニの弟子であるロシア人建築家ミハイル・ゼムツォフがつくったもので、建築家自身もネフスキー大通りに同じような家を構えていた。ソリヴィチェゴツクからモスクワまでずっと、ストロガノフ家は町の中心であり、他の家々を見おろして立っていた。商家の出自だが皇帝とも同席できる財力を持っていたセルゲイはペテルブルグに来て、男爵ながら平貴族として市民と同列に住まうことは承服できなかったのであろう。クズネツォフは彼の心情に思いを馳せ、ストロガノフ宮殿として今日まで存在する華麗な建物の発端を見ている[32]。

しかし、モスクワに生まれて国外に出たこともなく、ロシアの伝統の中で生きてきたセルゲイが、生まれて間もない新首都でストロガノフ家の富と力を誇示するためにどのような家をたてるべきかすぐに決められるはずもなかった。クズネツォフはこの建物の増改築の試行錯誤の過程のなかにセルゲイの自尊心と野心、また商家の出身ならではの計算高さとモスクワ・ロシアの伝統の残滓を見ている。彼はとりあえずもとの建物を増改築して、一七四六年二月五日にはこの邸館にエリザヴェータ女帝の初めての臨御を仰いでいる。

十年ほど侍従として宮廷貴族の世界に馴染むうち、セルゲイは新しいヨーロッパ芸術の世界に目覚めていった。皇帝の住む冬宮のすぐ近くの立地であり、女帝からの格別の厚意を自覚するにつけ、彼は一七五〇年代の初めごろから、帝室建築家であり冬宮の設計者であるフランチェスコ・ラストレッリ（一七〇〇―一七七一）に自邸をつくらせたいという思いに取りつかれたようだ。当代随一のイタリア人建築家の手による、人を瞠目させるような最新のヨーロッパ建造物をつくりたいと望んだのだった。皇帝宮に倣った邸館を望みつつ、しかし経済的な側面から、建築家には古い建物の壁を最大限利用するようにと条件をつけたのである。ラストレッリは違う大きさの二つの建物を一つに仕上げなくてはならなかった。彼は一七五三年の春には設計図を書きあげ、工事は急ピッチで進められた。ラストレッリの仕事は基本部分を仕上げたところで終わりとなる。一七五四年に皇帝の冬宮建設が始まり、彼を使うことは出来なくなったのだ。しかしそれまでに驚くべき早さでラストレッリは建物の外貌を創り出し、ネフスキー大通りに面した正面玄関の切妻型庇の下にストロガノフ男爵家の紋章を石膏でレリーフにして大きく描き出したのである。

芸術愛好家となったセルゲイは絵画の収集を始め、そのコレクションのためのギャラリーを邸館内につくった。彼が創設したこのギャラリーがその後のストロガノフ宮殿の性格を決定することとなる。またその財力を貧者救済の活動にも向け、福祉事業家としてもよく知られ、彼の死去に際しては「アカデミー報知」誌に「彼は盲目の者には目となり、足の欠けたる者には足となり、誰にとっても友であった」と書かれている。(33)

一人息子のアレクサンドルは生まれながらの貴族であった。貴族の慣例で誕生後すぐに近衛セミョーノフスキー連隊に入隊登録されるが、まったく軍務に向いていなかったようで、ある日、エリザヴェータ女帝の前を行進中転んでしまい、翌日帝が父親に「息子は軍務に向いていないから、私の手許に置こう」と言ったというエピソードが伝わっている。(34)事実、アレクサンドルはエリザヴェータ・ペトローヴナ女帝の終生のよき話し相手であった。

父親は息子に最良の家庭教育をほどこしたのち、教育の最終仕上げをすべく、家庭教師をつけて息子をヨーロッパに送り出した。ネフスキー大通りの建物の工事にラストレッリが取りかかる直前であった。

セルゲイ男爵のウサージバ

本邸とほぼ時を同じくして、セルゲイは別邸ウサージバ用に市の縁辺部に土地を手に入れた。

それはペテルブルグ市の北部郊外の島嶼部であった。モスクワからペテルブルグに移って間もない一七四三年春、セルゲイ・ストロガノフ男爵はヴィボルグ地区の大ネフカ川右岸にあるチョールナヤ・レチカの細長い地形のウサージバをM・ヴラジスラーヴィチ伯爵より購入した。[35] ヴラジスラーヴィチはオスマン・トルコの支配下から逃亡して来たボスニア人でピョートル一世に仕えたサッバ・ルキィチ・ラグジンスキー＝ヴラジスラーヴィチ伯爵（一六六九―一七三八）の甥であった。冒険家・企業家であったラグジンスキーはピョートル一世の命を受けて外交官として南欧・バルカン諸国で縦横に活躍した。ローマ、ヴェネツィアでは夏の庭園に置くギリシア・ローマ神話の彫像を調達し、技術者をロシアに送り込み、ローマ教皇クリメント十一世から古代ローマ時代のヴィーナス像（現在エルミタージュ美術館蔵の「タヴリーダのヴィーナス」）をピョートル一世への贈り物として入手している。一七〇四年にはコンスタンチノープルから一人のギリシア人と三人の年少アフリカ人をモスクワに送った。その中のエチオピアからの少年はロシアでピョートル一世を教父として正教徒となり、アブラム・ガンニバルと名乗った。プーシキンの曽祖父である。ラグジンスキーは一七二五年に全権大使として中国へ赴き、キャフタ条約の基礎固めをした。彼の功績に対してピョートル一世はこのチョールナヤ・レチカの土地を与え、ラグジンスキーはここにウサージバをつくり、一七三八年にこの地で亡くなった。ウサージバの敷地内には主館と家政・従者用の家屋があり、庭もあった。セルゲイはこのウサージバを相続した甥のヴラジスラーヴィッチ伯爵より買い取り、さらに大きい館を建てたが、好んで住んでいた様子はなかった。一七五五年には「サンクト・ペテルブルグ報知」（二月二十四日付）紙にここを賃貸に出す記事を載せている。それによると二階建ての館と納屋、厩舎等々の木造家政用建屋が整備され、さまざまな果樹を植えた菜園もあったようである。(36)

セルゲイの一人息子アレクサンドルの代にこのウサージバは次々と隣接地が買い足されて広大になっていった。彼は一七七三年にЯ・А・ブリュース伯爵の別邸を手に入れ、またルーニン所有の小さいウサージバ「ムィザ・マンドローヴァ」を五〇〇ルーブリで購入したが、このバルト風の呼び名がチョールナヤ・レチカのストロガノフ家ウサージバ全域を指す名ともなり、最後まで使われている。(37)

アレクサンドルのグランド・ツアー

アレクサンドルは男爵家の二代目として一七三二年にモスクワで生まれた。父セルゲイは名門ナルィシュキン家出身の妻を亡くし、その後は独身を通して残された二人の子供の養育に心を砕いたが、政変の後、ペテルブルグに移ってエリザヴェータ・ペトローヴナ女帝の宮廷に出仕した。西ヨーロッパからの知的刺激が流れ込む宮中で過ごすうち、父はアレクサンドルの教育の仕上げとして、イギリス貴族のやり方にならって、彼を先進西ヨーロッパ諸国へグランド・ツアーに送り出すことにしたのである。ヨーロッパの諸国で最先端の知識を身に着けさせ、有名知識人との知遇を得させるためであった。セルゲイは息子をロシアで最高の貴族文化人にしようとしたのである【図4－5】。

一七五二年五月、アレクサンドルは農奴画家のマトヴェイ・ペーチェネフを伴って国を出た。まず、ダンツィヒ、ベルリン、カッセル、カルルスバーグ、ハノーヴァー等々と几帳面にドイツの諸都市を回って、イタリアに入る前に語学や基礎教養を習得すべく、しばらくスイスに落着くこととなった。秋にジュネーヴに入り、静かなこの地の大学で約二年間の勉学生活をおくる。彼はこの間美術・芸術への興味を強くしていったが、一七五三年二月にジュネーヴで地震を体験し、「先週の金曜日、午後三時過ぎ地震がありました。…教会の鐘がひとりで鳴っていました…」とロシアの父に書き送っている[38]。この稀有な体験は彼の地質学、鉱物学への興味を掻き立てるものであった。故国では父が彼が帰国する時のために豪華な住まいを準備し、特待的軍務も

図4-5
アレクサンドル・セルゲエヴィチ・ストロガノフ伯爵
アレクザンダー・ロスリン作（1772年）

用意していたが、アレクサンドルの興味は芸術や博物学に向かい、さらなる旅の魅力に捉えられていた。

一七五四年、いよいよイタリアに入り数々の当世有名学者の研究室を訪問し、ヴェネツィアでは初めて自分の判断で絵画を購入した。コレクターの道を歩み始めたのである。南イタリアではヴェスヴィオ山に登り、実際の火山活動を初めて見て大いに興奮した。イタリアでは彼はストロガノフ家のオーケストラのため楽員を探さねばならなかった。ナポリでヴァイオリン奏者を求め、ロシアへ招いている。また、ナポリでは初めてフリーメーソンの世界に触れることとなる。ライモンド・ディ・サン・セーヴェロ（一七一〇―一七七一）という奇怪な発明家、文筆家、錬金術師のイタリア人貴族と深く交わるようになった。

イタリアからはパリへと向かうのだが、気儘で資金の潤沢な旅は、以前滞在したジュネーヴへ寄って行こうということになった。折しも最近この町の近郊にヴォルテールが小さい家を買って、隠棲していた。一七五五年末に若いロシアの男爵はこの寓居に全ヨーロッパ的大賢人をおとなっている。(39) ロシアでもヴォルテールのヨーロッパ全域における影響力は大いに注目されており、政府当局もジャーナリズムもその動向を逐一追っていた。

ロシアの大金持ちの若者の来訪は歓迎されたらしい。二人が話し合ったことの中に、訪問の直前、この年の十一月に起きたリスボンの大地震があった。ポルトガルのリスボンではこの地震により六万人以上もの死者が出たといわれ、二年前にジュネーヴで地震を体験したアレクサンドルにとってはその体験をより深めるものであった。翌年、ヴォルテールはリスボンの地震を叙事詩『カンディード』に詠んでいる。アレクサンドルの地震体験はストロガノフ宮殿の鉱石キャビネット創設を志す端緒であったとみられる。ともかく、誰もが会見を望んでいるヴォルテールにいともたやすく目見え、このヨーロッパ中から尊敬を集める大哲学者の謦咳に接したことで、アレクサンドルはたちまちヴォルテールに心酔した。この会見は彼に箔をつけ、今後のロシアでの行動に大きな力となった。

やっとパリに到ったアレクサンドルは博物学的な分野への興味を伸ばし、そのコレクションには美術品だけでなく、珍品類も入ってくるようになった。

ロシアへの帰還

アレクサンドルは一七五七年六月にやっとロシアに帰還した。父セルゲイが亡くなった知らせから一年近くもたってのことであった。本場仕込みの啓蒙主義文化人を気取り、フリーメーソンの秘術的科学への興味を心に秘めての帰国であった。しかし、ロシアに帰って彼がまずしなければならなかったことは、父が生前に息子のために整えてあった結婚である。妻となる女性は副宰相ミハイル・イラリオノヴィチ・ヴォロンツォフ伯爵の一人娘アンナ（一七四三—一七六九）であった。ヴォロンツォフ伯爵は少年期よりエリザヴェータ・ペトローヴナ大公女の側に仕え、大公女がクーデターを起こして皇帝となった際の勲功により宮廷でのしあがった人物である。ベロルーシの並みの貴族の出ながら、女帝の従姉妹と結婚して帝室の縁戚となり、副宰相として権勢を振るっていた。一人息子の栄達を見込んでの父セルゲイの苦心の計らいであった。

一七五八年にアンナと結婚したアレクサンドルはヴォロンツォフ家の力もあずかってか、一七六一年に神聖ローマ帝国伯爵の称号を得て、ロシアで伯爵を称することを許された。ロシア帝国伯爵となったのはその三十五年後の一七九六年にパーヴェル帝に授爵されてからである。

ロシアの権力状況は彼の結婚後数年を経て大きな変化の局面を迎えた。エリザヴェータ・ペトローヴナ女帝が一七六〇年末（西暦では一七六一年）に没し、その後継者ピョートル三世のぎくしゃくした短い治世となるのだが、間もなく帝位はその妻のエカテリーナに奪われてしまう。ピョートル三世に寄り添っていたヴォロンツォフ家は権力から見放されてしまった。また、アンナとアレクサンドルの結婚生活はそもそも始めから上手くいっていなかった。高慢なアンナは夫を愛さず、父と外国に出たり、気儘にモスクワに住んだりしていたが、不幸な結婚は一七六二年頃には完全に別居状態になり、一七六九年二月にアンナのスキャンダラスな噂に包まれた突然の死で終わったのだった。

再びパリへ　そしてロシアで

離婚係争中に妻が死亡して独り身となった彼は、数ヶ月後にはエカテリーナ・ペトローヴナ・トルベツカヤ（一七四四―一八一五）と結婚し、一七七一年に妻と共に再びパリへとロシアを出て行った。今回の国外滞在は八年にも及び、ブルボン王朝の熟れ切った宮廷文化と芸術に存分に浸っての年月を送った。

二度目の妻のエカテリーナは才気煥発で、その話術でパリの社交界でも縦横に活躍した。ストロガノフ夫妻はヴェルサイユの宮中にあがって、ルイ十六世とマリー・アントワネット王妃に謁見した。一七七二年には妻を伴って再びヴォルテールを訪問し、やはり温かく迎え入れられている。エカテリーナはロシアに帰って後、事実上夫と離別し、愛人とモスクワに住み続けるのだが、老年になって足が不自由になり外出が出来なくなっても、頭脳は極めて明晰で、モスクワ郊外のウサージバに招いた人々にヴォルテールとの会見の思い出を生き生きと語り続けたという。[40]

アレクサンドルは社交生活のかたわら美術、古代芸術への憧憬を深めていったが、交遊した当時の文化人や学者の中にはフリーメーソンの重要人物が数多くいた。パリではその組織や活動に深くかかわって、そこで優れた画家、音楽家、文学者らと交りを結び、多くの絵画、彫刻を購入した。[41] 特に廃墟画家のユベール・ロベール（一七三三―一八〇八）との関係は緊密であった。ストロガノフ家に残された絵の一つには、アベラールとエロイーズの墓所が描かれ、そこを訪れている伯爵と画家自身が描き込まれている。また、ロベールの別の絵にはローマのサン・ピエトロ大聖堂が描かれているが、アレクサンドル伯はサン・ピエトロ大聖堂に大きな感銘を受け、同じ様な教会をペテルブルグに造ることを終生の悲願としたのである。

一七七九年の夫妻のロシア帰還後、大量の美術品、珍奇物がペテルブルグに送られてきた。多くはネフスキー大通りの大邸宅を飾るものであり、とりわけ邸館の精神的祠のような「鉱物キャビネット」に納めるためのものであった。フリーメーソンの理念が彼のロシア帰国後の行動のなかに散見できるのだ。また、チョールナヤ・レチカのウサージバをヨーロッパの流行を取り入れて、本格的に改築するためのものも多数あった。

ストロガノフ夫妻は外遊中にパーヴェルとソフィヤという二人の子供をもうけ、幸せな家庭生活を母国の首都ペテルブルグで営むはずであった。しかし、故国は彼につらい運命を用意していた。帰国してまもなく、妻はエカテリーナ二世の元寵臣という人物に道ならぬ恋をしてしまったのである。女帝の怒りを買ってモスクワに追放された恋人イヴァン・リムスキー＝コルサコフ（一七五四―一八三一）を追って、エカテリーナ・ストロガノヴァは夫と五歳になる息子を捨て、娘を連れてモスクワへ去ってしまった。最初の結婚での離婚騒動が大きな痛手を残していたのか、アレクサンドルは二度目の結婚を正式に解消しようとしなかった。周りを驚かせたことに、彼はロシアに帰国する前に母の実家ナルィシキン家の叔母たちより購入していたモスクワ北西部郊外トゥシノにあるウサージバ「ブラツェヴォ」[42]を妻とその情人に提供したのだ。ブラツェヴォにはヴォロニーヒンがつくった流麗な主館があった。スホドニャ川を望む風光明媚なウサージバに彼らを住まわせ、潤沢な生活費まで与え続けたのである[**図4-6**]。また、ストロガノフ家はモスクワの都心にも大邸宅を持っており、妻とその愛人はモスクワで終生気儘な社交生活に明け暮れたが、厳格なペテルブルグと異なり、寛容なモスクワの貴族社会はいつの間にかこの二人を夫婦として遇していたのであった。

図4-6　ウサージバ・ブラツェヴォ

母国ロシアで幸せな家庭を持てなかったアレクサンドルは、本邸の改修と別邸ウサージバの建設に情熱を燃やした。初めにつくったのはペテルゴフへと続く街道の起点付近、街道に面した少し隆起した場所に一七六五年につくった別邸であった。ペテルゴフ街道沿いにはピョートル一世の建てた大宮殿への参道のごとく、ペテルブルグ建都以来続々と貴顕のダーチャが建てられており、ストロガノフ家のウサージバもそれに連なるものとして建てられた。敷地に堀割と塀をめぐらせて二重に囲い、中に方形の二階建ての主館を建てた。その屋上にフィンランド湾が眺め渡せる八角形のベルヴェデーレ（見晴し台）をつくり、ひときわ聳え立つ建物とした。主館の周囲には整形式のフランス庭園があり、街道に面した正門は神殿の門にも似て重厚で、衛兵詰所が付いていた。この正門は奇しくも現在に残っており、敷地内にある民間企業の入口となっている。この初期古典主義の別邸をつくったのは当時ロシアの芸術アカデミーで教えていたフランス人建築家のヴァラン・デラモット[43]（一七二九―一八〇〇）である可能性が高いという。まさにロシアの当時最新流行の建築技術を駆使したウサージバであったようだ。

もう一つが、父セルゲイが購入していたラグジンスキーの旧ウサージバをベースとする、チョールナヤ・レチカの別邸の大改造である。ここは当時の首都圏の最北部だったため、市の中心部からは遠く、ウサージバへ行くのは容易ではなかった。現在ではカーメンノオストロフスキー大通りでほぼ直線的につながっているが、十九世紀前半まではいくつもの島を、平底舟を横に並べた浮橋で渡って行かねばならなかった。遠回りになるが、陸路でヴィボルグ地域を川沿いに行くとか、または舟を使って水路で行く方法も一般的であった。

この頃、ペテルブルグ北郊外の島嶼部は、最上層階級が夏の生活のためのダーチャを競って構える特権的なリゾート地域になり始めていた。その契機は一七六五年にエカテリーナ二世がカーメンヌィ島を帝室領とし、皇太子パーヴェル大公に与えて、島の東端部に小さな宮殿を造営させたことにある。その後カーメンヌィ島には皇族のダーチャが次々と建てられ、歴代皇帝の滞在もよくあり、ここは夏のペテルブルグ社交界の中心地となっていったのである。

西ヨーロッパへの最初の旅行からアレクサンドルが帰国する前に、父セルゲイによってムィザ・マンドローヴァにはすでに一通りのウサージバが構えられていた。美しいパヴィリオンもあり、それはイタリア人建築家アントニオ・リナルディの手になるものと思われ、オラニエンバウムの「カタリナヤ・ゴールカ」を彷彿とさせるものだったようだ。リナルディはオラニエンバウムにかの有名な建物を建てるほんの一、二年前にストロガノフ家のダーチャとして同様の建物をつくっていたことになるとクズネツォフは推察する。[44]

ヴォロニーヒンとダーチャ・パヴィリオン

ロシアに腰を下ろすことにしたアレクサンドルはチョールナヤ・レチカのウサージバ建設を

自家の農奴出身の建築家アンドレイ・ヴォロニーヒン[45]（一七六〇―一八一四）に委ねた［図4―6］。初めに携わったのは、トルベツコイ家のやはり農奴出身の建築家デメルツォフで、彼がトルベツコイ家の庇護を失っていた時であったが、ヴォロニーヒンはデメルツォフの設計作業からその助手についていた。後にロシアの大建築家となるヴォロニーヒンはストロガノフ家の家業ともいうべき製塩の拠点であるペルミ県ノーヴォエ・ウソーリエ村出身である。彼はアレクサンドルの従弟に当たる同名のアレクサンドル・ニコラエヴィチ・ストロガノフ男爵の婚外子と噂され、幼少期より並外れた絵画の才能を見せていた。アレクサンドル伯爵は自分の農奴として生まれた従弟の息子に目をかけ、その才能を育てたのだった。一七七七年には絵画を学ばせるためにモスクワへ勉学に送り出し、その絵は当代の建築界の巨人M・Φ・バジェーノフやB・E・カザコフの注目を引いたとも言われている。モスクワで彼は建築に目覚めたようである。アレクサンドルは彼をペテルブルグに移し、学問と芸術を学ばせ、息子パーヴェルの国内旅行に随行させた。パーヴェル少年、フ

図4-7　アンドレイ・ニキフォロヴィチ・ヴォロニーヒン
作者不詳（1811年以降）

ランス人家庭教師ロムとの旅はロシア各地からヨーロッパへと続く。ヨーロッパ諸国をめぐりながらヴォロニーヒンは建築家になっていったようで、旅行の後半は主人と離れて、勉学に打ち込み、一七九〇年三十歳でロシアに帰国したときは一人前の建築家であった。アレクサンドル伯爵は一七七九年から彼をネフスキー大通りの本邸に住まわせ、ストロガノフ家の建築家として使っていたが、一七八六年には農奴身分から解放している。

ヴォロニーヒンは以前のパヴィリオンがあった場所に、チョールナヤ・レチカのウサージバの顔となるパヴィリオン（ストロガノフ・ダーチャと呼ばれる建物）を建てる。大ネフカ川をはさんでカーメンヌィ島のパーヴェル大公宮殿と対峙するように立ち、美しくもストロガノフ家の権勢をあらわすものであった。建物の前は花崗岩で敷き詰められ、船着き場から階段を上がってくる客たちはライオンとケンタウロスの像に迎えられる。この大ネフカ川から舟でやってくる客を迎える階段がきわめて印象的で、ウサージバ全体への入口、客を歓待するための優美な正面玄関となっていた。屋上に空色の半円形クーポルをつけた二階建ての軽やかな建物はツァールスコエ・セロのカメロン・ギャラリーを思い起こさせると評されている。(46) この正方形の小宮殿は住むためのものではなく、華やかなパーティーや舞踏会、午餐会を催すためのパヴィリオンであった。真向かいのカーメンヌィ島からパヴィリオン正面をヴォロニーヒン本人が描いた「ペテルブルグのストロガノフ家ダーチャの光景」（一七九七、ロシア美術館蔵）という有名な絵がある［**口絵④**］。

大ネフカ川の水辺に、夏の明るい空と白い雲に誘われて、飛び立つように立つ優雅で軽やかなダーチャ・パヴィリオンが描かれている。一階は重厚な石造り、二階は木造で中は広いホールとなっているが、正面全体に開放的なバルコニーがつけられ、軽快さが強調されている。ストロガノフ・ダーチャのシンボルを描いたこの絵によって、ヴォロニーヒンは風景画家としてアカデミー会員となったが、彼の画家としての本領が発揮された名画である。

ヴォロニーヒンは何よりもストロガノフ家の建築家として、主家関連の建築（ストロガノフ宮殿、ブラツェヴォ、ゴロードニャ、マリイノ他）を手掛けた。しかし、そのほかにも鉱山学研究所を建て、ペテルゴフ、ガッチナ等離宮地で多くの建築、造園、インテリアの仕事に携わったが、彼の最大の仕事は、アレクサンドル伯爵宿願のネフスキー大通りのカザン大聖堂である。

庭園　パーク

アレクサンドルはパヴィリオンの改修にあたり、ヴォロニーヒンにウサージバの庭園を整形式庭園に作り替えるよう指示している。しかし、実際の庭園の整形式部分はパヴィリオンの周囲だけになっていったようだ。ヴォロニーヒンは「ムィザの風景」というストロガノフ家のアルバムに無記名で九枚の絵（一七九四、ロシア美術館蔵）を描いているが、それを見ると最盛期のアレクサンドル・ストロガノフ伯爵家の庭園には次のようものが見えたことがわかる。チョールナヤ・レチカ川に近い池には海馬の上に三叉槍を持ったネプチューン像が立ち、背後の島には木々に覆われているようなグロットが見える。その島へ両側から二つの橋が架けられているが、一つは石造りの橋の廃墟で、もう一つは鉄製の橋である。島の地下道から出るところに六角形の廃墟のような四阿がある。小道をまたいで作られた陸橋は中央部に小さい四阿をつけている。水門の付いた橋のわきに木々に混じってオベリスクが立っている。あばら家風のパヴィリオンもあり、木々を抜けて小川が流れ、小さい橋も渡されている。それから、この庭園でもっとも特筆すべき景物である古代の石棺が池のほとり、周りに数段の階段をつけた高みに置かれている。

以降もストロガノフ庭園はさまざまに描き残されているが、新しい景物が現れ、あるものは姿を消し、位置を変えられ、樹々も成長衰退に息づきながら庭園の時間は流れていった。チョールナヤ・レチカ川からの入口にはエジプト風の門が置かれたり、スイス風の山小舎が現れたりした。イスラム風オベリスク、インド的なパゴダなど世界の諸地域をあらわす景物が置かれた時期もある。ヴォロニーヒンのつくったダーチャからネプチューン像のある池へと続く広い並木道は両側に大理石の彫像や壺が飾られていた。東部の林苑パークの中には中国風の四阿や、トルコ風のキオスクがあり、伯爵の愛犬の慰霊碑が建てられていた。

『ペテルブルグ郊外の忘れられた過去』（一八八九）の著者M・И・プィリャーエフは十九世紀

末のストロガノフ庭園の見どころを次のように紹介している。

ストロガノフ氏の庭園には素晴らしい芸術品が残されていた。ファルネーゼのヘラクレスとフローラという大きな二体の彫像がパヴィリオンのテラス側に立っていた。それに時間によって破壊されていない古代の「砥ぎ師」の像である。ダーチャの入り口には二体のスフィンクスが坐り、階段の両側には大きなケンタウロス像、それから数個の花瓶、池には三叉槍を持つネプチューン像がいた。並木道には古代の石棺が置かれていた。(47)

図4-8　丸池の畔に置かれた古代の石棺の光景　ヴォロニーヒン作（1790年代）

この石棺とはいったい何であろうか。ヴォロニーヒンの絵にも描かれたこの石棺ほど主人アレクサンドル・セルゲエヴィチの人柄をよく表すものはない［**図4－8**］。

このギリシアの石棺がこの庭園にたどり着いたいきさつは様々に、奇々怪々にも語られ、伝説化されてきたが、表立っては次のようである。[48] 一七七〇年、ロシアがトルコとの戦争中、地中海のヒオス島にロシア軍が上陸した。その際、ギリシア神話の英雄アキレスに捧げるレリーフに飾られた二世紀の石棺が発見されたのである。上陸部隊を指揮していたのは当時二十六歳のC・T・ドマシネフという将校で、自身詩人で翻訳もする教養ある軍人だった。彼は石棺をペテルブルグへ運び、その後ストロガノフ伯爵に贈ったという（二〇〇〇ルーブリで売ったという説もある）。後に伯爵自身が彼のところに石棺が持ち込まれた時のことを次のように語っている。「第一次トルコ戦争の時、ロシア軍は海戦で勝利し、上陸作戦を指揮していたドマシネフは群島の一つで石棺を発見し、ロシアに持ち帰り、私に寄贈した。この歴史的遺物を目にして私は、『これはホメロスに捧げられた遺物ではないのか！』と思わず叫んでしまった。それ以来、皆は私がホメロスの棺を所有していると決めつけてしまったのだ」。こうしてストロガノフ庭園には「ホメロスの棺」があると言われるようになった。

ホメロスの棺の話はストロガノフ伯爵家の逗留客でもあった、錬金術師で怪人物のカリオストロによってヨーロッパでも吹聴された。[49] この石棺がペテルブルグに至る経緯には十八世紀ヨーロッパを彩っていた個性的な冒険家詐欺師、山師たちの暗躍があり、コレクター熱に駆られたストロガノフ伯爵はお誂え向きの好餌になったのではとクズネツォフは推測する。ヴォロニーヒンは庭園の池のそばに周りを高木で囲んだひっそりとした土台をつくり、その上に石棺を安置した。

この石棺は実際は紀元三世紀のもので、ホメロスにもアキレスにも由来するものではないが、主人の古代ギリシア憧憬への賜物であり、庭園に練りこまれた古代シナリオの頂点をなしていた。パヴィリオンの周りを離れると、風景式の庭園が延び、チョールナヤ・レチカ川が大ネフカ川に合流する東端まで気持ちの良い緑陰を提供するパーク（林苑）となっていた。

チョールナヤ・レチカのストロガノフ家ウサージバの庭園・パークは同時代の芸術家たちの霊感に働きかける場所でもあった。画家のK・П・ブリュロフ（一七九九―一八五二）は芸術アカデミーのコンテストの主題である、古代ギリシア神話上のテーマを抱えてパークの中を徘徊し、ナルシスを描く場所を見つけた。[50] 詩人たちもその風景に詩的霊感を得た。ホメロスの翻訳で知られるH・И・グネジチはギリシア神話にテーマをとった「アキレスの棺に嘆くテティス」（一八一五）やホメロス流の田園詩「漁師たち」（一八二二）を詠み、B・B・カプニストは「アレクサンドル・セルゲエヴィチ伯のグロットの朝」（一七九九）という詩を捧げている。

絶頂期ウサージバ　その饗宴と遊楽

十八世紀後半のロシア上層貴族は半世紀ほど前のロシアの生活をすっかり忘れてしまったようだ。子供たちはロシア語を教えられず、家族はフランス語で話し、家の中でロシア語を使っているのは召使ばかりだった。ピョートル一世にロシア服を禁止され、慣れぬ「ドイツ服」を身に着けるようになって数十年、女性のモードも男性の軍服もしっくりとヨーロッパ流になっていた。住まいもペテルブルグやモスクワには壮麗な石造りの西欧風邸館が立ち並んだが、富裕な大貴族たちは両都の郊外や田舎の領地ウサージバにも、そこだけ夢のようなヨーロッパ風小宮殿を出現させたのである。豪華なウサージバをつくった貴族たちは例外なく客を呼び、派手な饗応、饗宴を催すことに血道をあげた。モスクワではシェレメーチェフ家のクスコヴォ、オスタンキノ、エカテリーナ二世のツァリーツィノ、ゴリツィン家のアルハンゲリスコエなどが有名だが、[51] ペテルブルグではペテルゴフ街道沿いにあるナルィシキン家のバー・バーがその豪儀さで名をあげていた。

ちょうどこの時期にストロガノフ伯爵を訪ねてきたフランス人女性がいた。ルイーズ＝エリザベト・ヴィジェ＝ルブラン（一七五五―一八四二）というパリですでに伯爵家に出入りしていた人物で、フランスでは早くから認められていた肖像画家だった**［図4―9］**。マリー・アントワネット王妃に気に入られて、王族たちのポートレートを多数描き、二十代後半でフランス王立絵画彫刻アカデミーの会員となっていた。革命の勃発により、娘を連れて国外に出てヨーロッパ各地を転々とし、一七九五年にロシアにやってきたのだ。ヴィジェ＝ルブランはペテルブルグに来てストロガノフ伯爵と旧交を温め、パリではまだ幼児だったパーヴェルに再会し、その妻のソフィアとも親交を結んだ。彼女はペテルブルグでパーヴェル大公夫妻をはじめ、帝室メンバーや上流貴族の肖像画を描いていて、社交界で大いにもてはやされ、ロシアで六年を過ごしている。後に帰国して回想記を残しているが、そこではストロガノフ伯爵が彼女を歓迎してダーチャで催したパーティーが生き生きと描かれている。

市内から遠くないところ、カーメンヌィ島（回想者の記憶違い―引用者）にイタリア風の魅惑的なヴィラがあり、そこでは日曜日ごとに彼（ストロガノフ伯爵―引用者）は客を招待して午餐会を催した。伯爵は自ら私をその館へと連れてゆき、私はすっかりそこに魅了されてしまった。その館は大きな道の傍らに建ち、窓からはネヴァ川の景色が広がっていた。広い庭園はその端が見えず、純イギリス風につくられていた。どの方向からも我々の方へと小舟が押し寄せて、伯爵のところへと人々を運んで来るのだった。多くの人々は午餐に招待

図4-9　L.E.ヴィジェ＝ルブラン「麦わら帽子の自画像」（1782年以降）

されてはいないが、パークは散策できるのだった。さらに、伯爵は商人たちに小店を出すことを許していた。それでこの美しい場所は大いに活気づいていた。特に人々の衣装が絵のように美しいことと多彩なさまが効果的だった。

三時に私たちは列柱で飾られた屋根付きのテラスへあがったが、そこではどこも陽の光に満ちていた。一方の側では庭園の景観を楽しめ、他方の側からは様々に飾り立てられた無数の小舟が川面を覆ったネヴァ川の光景を満喫した。素晴らしい天気だった。なぜならロシアは夏が素晴らしいのだ。七月は私にはイタリアより暑いと思ったこともたびたびあった。このテラスで私たちには高価な果物や素晴らしく口あたりのよいメロンが出され、特上の午餐がふるまわれた。私たちが食事をとっている間中、吹奏楽団のうっとりするような音が響き渡っていた。…

食事のあと私たちは庭園内を素晴らしい気分で散策した。暮れなずんで私たちはまたテラスに上がり、そこから薄闇の中で私たちのために打ち上げられる花火を楽しんだ。花火はネヴァ川に映り、魔術かと思うような光景となった。そして、すべての遊楽の終わりに、二隻の細長いボートがインディアンを乗せて近づいてきた。インディアンたちは私たちのために踊り始めたが、彼らのダンスはボートの位置がずれないように微妙に操舟しながら行われ、とても私たちを喜ばせたのだった。(52)

アレクサンドル・ストロガノフは五人の皇帝に仕えたが、終生どの皇帝からも好意を失わなかった。善良で政治的な腹蔵のないアレクサンドル伯爵に対しては、彼が仕えたツァーリのいずれもが心を許し、気楽な会話の相手とした。宮廷人として一番長く臣従したエカテリーナ二世には、チョールナヤ・レチカのウサージバに幾度も臨御を仰ぎ、次のような伝説も流布したのである。

伯爵はチョールナヤ・レチカの別邸を好み、夏の宮廷を抜け出しては自分の別邸で過ごしていた。しばらく彼の顔を見ていないことに気が付いたエカテリーナ二世は寵臣のП・A・ズーボフに命じて、チョールナヤ・レチカのダーチャを攻撃し、彼を捉えて捕囚とし、女帝の滞在するタヴリーダ宮殿のもとへ連れてくるようにと命じた。そのことを耳にしたストロガノフ伯爵はウサージバの住民のすべてを武装し、川岸に砲を並べて守りを固め、浮橋を破壊して攻撃を待った。ズーボフは狙撃兵を船に乗せてストロガノフ伯爵家のダーチャに向かったが、浅瀬に乗り上げて、降伏してしまった。この合戦は酒宴に終わったが、その場で狡猾なズーボフは言葉巧みに伯爵をだまして船に誘い込み、たちまち捕縛して女帝のもとに差し出した。(53)

臣下として自身の邸館の豪勢さで皇帝を飾り、ロシア帝国の偉大さと権勢を誇示することが十八世紀の宮廷貴族に求められていたことであった。舞踏会、午餐会、戸外遊宴と数々の催しがストロガノフ家でも、本邸や別邸ダーチャで繰り広げられたが、その華々しさで後々まで語り継がれ、より史実に近いのが、一七九六年八月のスウェーデン国王グスタフ・アドルフ四世のペテルブルグ訪問時の饗宴であろう。

スウェーデン国王のロシア訪問はエカテリーナ二世の孫娘アレクサンドラ・パーヴロヴナとの結婚成立に向けてのものだった。この夏、ペテルブルグの貴族たちは狂乱の日々を過ごすことになる。エカテリーナ女帝の指示で貴婦人たちは何回もの舞踏会のためにたくさんのドレスを用意し、主人たちは巨費を投じて自家での絢爛たる舞踏会や娯楽・饗応を準備した。八月十三日に国王がペテルブルグに来てから、十五日のエルミタージュでの宮中夕食会を皮切りに連日連夜、宮殿や貴族の邸館での饗宴、舞踏会、コンサート、観劇等が続いた。みんながへとへとになるなかで、八月二十五日、十七歳の国王はストロガノフ・ダーチャでエカテリーナ二世と一日をゆっくりと過ごした。高貴な来客を迎え、ロシアで初めての〝人間チェス〟のゲームが行われ、広い草地に緑と黄色の芝が格子状に張られ、中世の衣装を着た従者が駒となって動いた。大きな感興を呼び起こし、国王も喜び、この企画は成功に終った。

しかし、エカテリーナ二世が熱望し、国王が極めて機嫌よくペテルブルグでの日々を過ごしたのにもかかわらず、婚約は流れてしまった。大公女がスウェーデン王妃となってもロシア正教を保ち続けるというエカテリーナ二世の主張をスウェーデン側が拒否したためである。エカテリーナ二世はこの年の秋に亡くなっているが、この交渉の不首尾が痛手となったと考えられている。(54)

また、ストロガノフ庭園・パークに迎え入れられたのは高貴な人達や上流の貴族階級ばかりではなかった。そこは希望するペテルブルグ市民には誰にでも開かれていた。こういう一見開放的なウサージバでの遊宴はその豪気さや気前の良さを見せつけ、競い合うものでもあった。ストロガノフ伯爵も世間の評判に無関心ではいられず、競争心を燃やしていたようだ。ストロガノフ家の記録を残しているＨ・Ｍ・コルマコフは盛時のムィザ・マンドローヴァの様子を次のように伝えている。

夏、宮廷がツァールスコエ・セロにある時も、またペテルブルグで出仕している時も、伯爵はしばしばダーチャに通われた。ここでは主館の前の広場には天幕が張られ、日曜日ごとにそこで音楽が演奏された。伯爵ご自身が緑色の布でつくった上着を召されて、散策する人々の群れに混じり、彼らと話を始められると、一般の紳士と変わらなかった。(55)

パークにはいつも多くの人々の散策する姿が見られるようになり、ここはあっという間にペテルブルグ郊外の遊歩苑として有名になった。夏期にはカーメンヌィ島の東端からストロガノフ・ダーチャの間には板敷きのついた浮橋が架けられ、チョールナヤ・レチカ川では頻繁に渡し船が行き交い、また、どこからも舟で来ることができた。浮橋が設置され、渡しが始まるのは四月で、それは大きな春の祝祭行事となった。砲が上げられ、音楽が鳴らされて、水面は小舟でいっぱいになった。来訪者を歓迎するストロガノフ家の楽隊は角笛の演奏で有名だった。パヴィリオンでは舞踏会が開かれ、夜になるとイルミネーションで飾られて、花火があがった。着飾った来園者たちは庭園・パークを歩きながら風景を楽しみ、彫像や景物に見入り、広々とした緑の草地で休んだ。パヴィリオンの前の草地にはテントが張られ、そこでは伯爵家の食糧庫から出された食べ物や飲み物が安く売られた。庭園に続くパークは美しい英国式の風景庭園になっていたようだ。

画家・彫刻家Φ・Π・トルストイの一家はチョールナヤ・レチカのダーチャで夏を過ごしていたが、娘のM・Φ・カーメンスカヤはその時のことを回想し、子供のころ日曜日ごとに、家族で群衆に混じってストロガノフ庭園へ散歩に出かけたと言っている。そこでは老伯爵がチョールナヤ・レチカの別荘族に愛想よく挨拶をしていて、昼食後は客や家族に取り囲まれて、テラスの安楽椅子にゆったりと座り、コーヒーを飲んでいた。横から有名なストロガノフ家の角笛の音楽が聞こえてきた。周りの小道に人が溢れてきたのを見ると、老伯爵は立ち上がり、ハンカチを振ってポロネーズを始めるよう楽隊に合図をした。それから伯爵はテラスを降りて、最初に出会った女性にダンスを申し込み、その手を取ってポロネーズの先頭を切るのだった。その後をペアを組んだ男女が踊りながら長い列を作り、続いていったという(56)［図4－10］。初めのころ、伯爵は来訪者が自由に読めるよう図書も設置しておいた。しかし、貴重な書籍は人々が去ると少なくなっていた。読み終わらない本を家で読みたいと持ち帰ったものと理解して、伯爵は鷹揚に構えていたが、誰も返すわけでなく、書物は最後にはまったくなくなってしまい、伯爵の意図は潰えてしまった。

図4-10　ストロガノフ庭園の遊歩（「ロシア・イラスト雑誌」ペテルブルグ、1858年）

　チョールナヤ・レチカのダーチャ・庭園にはエカテリーナ二世の後を継いだパーヴェル一世やアレクサンドル一世、パーヴェル帝の皇后であり、アレクサンドル一世たちの母であるマリヤ・フョードロヴナ皇太后もよく訪れた。パーヴロフスクの離宮を実質的に作り上げたマリヤ・フョードロヴナはその後、カーメンヌィ島の隣のイエラーギン島に優雅な小宮殿と風景式庭園を持つ個人のウサージバをつくっている。

一八〇五年のアウステルリッツ会戦でフランス・ナポレオン軍に大敗を喫したアレクサンドル一世はその後苦境のなかでさらなる対仏同盟を模索しつつ、翌年の夏をカーメンヌィ島で過ごしている。毎日十一時に騎乗してカーメンヌィ島から浮橋を渡って、ストロガノフ庭園に至り、パークを通って、チョールナヤ・レチカ川の大ネフカ川への合流口からヴィボルグ地区へと騎行渡河して、川辺の散策をしていたのを同時代のダーチャ住人が観察している。

ヴィボルグ地区のノーヴァヤ・ジェレーヴニヤには近衛連隊の駐屯地があり、若い軍服姿の伊達男たちの存在が地域に活気をもたらしていた。カーメンヌィ島には夏の劇場もつくられ、流行の先端を行く劇団が公演した。カーメンヌィ島の宮殿に向き合って建つパヴィリオンに象徴されるストロガノフ家のダーチャはもとより、その北のチョールナヤ・レチカ川左岸地帯も夏の避暑地としてのプレステージは高まり、富裕層に人気のダーチャ地区となった。賃貸用の高級ダーチャがつくられるようになり、ダーチャ・ブームの先駆けであった。

パーヴェル一世の短い統治期間を経て十九世紀に入り、エカテリーナ大帝の威光は古臭いものとなっていった。時代は若いアレクサンドル一世に新しい息吹を感じ始める。西方のヨーロッパでは革命フランスはいつの間にかナポレオンの帝政となり、ヨーロッパ全体を制覇する勢いでロシアに迫りつつあった。フランス軍のロシア侵攻前年の一八一一年、アレクサンドル・セルゲエヴィチ・ストロガノフは七十八歳の生涯を閉じる。最後までチョールナヤ・レチカの庭園を愛し、散策していたという。ロシア貴族社会の武官偏重の伝統の中で一生涯文官に終始し、ストロガノフ家の処世術から離れず非政治的なスタンスを守り、豪勢に振る舞い続けた一生だった。パーヴェル一世は彼を一八〇〇年より芸術アカデミー総裁、帝室図書館館長の職に就かせたが、さらに、カザン大聖堂建設事業の最高指導者にも任命している。ストロガノフ伯爵はアレクサンドル一世のもとでつくられた国家評議会の創設以来のメンバーではあったが、何よりも、芸術・学問・文化の擁護者、美術芸術品や鉱物のコレクター、偉大なメセナとして評価されるロシア貴族であった。

2　プーシキンとチョールナヤ・レチカ

オリガ・ストロガノヴァの駆落ちと『吹雪』

一八三〇年秋、プーシキンはモスクワから約三〇〇キロメートル東のニジェゴロド県ボルジノ村のウサージバにいた。ナターリヤ・ゴンチャローヴァとの結婚を目前に控え、父から譲られた領地の相続と金策の目途をつけるためであった。この秋コレラが流行り、モスクワを出る時にある覚悟が必要だったが、案の定、モスクワへ帰る道は封鎖されてしまった。それも彼の期待の一つだったのかもしれない。今は自分の中に湧き上がってくる創作の嵐に身を委ねたかったのだろう。

この年の〝ボルジノの秋〟の生産力はすさまじく、九月の初めから二月ほどの期間に詩小説の大作『エヴゲーニー・オネーギン』の八章、九章（現在の終章）を書き上げてひとまず完成させ、『ベールキン物語』となる五つの短編小説を散文でものし、それから更に韻文に移り、『吝嗇の騎士』、『モーツァルトとサリエリ』等々の小悲劇群とその他小品を書いたのである。

『ベールキン物語』はプーシキンが初めて完成させた散文作品で、詩人が表現手段としての散文の世界で喜ばし気にあざやかに飛翔していることが知れるものである。五編からなるこの短編小説集には、序文部分に編集子からの作者故ベールキン氏の紹介として、隣人地主（匿名）氏の手になる書簡がそのまま掲載されている。そこには故人の簡単な履歴と人柄が書かれており、ベールキンは一七九八年にある地方の裕福ではないが、ちゃんとした貴族の家に生まれ、村の教会の堂守から教育を受け、文学を好む青年となり、一八一五年に軍隊に入るが、一八二三年に両親が亡くなり、退役して帰郷し、領地経営にあたることとなったという。生来の人の好さと経験不足により、領地の運営には無能で、当隣人地主氏の助けも功を奏さなかった。品行方正、節度のある生活を送り、自家で文筆生活を送り、一八二八年秋に風邪をこじらせて、多くの草稿を残して亡くなった。容貌は中背、目は灰色、髪は亜麻色、整った鼻筋で色白、細面であったという。さらに蛇足のような匿名を乞う旨をくだくだと述べ、終わりに日付、所在地（「ネナラードヴォ村にて」）を付けている。そのあと、さらに蛇足感を増すような出版子の謝辞があり、Ａ・Ｐ（アレクサンドル・プーシキンか？）と署名代わりのイニシアルで終わっている。

いかにも不格好で不要とも見える序文のあと、『ベールキン物語』は『射撃』、『吹雪』、『葬儀屋』、『駅長』、『百姓令嬢』という五編の短編小説が続く。執筆された順では、田舎貴族の令嬢の不思議な駆落ちの顛末が描かれた『吹雪』は五編のうち最後である。

ボルジノ村滞在の前年、一八二九年の夏にプーシキンがまだコーカサスの旅を続けている間、首都ペテルブルグの上流社会はストロガノフ伯爵家の令嬢オリガ・パーヴロヴナ（アレクサンドル・セルゲエヴィチの孫）が近衛騎兵隊将校のパーヴェル・カルロヴィチ・フェルゼン（一八〇〇―一八八四）と駆け落ちした事件でもちきりだった。オリガの女友達であるオレーニン家の二女アンナは一八二九年八月二十一日の日記に次のように書き記している。

オリガ・ストロガノヴァの将来の成功はなくなった。彼女がフェルゼン伯爵（極めつけの卑劣漢だ）と思いつく限りのことをやらかしてしまったのだから。彼と秘密裏に文通を始め、密会を重ねたあげく、彼女が決断を下して、自分を掠奪させたのだ。彼女はこの考えられないような行動を遂行すべく、もう数ヶ月も前から準備していた。彼女は姉たちと乗馬遊びに出るときは必ず馬をギャロップで走らせて、書付けを地面に落とし、手のうちの者に拾わせるようにしていたのだ。

とうとうゴロードニャ（カルーガ近郊にある母方の祖母の[57]ウサージバ―引用者）に行くことが本決まりになった。彼女は彼に宛てて、「結婚か死か」と手紙を書いた。まもなくすべてが用意された。夜、彼女は頭痛がすると言って、本当に辛そうな様子をした。彼女は部屋に下がりたいと言って、庭に出たのだ。そこには共謀者の一人、Б（ブレーヴェン―引用者）がいて、彼女を待ち受けており、チョールナヤ・レチカ川へ連れて行った。それから急いで川を渡って、Бは彼女を馬車に押し込んだ。そこにはフェルゼンがいたというわけだ。彼らは馬を走らせ、タイツィ（フェルゼンの友人、デミドフ兄弟のウサージバ―引用者）へと向かった。

しかし、司祭は彼らを結婚させるについて条件を付けた。それは、司祭に五〇〇〇ルーブリ渡すこと、それ以降、年に一〇〇〇ルーブリ保証することだった。五時に彼らは結婚式を授けられた。それからオリガは彼とタイツィの屋敷に行って泊ったのだが、そこには彼女の世話をするために衣装係が控えていた。証人になったのはブレーヴェン、ソロミルスキー兄とランスコイだった。

オリガを待つうちに彼女の侍女は眠ってしまっていた。やっと目を覚ました時、自分のまわりの皆が寝入っている音を耳にした。彼女はオリガの部屋に入ってみたが、そこにオリガはいなかった。そういうことで、彼女の駆け落ちがわかったのだ。このことは翌日伯爵夫人に報告された。かわいそうな母親はすぐさま彼女を許すことに決めたが、彼らが帰ってきたのは夜も近いころだった。この朝、オリガは演習（近衛軍の――引用者）にも付いて行ったのだった。ああ、何という女だ！[58]

『ベールキン物語』のなかの一篇『吹雪』を見てみよう。主人公の貴族令嬢マリヤ・ガヴリーロヴナはストロガノフ家のような最上層貴族ではなく、ほどほどの田舎貴族の令嬢という設定になっている。しかし、そのプロットが上記アンナ・オレーニナの日記の記述と通じ合っていることは驚くばかりである。

マリヤ・ガヴリーロヴナはフランスの小説に仕込まれた娘だから、したがって恋をしていた。

その恋の相手に選ばれたのは…地方師団づきの貧しい少尉補であった。…さて恋人同士は手紙のやりとりをしていたばかりか、来る日も来る日も人目を忍んで、落ち合うと、お互いの愛の永遠に変わらぬことを誓い合い、運命のままならぬことをかこち合って、さまざまな工夫を練るのであった。…次のような結論に辿りついた。…いっそ両親の意思を無視したらどんなものだろうか?…こっそりと結婚式を挙げて、一時どこかへ身を隠し、やがて頃あいを見て両親の足もとに身を投げだせば、さすがの両親も健気な二人の変らぬ愛と、思う同志の不幸な身の上に心を動かされない筈はなく…約束の日には彼女は夜食には出ないで、頭痛がするという口実で自分の部屋に引き籠る、という手筈になった。それから先は、彼女の小間使とは既に諜し合わせてあるから、二人で裏口から庭へ抜け出して、庭のそとに用意を整えて待っている橇を見つけ、それに乗り込んでネナラードヴォから五露里をへだてたジャドリノ村へ走らせ、まっすぐに教会へ乗りつける、するとそこにはもうヴラジーミルが二人の到着を待ち受けている、という手順であった。

（神西清訳『スペードの女王・ベールキン物語』［岩波文庫　二〇一〇］より）

これら二つの文が同一の事件を描いていることは容易に感知される。アンナ・オレーニナとオリガ・ストロガノヴァ、そしてプーシキンは同じ社交界の相識の間柄であり、アンナ・オレーニナに一時プーシキンはのぼせ上がり、アンナへいくつもの詩を捧げ、結婚の申し込みさえしたことはよく知られている[59]［図4－11］。富裕貴族ストロガノフ伯爵家の末娘の駆落ち事件は、上流社会の一大スキャンダルとして首都を騒がせ、世間の耳目を集めた。当時コーカサスにいたとはいえ、その世間の真っただ中に住むプーシキンも、駆落ち事件にその好奇心をくすぐられたはずで、彼のもとに集まった情報はアンナ・オレーニナの知るところと大差なかったということになる。それほどこの駆落ち婚の詳細はペテルブルグの貴族社会では広く知られていたと考えてよいだろう。それから約一年余り後、プーシキンはペテルブルグを遠く離れて、コレラのために領地ボルジノで足止めを喰らっていたが、そこでこの事件は『吹雪』という短編小説になったのである。

A・グラセはプーシキンの『吹雪』を、ストロガノフ伯爵家令嬢の駆落ち事件のパロディ小説と見做し、さらにモデル小説としてのその枠組みを通して、プロットの背景に置かれたジャン・ジャック・ルソーの長編小説『新エロイーズ』からの投射を見る[60]。『吹雪』への『新エロイーズ』の影響関係についてはすでにM・И・ゲルシェンゾンにも指摘されているが[61]、グラセはロシア語とフランス語の単語イメージの重複・転化から解釈して、吹雪（メチエーリ）というタイトル自体が『新エロイ

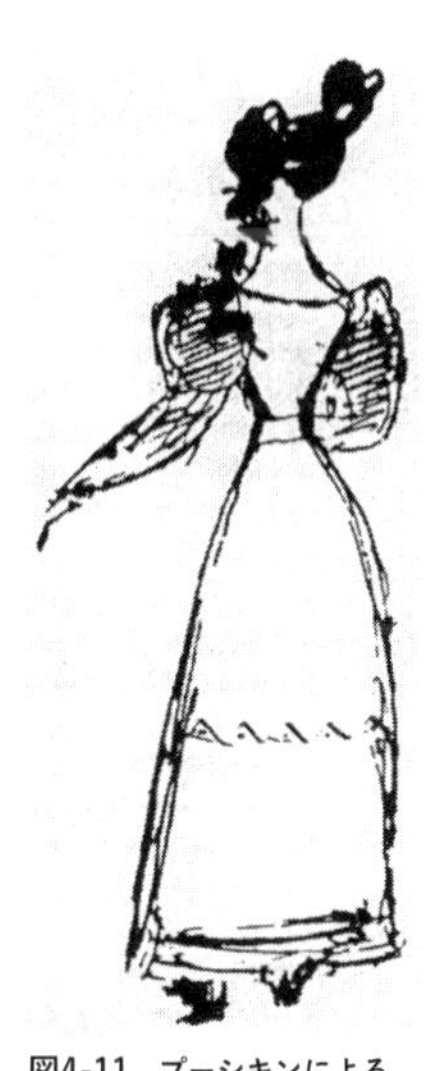

図4-11　プーシキンによるアンナのスケッチ（1828年頃）

ーズ』のモチーフである、〝熱情の嵐（ブーリャ）〟と同義であると言う。

十八世紀末から十九世紀前半にかけてのロシアにおけるルソーの受容に関しては幾多の研究があるが、啓蒙主義がもてはやされていたこの時代、その思想、殊に小説がロシアの貴族社会の日常に及ぼした影響力は甚大なものがあった。(62) フランス語を社交用語としていた上流社会では、通俗的にでもルソーの小説を知っていることは必須要件であり、駆落ち事件のほぼ直後に発表された『吹雪』はフランス語を読み書きし、それを交際のツールとしている一応の教養ある読書人が読めば、作者の意図がすぐに察知されたのである。『吹雪』とルソーの『新エロイーズ』の舞台設定や人物関係があからさまに呼応し、転倒し、逆照射しながら縺れ合うパロディのくすぐりに、同時代の人々は含み笑いを禁じえなかったであろう。

実際の事件をモデルとした小説は、長い時間的経過を経て、様変わりした社会的状況のもとでは理解が難しくなってくる。まして二世紀を経て、われわれのような外国人読者にとって『吹雪』は（または『ベールキン物語』全体が）一種謎を含んだ物語となっており、モデル小説の戯作要素は理解され難い。したがって、何も知らなければ、ただ想像上のプロットの展開として読まれてしまうかもしれない。しかし、『吹雪』テキストの持つ文体のテンポのよさ、少し軽薄とも感じられる明るいリズム感、起承転結の高揚感のある軽快な調子を単純に受け取ってはいけない。『吹雪』の非現実的なプロットや、二人の男性主人公の名前が暗示的に分割して作られたものであることなど、作者の意図が見えてくる箇所がわれわれにも察知されるはずではないだろうか。

序文は曲者である。明らかな本編作品との文質の違い、作為的で怪しげな編集子。プーシキンとほぼ同年のベールキン氏はその名のごとく色白だったことが知られ（プーシキンはアフリカ系で色黒）、隣人地主氏は「ネナラードヴォ村」（意味的にあえて訳せば、「喜無村」か）に住んでいると書かれている。この隣人氏は『吹雪』の女主人たちから傷心の事件の後、彼らの持村「ネナラードヴォ村」を買ったのであろうか？　ということは作者ベールキンは「ネナラードヴォ村」の隣に住んでいたのか？　物語後半の彼女たちが転地した所領には名が与えられていない。そのほかにも謎はちりばめられており、序文は作者がこの中短編集を書いた意図や気分を推しはかる手がかりになるのではないだろうか。

『吹雪』のモデルと目される駆落ち事件の出来した場所、それはムィザ・マンドローヴァであった。アンナ・オレーニナの日記にある、オリガが姉たちと馬を乗り回し、恋人と密かに文通し、しばしば密会しながら駆け落ちの準備を整えていた場所、季節は夏、夜分に家族の前から体調不良を理由に早く引き下がり、自室には戻らず、庭から共謀者と忍び出てゆき、恋人と合流して教会へと逃亡して行く起点となった場所、それはストロガノフ・パークであった。

ストロガノフ家研究の第一人者であるクズネツォフはグラセの研究を受けて、次のように断定する。『吹雪』の女主人公マリヤ・ガヴリーロヴナはストロガノフ家の四女オリガ・パーヴロヴナ・ストロガノヴァであり、マリヤの母はソフィア伯爵夫人、小説での駆落ち相手のヴラジーミル・ニコラエヴィチと、吹雪が運んできた結婚相手ブルミンは二人合わせてパーヴェル・K・フェルゼン伯爵であると[63]［**図4−12**］。クズネツォフの断定はこの時代の貴族社会の風俗とストロガノフ家の状況を合わせ見るときわめて説得力のあるものである。初代伯爵アレクサンドルの派手で豪勢な生活ぶり、二代目、三世代目の悲劇、未亡人のもとに残された四人の娘たち、厳しい祖母の目をかいくぐって敢行された末娘の駆落ち事件、それは上流社会全体の注目

図4-12　オリガ・フェルゼン（右）とパーヴェル・フェルゼン

の的であり、遠慮のない興味にさらされていた。

クズネツォフはプーシキンがマリヤの家を「城」と呼んでいることに漂うロマンティックな響きをストロガノフ・ダーチャのパヴィリオンに重ねている。十八世紀末に最盛期を迎えたストロ

ガノフ伯爵家のウサージバ・マンドローヴァは十九世紀、第二世代に入って、かつての日曜ごとの大盤振る舞いは消え、豪華で派手な催しは退化してゆき、庭園も古典主義的ギリシア趣味の影は薄くなり、ゴシック好みのロマンティックな目で見られるようになっていた。その中ではオリガとフェルゼンのカップルだけでなく、庭園の木々の陰では絶え間なく恋人たちの逢引が繰り広げられていたのである。

『吹雪』では恋人の男性から駆落ちを持ち掛けられ、悩み躊躇する〝女性的〟な女性が主人公となっているが、オリガの場合、実際の駆落ちは女性の強いイニシアティブによるものであり、作者プーシキンの逆転アイロニーに内情を知る人々は大いに面白がったであろう。マリヤはフランスの恋愛小説に育まれて、ロマンティックな恋に憧れる女性として描かれているが、オリガはフランス啓蒙主義を信奉する、美を愛し自由に憧れる家庭に育ち、ルソーを頂点とするフランス文化をたっぷり吸いこんだ、強い意志を持つ女性だったのである。プーシキン自身、そういうタイプの女性に拒否反応はなかったと思える。なぜなら、彼の家庭でもオリガ事件の前年に、同名の姉が秘密結婚を決行しているのだから。彼は兄弟の中でもこの姉オリガと親しく、結婚直後の姉より、両親への報告仲介役を頼まれているのだ。

　オリガとフェルゼンの若い二人の駆落ちは驚くほどの行動力を必要とするものであった。ムィザ・マンドローヴァの夏の邸宅からの逃亡経路は決して短いものではなかった。ペテルブルグの北部郊外から馬車で南へ三十五キロメートル以上を駆けていったのである。この点、アンナ・オレーニナの日記の記述は不正確である。彼らはチョールナヤ・レチカ川を渡って北上することはなかった。ガッチナから約十キロメートルのところにあるアレクサンドロフカ村の聖アレクサンドル・ネフスキー教会に駆け付けたのはもう明け方だった。早朝五時前に結婚式を挙げ、そのあとフェルゼンの近衛連隊の同僚デミドフ兄弟のウサージバ・タイツィに行く。ここを足場に選んだ理由は、新郎パーヴェルがその朝、近衛連隊の本拠地クラスノエ・セロで行われる教練に加わるためであり、そこはタイツィから七キロメートルほどの距離であった。新妻のオリガも夫と共にクラスノエ・セロに行っている。

当時ロシアは一八二八年に始まった対トルコ戦争に苦戦しており、皇帝ニコライ一世は戦地へ赴いていた。夏ごろから戦況が好転し、ロシア軍は六月十八日にドナウ川右岸のブルガリアの要塞シリストリヤを陥落させた。しかし、この戦勝のニュースも首都の人々の関心をストロガノフ事件からそらすことができなかったという。オリガの次姉アグライーダは三姉のエリザヴェータに手紙で書いている。

「市内はこのスキャンダルでもちきりで、シリストリヤ奪取はまるで人々の気を引いていません。プロタソフが私に言ったのですが、つい最近ミハイル・ゴリツィン公爵に会った時、『一番のニュースを聞いたかね?』と言われたので、『ええ、シリストリヤ陥落でしょう』と答えたら、それに対してミッシェル公が言うには、『シリストリヤとかはもちろんだが、もっと大事なニュースがあるだろう。オリガ公爵令嬢の掠奪事件だ』と言ったんですって。可哀そうなお母さまが耐えなくてはならないことを思うと辛いわ[64]」。

母ソフィヤ・ヴラジーミロヴナに末娘の駆落ち決行の気配は感じられなかったのか？　翌朝、事件の出来を知らされ、彼女はすぐに決心する。もちろん許さなければならない、できれば、親の許しがあってからのことにしたいと。彼女は近衛騎兵連隊の司令官C・A・アプラクシンに結婚同意の手紙を書いた、駆落ちの一日前の日付にして。

貴族社会の中でのこの格差婚騒ぎは世間の中に一種ひそかな快哉を呼び起こすものでもあった。華美贅沢に暮らし、派手に立ち回るストロガノフ家への天罰のように言う人々もいた。格差結婚にまつわる大スキャンダルとして、その四年前に中流貴族K・Π・チェルニョフと名門貴族B・Д・ノヴォシーリツェフの決闘事件[65]があり、双方の死で終わった凄惨な結末はまだ人々の記憶に生々しく残り、社会のわだかまった感情はカタルシスを求めて、調和力を持つ『吹雪』の登場を待っていたのではないか。

オリガ掠奪事件の当人や加担者たちには皇帝から処罰が下された。近衛騎兵隊のフェルゼンの友人たちは近衛から陸軍の地方勤務に左遷され、フェルゼン自身はスヴェアボルク国境警備隊へと降格処分となり、オリガも夫について首都を出て行った。しかし、一、二年のうちに彼らの地方勤務は解かれ、近衛軍に戻っている。殊にフェルゼンにはさらなる昇進が待ち受けていた。ポーランド遠征におけるワルシャワ攻撃で勲功をあげ、昇進した軍務をその後離れて宮中勤務に移り、常に皇帝の近くの職務に就いた。オリガは三人の子供の母となったが、一八三七年に母ソフィヤよりも早くその生涯を閉じた。現在は公園の一部となって消えているが、かつてはムィザ・マンドローヴァの西部分にフェルゼン小路という名の半円形の小道があり、チョールナヤ・レチカ川と大ネフカ川の両岸を結んでいた。

『吹雪』の執筆者プーシキンはこの駆落ち事件に関与した面々のほぼすべてと面識があり、知見があった。フェルゼン夫妻の結婚式に証人として立ち会った一人、アレクサンドル・ペトロヴィッチ・ランスコイの兄のピョートル[66](一七九九―一八七七)は後に未亡人となったナターリヤ・ニコラエヴナ・プーシキナが再婚する人物である。彼はプーシキン家の遺児四人を育てるのだが、さらに一八四四年に弟アレクサンドルが亡くなった時には、新婚まもない生活の中で、弟の子供たちも引き取り、プーシキン家の子供たちと一緒に育てた。長じて弟の娘のソフィヤはプーシキンの長男アレクサンドルと結婚した。妻のナターリヤの亡き後もピョートル・ランスコイとプーシキン家の子供たちとの繋がりは続き、彼はまた継娘ナターリヤ・アレクサンドロヴナの子供たちの面倒もみている。

『吹雪』執筆後のプーシキンの生涯を見てみると、詩人は驚くほど、ストロガノフ家とチョールナヤ・レチカの地に深い縁があったことがわかる。一八三〇年秋、領地ボルジノで創作的霊感に駆られる日々を送っていたプーシキンだが、ナターリヤ・ゴンチャローヴァと間もなく結婚することによって、自分がストロガノフ家の親戚筋に連なることを『吹雪』執筆時に忘れることはなかったはずである。

ストロガノフ家　ゴンチャロフ家　ザグリャーシスキー家

オリガの駆落ち事件は偉大な祖父アレクサンドル伯爵が没して十八年後のことである。この間、富裕なストロガノフ家も数々の不幸に見舞われた。オリガの父、二代目伯爵パーヴェルの時代にしばし遡ってみなくてはならない。

アレクサンドルの一人息子パーヴェルは一七七二年にパリで生まれ、七歳までロシア語を知らずに育った。父は彼の家庭教師として、パリでゴロヴィン伯爵の息子を教えていた数学教師シャルル＝ジリベール・ロム（一七五〇―一七九五）を雇い、息子の教育を任せる。一七七九年に両親とロシアに帰るが、母の出奔により寛ぐべき家庭が崩壊してしまい、父の配慮でその後彼は家庭教師に連れられてロシア各地を旅行しながら勉学することになる。ロムはジャン・ジャック・ルソーの信奉者で、[67]その教育理論に従って十二歳までは何も教えず、パーヴェルは帰国後ロシア語とロシア正教の教えを学んだ。十代の半ばで形通りの軍務に就いたが、国外に出ることを許されて、家庭教師のロム、後に大建築家となる農奴画家のアンドレイ・ヴォロニーヒン、それに又従兄のグリゴーリー・ストロガノフに伴われてロシアを後にした。ロシア国内にいる時も旅から旅への生活だったが、その続きのようにヨーロッパ諸国の旅へと向かうことになったのである。

西ヨーロッパ諸国を巡りながら、パーヴェルは父と同じくジュネーヴでは二年ほど滞在し、一七八八年暮れ、革命前夜のパリに入った。革命に与するロムは彼を連れてヴェルサイユに出入りし、活動家の会合に参加させた。ロムはロシアからの、パーヴェルを帰国させるようにという手紙を無視していたが、一七九〇年十一月に従兄弟のニコライ・ノヴォシーリツェフがパーヴェルを迎えに来て、パーヴェルはやっとその年の十二月にロシアに帰国する。しかし、ロムは出発前に彼をジャコバン派の組織に入会させていた。

エカテリーナ二世はパーヴェルのパリでの行動の報告を受け、帰還を命じていた。帰国後パーヴェルはフランスでの行動を譴責され、ペテルブルグには入れず、母の住むモスクワのウサージバ・ブラツェヴォに蟄居することになった。一七九三年に、パーヴェルは公爵令嬢ソフィア・ヴラジーミロヴナ・ゴリツィナ（一七七五—一八四五）と結婚し［図4－13］、翌年第一子アレクサンドルがブラツェヴォで誕生した。

十九世紀が幕を開けた。アレクサンドル一世が即位して改革の意欲に燃えて、ロシアに清新な自由の香りが漂っているころ、パーヴェルは皇帝の個人的なブレインの集まりである「ネグラースヌィ（秘密）委員会」[68]を構成する一人となった。他のメンバーは、B・П・コチュベイ、A・A・チャルトルィスキ、それにパーヴェルをパリに迎えに来たH・H・ノヴォシーリツェフの四人で、全員がストロガノフ家に縁のある者ばかりであった。この若き改革者たちの委員会はほんの一年弱しか続かなかったが、皇帝自ら会議に参加することもあり、パーヴェル帝の時代に不当に拘禁された人々を恩赦で解放したり、西ヨーロッパ諸国から自由に書籍が入手できるようにした。

秘密委員会の解散の後、パーヴェルには外務省に高官ポストが用意され、ヨーロッパに派遣されて外国政府と対ナポレオンの方策折衝にあたるが、ロシア国内の権力闘争により盟友の外務大臣チャルトルィスキが失脚する。憤慨したパーヴェルは職を辞して、軍務に転進する。司令部や幕営を巡って職務に没頭し、ナポレオン戦争の脅威のなか、家族の待つ自宅に帰ることは稀であった。

図4-13　ソフィヤ・ストロガノヴァとパーヴェル・ストロガノフ

父伯爵は若夫婦のためにネフスキー大通りの本邸の改築はもとより、チョールナヤ・レチカでも敷地を分け、彼らのためにダーチャを用意した。ヴォロニーヒンによって大ネフカ川に向かって三棟からなる郊外の別邸が建てられたが、二階建ての中央の建物は上に小さな丸屋根をつけた半円形のバルコニーのある夏の居館であった。父のダーチャと較べてよりリリカルで親密性のあるものだったという。正面玄関側は横一面に半円形のバルコニーがつくられ、庭園側は四角い建物だった。一階のテラスはガラス張りで、二階の大きな窓にもガラスが入り、光と空気がふんだんに入るものであった。女主人のソフィアは絵画を愛して、子供たちにも美術に親しませようとしていた。ダーチャのすべてが気持ち良く、家族の休養のためにつくられていた。一階には書斎、食堂、子供たちの寝室がおかれ、中央部に二階への広い階段があった。二階は客間と寝室も含む主人夫婦のための間取りになっていた。

息子夫妻のダーチャは父親の地所と隣り合っているが、チョールナヤ・レチカ川から大ネフカ川に北から南へと引いた小運河で隔てられていた。一八二八年に描かれたシューベルト作成の地図によれば父のパヴィリオンの前の池から新しい屋敷まで大ネフカ川に沿って真っすぐな並木道がつくられていた。しかし、この第二世代の「マーラヤ（小さい）・ダーチャ」はソフィア・ヴラジーミロヴナ伯爵夫人の最晩年、一八四三年に焼失してしまう。

ナポレオン軍のロシア侵攻に国中が緊張するなかで、父伯爵が一八一一年、ロシア貴族としての光輝を極めた一生を終えた。畢生の願望であった、ヴォロニーヒンの手になるカザン寺院の竣工を見届けての最期であったが、その後には三〇〇万ルーブリもの負債が残されていたのである。(69)

パーヴェルは妹が早くに亡くなり、父の死後はそのウサージバも含めた莫大な財産のただ一人の相続人であった。ストロガノフ一族中唯一の伯爵家を継承し、運営してゆくはずであったが、子供時代から旅から旅への日々を送っていたパーヴェルには家族との定住生活は向いていなかったようだ。ロシアに帰国してから彼は主として軍務に服し、常に宿営から宿営へと軍とともに動いていた。折しもヨーロッパ全体がナポレオンの脅威にさらされており、ロシアは自国内でフランス軍を迎えようという臨戦態勢にあり、自家のことに構っている余裕はなかったのであろう。すべての家政上、所領地経営上の実務は妻のソフィアに任されていた。しかし、パーヴェルは父亡きあとのストロガノフ家の窮状を自覚し、彼に出来る最大のことをしたとも言える。少年時代からの知己であり、親しく仕えてきたアレクサンドル一世にストロガノフ家の所領、邸宅不動産の相続に対する「マイオラト＝単嗣相続」(70)を妻と共に願い出たのである。ロシアでは古来分割相続が習俗として固定し、無策のままでいると、歯止めのない財産の細分化と散失は目に見えていた。殊に膨大な負債に悩むストロガノフ家の場合、目の前の現実であった。マイオラトはピョートル一世の勅令で一七一四年から施行されたこともあるが、アンナ・イオアーノヴナ帝の代には廃されて、遺産相続は昔通りの分割方式になっていた。個別に願い出て、マイオラトの勅令が得られるのは、由緒ある貴族の国家的にも価値のある、守るべき財と認められた場合のみである。それはストロガノフ家の貴族としての位置を国家的に確認させるものでもあった。しかし、マイオラトには厳しい制約が伴い、売却不可、抵当権をつくるのも難しいという条件があり、それなりの覚悟の要る選択であった。

一八一二年にナポレオンを敗退させ、意気の上がるロシア軍はフランス軍を追い駆けてヨーロッパの戦場へと行軍していった。パーヴェルも息子のアレクサンドルを連れて追討戦へと赴いたが、その結果、一八一四年フランスのクラオンの戦いで十九歳の一人息子の命を散らせてしまったのである。三代目当主となるべき長男を失ったストロガノフ家の悲しみは大きく、何よりもそれは父パーヴェルに打撃を与え、持病の肺結核を重篤なものとした。三年後、パーヴェルは自家での死を選ばず、転地療養のためポルトガルのリスボンへと海路旅立った。コペンハーゲン沖の海上でその四十三歳の生涯を閉じたのだが、コペンハーゲンではそこで会う約束だった妻が沖を通過して行く船を空しく見るばかりだった。

一家の男性全員を失い、四人の娘たちと莫大な財産、膨大な借財を残されて、未亡人のソフィヤ・ヴラジーミロヴナには全ての権限と責任が生涯に渡って委ねられた。以降、ムィザ・マンドローヴァは〝ストロガノヴァ夫人ダーチャ〟という言い方で呼ばれたり、市内地図に記載されたりしている。

夫亡きあと、ことさら彼女の心を煩わせたのはストロガノフ伯爵家の存続と娘たちの結婚問題であったろう。夫の死の直前にマイオラトの勅許が出され、負債の弁済のために邸館やウサージバ、ペルミの製塩工場等が売却される可能性はなくなっていた。まず、長女ナターリヤを義父アレクサンドルの伯父ニコライに発するストロガノフ男爵家四世代目のセルゲイ・グリゴーリエヴィチ・ストロガノフ（一七九四―一八八二）と結婚させる。自身の没後はナターリヤがマイオラトの不動産であるネフスキー大通りの本邸と基幹所領地の相続人となり、伯爵位は婿のセルゲイに受け継がせることとした。

二女アグライーダにはソフィヤ自身が作り上げたウサージバ・マリイノを継承させることとし、結婚相手は数あるゴリツィン公爵家の一つから選ばれた。三番目のエリザヴェータの夫はやはり名門のサルティコフ公爵家の出身であった。

これらの縁組にはソフィヤの実母ナターリヤ・ペトローヴナ・ゴリツィナ公爵夫人の意向や干渉が強く働いていたというのが衆目の一致するところであった。ナターリヤ・ゴリツィナ公爵夫人はプーシキンが一八三二年に書き上げた『スペードの女王』のアンナ・フェドートヴナ伯爵夫人の主たるモデルと目される人物で、宮廷の要職に長くとどまり、上流貴族社会のお目付け役的存在であった。上唇の上に生えた毛の濃さから、「髭の公爵夫人」と仇名された権威的なうるさい存在であった。家族に対しても厳しく接し、子供たち、特にモスクワ総督になった息子のドミトリー・ヴラジーミロヴィチに対する酷薄な態度には皇帝からのとりなしさえあったほどである。孫娘のオリガがスウェーデンを出自とする豊かでもないフェルゼン家の青年との結婚を望んだ時、この祖母を最大の障害と考えたであろうことは想像に難くない。

プーシキン夫人ナターリヤの実家はカルーガ県の商家に始まるゴンチャロフ家(71)である。父親の曽祖父アファナーシー・アブラモヴィチ・ゴンチャロフ（一七〇四―一七八四）が織布工場（ポロトニャーヌイ・ザヴォド）を起こし、海軍に帆布を納めることなどで企業家として大成功を遂げて、巨万の富を築いた。その功によりゴンチャロフ家は一七四四年に世襲貴族に列せられ、カルーガ県のウサージバは「ポロトニャーヌイ・ザヴォト（または、ザヴォト）」と呼ばれるようになった。ナターリヤたちゴンチャロフ家五世代目も子供時代をこのウサージバで過ごしている。また、アファナーシー・アブラモヴィチはストロガノフ家初代三男爵のうち長兄のアレクサンドルより一七四九年にハンマー工場を買い取っている。

ナターリヤの母は自身もナターリヤという名で、美人で名高いザグリャーシスキー家(72)の出であった。この母の大伯母マリヤ・アルテミエヴナは男爵アレクサンドル・グリゴーリエヴィチ・ストロガノフと一七四六年に結婚し、三番目の妻となった。また、伯母のエリザヴェータはその弟男爵ニコライの息子アレクサンドルと結婚している。のちに、この夫婦の息子グリゴーリー（一七七〇―一八五七）の子供たちからストロガノフ家の新たな展開が生じてくることとなる。

母の姉であるエカテリーナ・イヴァーノヴナ・ザグリャーシスカヤ[73]（一七七九―一八四二）は生涯独身で長年宮廷の女官をつとめ、結婚後なにかと不如意な姪のナターリヤ・プーシキナを援助し、首都での社交生活に手を貸し、プーシキンの決闘に到る騒動にも濃くかかわった人物である。プーシキン夫人に関しては、もう一人の重要人物、義理の大伯母にあたるザグリャーシスカヤ夫人がいた。大伯父ニコライの夫人、ナターリヤ・キリーロヴナ[74]（一七四七―一八三七）である。有力貴族ラズモフスキー伯爵家の気儘な箱入り娘で、フランス語で育った典型的なロシア貴族であった。エカテリーナ二世の宮廷で女官となったが、両親のもとで暮らすことを許されていた特権的な貴族女性である。プーシキンとも親しく、彼はエカテリーナ二世時代の話を聞くため、ザグリャーシスカヤ夫人のサロンに熱心に通った。この女性の性格、形象も『スペードの女王』の老伯爵夫人の形成に関与していると言われている。

ザグリャーシスカヤ夫人には子供がいなかったため、妹の娘を手元においていたが、この女性がヴィクトル・コチュベイ伯爵と結婚してナターリヤ・ヴィクトロヴナ（一八〇〇―一八五五）という娘が生まれた。前記のグリゴーリー・ストロガノフの息子アレクサンドル（一七九五―一八九一）に嫁したのだが、プーシキンはリツェイ時代にツァールスコエ・セロで彼女を見初めて、初恋の人ではないかと言われている。彼はその初々しい思いを詩に書き、彼女がストロガノフ家に嫁いでからも関心を向け続けていた。[75]

ナターリヤ・プーシキナの母方の遠縁もプーシキンとは相識で、プーシキンが一八三三年にシンビルスクを訪れた際、県知事を務めていたアレクサンドル・ミハイロヴィチ・ザグリャーシスキーは彼をその公宅に迎えている。その娘のエリザヴェータは一八四三年にプーシキンの弟レフと結婚している。[76]

チョールナヤ・レチカのダーチャの夏

「ペテルブルグは空っぽだ、みんなダーチャに行った」とプーシキンは一八三四年六月八日付の妻への手紙で書いている。プーシキン一家も一八三三年、一八三五年の夏をチョールナヤ・レチカ川左岸のダーチャ地区で過ごしている［図4－14］。最初の夏は五月に出産間近の妻と長女マリヤを連れてダーチャに引っ越した。彼が借りたのは宮廷官吏ミルレル所有のエリート向け高級賃貸ダーチャで、十五も部屋があり、広々とした庭も付

図4-14　ストロガノフ庭園とチョールナヤ・レチカ川近辺図（1828年）

いていた。妻のナターリヤはダーチャにすっかり満足だった。近くの農園には伯母たち（前記のエカテリーナ・イヴァーノヴナ・ザグリャーシスカヤとナターリヤ・キリーロヴナ・ザグリャーシスカヤ夫人）が夏をすごしていた。プーシキン一家は当然彼女たちを頻繁に訪問しただろう。

経済状態の逼迫したプーシキンは、毎日ダーチャから都心の古文書館に徒歩で通った。心身ともに疲れると、彼は当時大ネフカ川に設置されていた水浴場で泳いだという。妻のナターリヤは臨月になっても機嫌がよく、ストロガノフ・パークを散歩し、カーメンヌィ島の劇場へも足を伸ばしていた。七月六日に長男アレクサンドルが難産で生まれ、産後の経過のよくなかった妻は夏の終わりまでほとんどダーチャを出ることがなかった。やっと皇帝の許可を得て休暇を取ったプーシキンは、妻と二人の子供を伯母のエカテリーナ・ザグリャーシスカヤに頼んで、プガチョフの資料を求めて八月半ばにペテルブルグを発って行った。

その二年後、プーシキン家の財政状態はますます危機的なものとなっていたが、五月には三人目の子供、二男のグリゴーリーが誕生し、家政上の出費は膨れていくばかりだった。節約のため彼は何としても夏を所領の村で過ごしたかったが、妻は首都を遠く離れるつもりはなく、伯母が近くにいるチョールナヤ・レチカでダーチャを借りることに執着した。産後の肥立ちもよく、美貌にさらに磨きのかかったナターリヤにとって、帝室関連の祝祭行事に参加するのは当然のことであった。一八三五年六月、プーシキン一家はカルーガから上京させて、同居していたナターリヤの姉二人、エカテリーナとアレクサンドラを伴って、二年前のダーチャに移って行った。乗馬の心得のある姉たちは夏の楽しみとして騎馬での散策にナターリヤを誘うのだった。近くのノーヴァヤ・ジェレーヴニヤに駐屯している近衛連隊の青年将校たちとの交流に心をときめかしていたのだ。カルーガ近くのゴンチャロフ家の領地から馬を送ってもらい、姉妹たちは自慢の乗馬技量をダーチャ地区で披露したいのだ。「私たちはここで素晴らしい騎手という評判を取り、…みんな美しいアマゾンたちに夢中です」と兄のドミトリーに自分たちの乗馬の成功を知らせ、十二人もの近衛騎兵に囲まれて、食事やダンスを楽しんだ様子を書き送っている。(77) ダーチャで馬を維持し、騎乗を楽しむことは極めて費用のかかることで、プーシキンには面白くないことだったようだ。

プーシキン家が借りていたダーチャはどのあたりだったのか。十九世紀後半にはチョールナヤ・レチカ川岸通り五十五番の角の家が「プーシキンの家」と呼ばれたこともあるが、現在はもう少し北の「ヴィボルグ・ホテル」のあたりではないかと言われている。(78)

プーシキンには最後の最後までチョールナヤ・レチカとの腐れ縁があった。決闘の相手であるジョルジュ・ダンテスが妻の姉エカテリーナと結婚して、なんとか決闘が回避されようかという時、妻ナターリヤの友人イダリヤ・ポレチカという近衛騎兵連隊将校の妻が自宅宿舎にナターリヤを引き込んで、ダンテスに会わせたのである。様々な周囲の努力は空しく泡と消え、二日後一月二十七日の決闘となった。イダリヤ・ポレチカ[79]はグリゴーリー・ストロガノフの婚外子である。グリゴーリーは母がザグリャーシスキー家の出で、プーシキン夫人ナターリヤの叉従兄にあたり、作家没後には未亡人が再婚するまでプーシキン一家の後見をしている。

午後四時ごろ、ネフスキー大通りのストロガノフ家本宅宮殿を斜向かいに見る「ヴォリフ・ベランジェ菓子店」のカフェでレモネードを飲んだ後、プーシキンは友人のダンザスとチョールナヤ・レチカへと橇に乗り込む。現在、チョールナヤ・レチカ川左岸の公園のなかにはプーシキンの最期となった決闘を記念するオベリスクが立っているが、実際の決闘の場所はいまだ不明である。

3　ウサージバ衰頽

二つのストロガノフ男爵家

未亡人となったソフィヤ伯爵夫人はストロガノフ伯爵家の莫大な資産全体を引き継ぎ、一八四五年に生涯を閉じるまで、幾多の困難に見舞われながらも、当主として領地経営に全力で取り組み、その没後はすべての非分割財産は長女のナターリヤに相続された。しかし、女性は爵位を継承することは出来ない。伯爵位消滅の危機を救ったのは、彼女の夫となった、一族のニコライ系男爵の一人であった。ストロガノフ一族にはセルゲイ・グリゴーリエヴィチの長兄アレクサンドルと次兄セルゲイに発する二つの男爵家がある。ここでその二つのストロガノフ家を見ておかなくてはならない［図4－15］。

ロシアは古来、遺産相続については分割相続が慣習であった。親の残した財産は息子たちが平等に分け合う。従って、日本流の「本家」「家督」の概念はない。娘たちは結婚の際に相当の持参金（婚資）を相続分として持たされた。男子の相続人がいない場合は娘が相続した。従って、巨大な資産を有する家も代を重ねるにつれて分割が進み、一門一族が次第に細分化し、総体として弱体化、卑小化して行くのはよくあることであった。ストロガノフ家にしても、アレクサンドル、ニコライ、セルゲイ三兄弟の父であり、最後の名士であるグリゴーリー・ドミトリエヴィチの若いころは、四代前のアニカの残した資産を後の多数の相続人たちが無防備に分割相続し、ストロガノフ家全体の家勢と生業は大いに弱体化していたのである。グリゴーリーはバラバラになった所領や製塩所を買い集め、一つにまとめ上げて往時の勢いを取り戻し、さらに事業を拡大していった。国の塩総生産量の六〇パーセントを供給するほどの大企業家となり、巨万の富を蓄え、

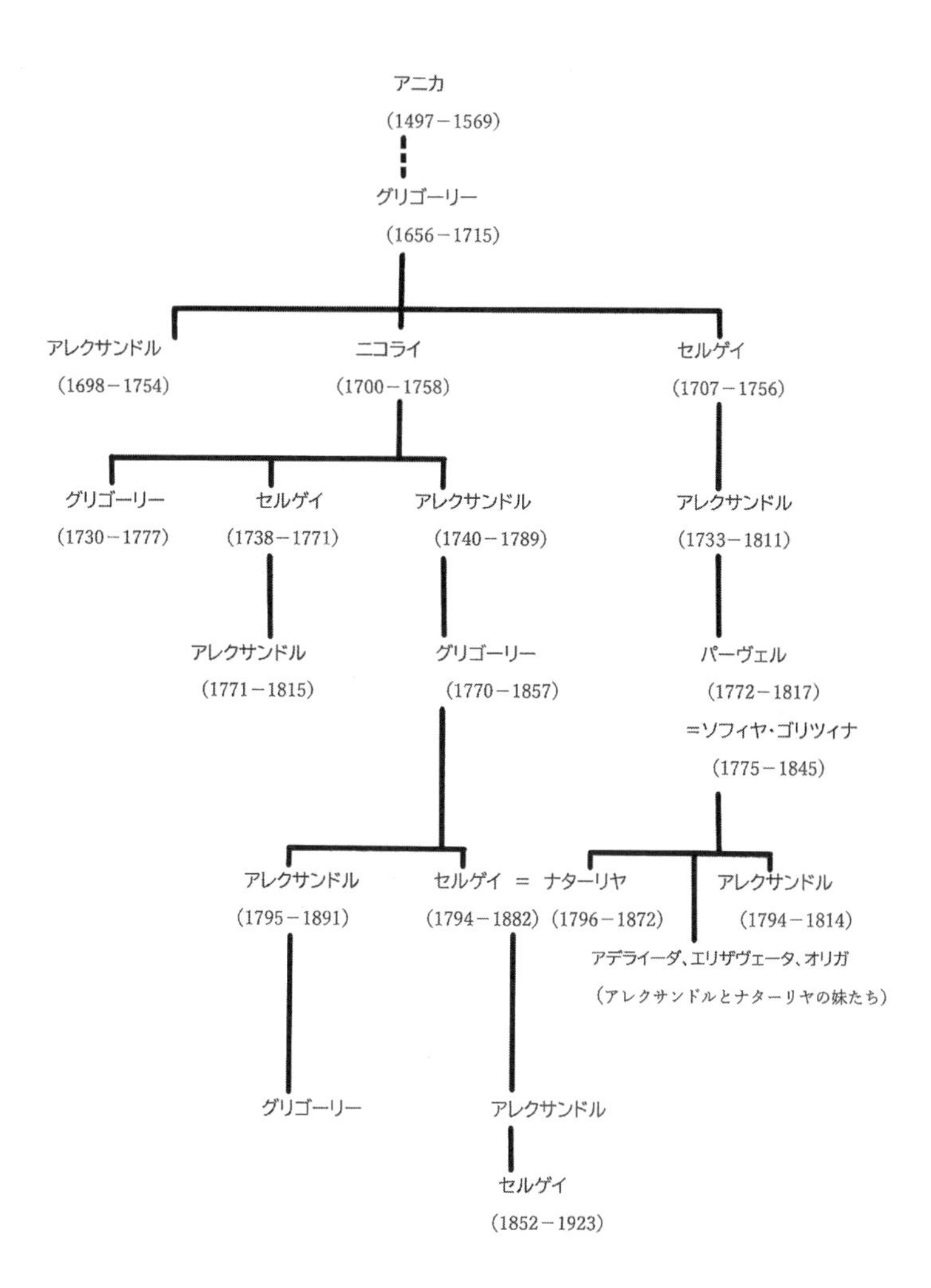

図4-15　ストロガノフ家略系譜　筆者作成

国家の政策に手を貸すことができるほどの豪商となった。[80] グリゴーリーが相続で細分化した資産を再集合させていなければ、大富豪貴族ストロガノフ一族は出現しなかったのである。グリゴーリーが亡くなると、未亡人のマリヤ・ヤコヴレヴナが生涯財産を一手に管轄していたが、息子たちの代になって再び財産は分割され始め、彼らの子孫たちはひたすら豪勢にその資産を蚕食していった。

アレクサンドル男爵家

ストロガノフ三兄弟のうち長男アレクサンドルはニージニー・ノヴゴロド近くの領地ゴルデエフカで一六九八年に生まれた。彼は若いころからペルミ地方を中心とした家業の製塩業に接して育ち、父を失った時は十七歳であった。やがて、ロシアの製塩産業は大きな転換点を迎える。ストロガノフ家の主力生産拠点であるペルミの塩資源が枯渇し始め、また、それまでの製塩工場が老朽化して、採算の取れない製塩所が多くなっていた。アレクサンドルは弟たちと合意の上、利益を出さなくなった工場を処分整理したり、設備を新しくして事業の改善を図ったが、さらに困難なことに決定的な労働力不足に打つ手が見いだせなくなったのである。苛酷な製塩作業と商品の塩を供給先へ搬送するためには多くの労働力を要したが、ウラル、西シベリア地方は定住民も少なく、人口の希薄な地域であった。それまでストロガノフたちは足りない人手を一般社会からはみ出した浮浪者たち、身分証明書類を持たない流民たちを雇って補ってきたのである。何かと融通の利いたピョートル期やそれに続く不安定な時代を過ぎると、不法な雇用は次第に難しくなり、一七四二年には元老院より禁止令が出された。また、エリトン湖が新しく塩の供給地として開発され、いくつもの競争相手の製塩業者がストロガノフ家製造のものより格段に安い塩を供給し始めた。製塩業者ストロガノフ家は父グリゴーリーの時代に国家へ塩を納入するほぼ専売企業となり、禁止令が出るまでは安定した巨万の富が流れ込んでいたのだが、いまや企業として安閑としている時代は終わりを告げた。その後燃料の薪材の深刻な欠乏や、一七四七年のトヴェリの大火で家と塩倉庫が焼失する大打撃を受け、ストロガノフ家は製塩業界における圧倒的な地位を失ってゆく。

一七四〇年に三人の男爵はそれまで共同所有としてきたモスクワ市内と近郊に所有する土地家屋と所領村を等分に分け合った。一七四九年にはペルミ地方の領地と製塩所を三等分し、籤でそれぞれの所有を決めた。以降、領地経営と企業活動は各家の事業となった。アレクサンドルは遺産分割によりモスクワ郊外のウサージバ・クジミンキの単独所有者となる。かつてピョートル一世が二度も訪れた、広い池と緩やかな傾斜地が美しいウサージバで、アレクサンドルは五十五歳の生涯を終えた。

アレクサンドルは三度結婚したが、一七二三年のシェレメーチェフ家出身の最初の妻との結婚式にはピョートル一世が代父をつとめ、皇妃、二人の皇女たち、上の皇女アンナの婚約者ホルシュタイン公も列席した。しかし、五年後に妻は亡くなり、子供たちは幼児のうちに早世し、アレクサンドルには二度目と三度目の妻から得た二人の娘しか成人しなかった。従って、アレクサンドル男爵家は彼一代で終わり、財産は娘二人が婚家へ持ってゆくこととなったのである。クジミンキはゴリツィン家に嫁いだ長女アンナが相続することとなり、彼女の後は息子のセルゲイ・ミハイロヴィチ・ゴリツィン公爵が所有した。二女のヴァルヴァーラも半分の財産を持ってシャホフスコイ公爵家に嫁いでいった。

貴族となったストロガノフ三兄弟のうち一番早く国家勤務に就いたのはアレクサンドルだったが、官位を与えられても出仕せず、名のみの勤務で給料ももらわず、モスクワで過ごすことを好んだ。アレクサンドルは慈善事業にも熱心な穏やかな人柄で、フランス語、英語に通じた教養人でもあった。死後、モスクワ市内カチェーリニキ地区にある、父母の眠る、奇跡の聖ニコライ教会の境内に葬られた。(81)

ニコライ系男爵たち

三兄弟のうちの残る一人、二男ニコライの系統はどうなっただろうか。ニコライは当時両親が居を構えていたヴォロネジで一七〇〇年に生まれた。ピョートル一世が軍艦建造の視察に来ていた時である。皇帝はストロガノフ家の二男の洗礼父となり、記念として赤子にこの付近の土地を気前よくプレゼントした。

ニコライはモスクワの中心部、ボリシャーヤ・ニキツカヤ通りの大きな屋敷を相続したが、この家の側面を通る道はストロガノフ小路と呼ばれた。彼はニジェゴロド地方の土地を幾度も買い足しているが、弟セルゲイに遅れること二年、一七五八年に亡くなり、兄と同じくモスクワの父母の眠る教会に葬られた。

ニコライは三兄弟の中では唯一人、生涯の終わりまで一人の妻（ブトゥルリン家出身）と添い遂げることができ、三男三女という子沢山に恵まれた。しかし、娘たちには結婚時に相続相当分として多額の持参金（土地、農奴、建物を含む）を持たせなくてはならず、残りを息子たちで等分に分割することになると、一人が得るものは親の代の何分の一かでしかなかった。十八世紀後半になると、ストロガノフ一族の同じ二世代目男爵たちにも、家によって著しい経済格差が生まれ、ニコラエヴィチ（ニコライ系子孫）たちは〝貧しい親戚〟とさえ呼ばれているのである。[82]

ニコライの息子たち、三人の男爵のうち二人は比較的短命であった。長男のグリゴーリーは一七三〇年にモスクワで生まれ、富豪貴族の御曹司として、近衛軍イズマイロフスキー連隊での軍務から始め、後に文官に、さらに宮中勤務に転じ、二等宮内官にまで至った。一七六〇年代に弟たちと遺産を等分に分割し、ペルミ、ニジェゴロド地方の製塩関係の工場群、八〇〇〇人の農奴を得た。一七七七年の冬、グリゴーリーは階段から転落し、その際の負傷がもとで、四十六歳で亡くなった。彼は一七六二年にゴリツィン公爵家のアレクサンドラ・ボリソヴナと結婚したが、子供は残さなかった。遺産は未亡人が相続したが、夫の没後間もない一七七八年に彼女はストロガノフ家父祖伝来のペルミ県の領地を、土地、農奴、工場ごと売却してしまった。

二男のセルゲイは一七三八年にモスクワで生まれ、兄と同じくイズマイロフスキー近衛連隊に属し、軍務を続けて四等官相当まで昇進したが、一七七一年に三十三歳でペテルブルグで没している。彼は二度結婚したが、最初の結婚の相手はエリザヴェータ・ペトローヴナ女帝と寵臣のアレクセイ・ラズモフスキーの娘といわれるΠ・Γ・ブダコーヴァ[83]であったが、彼女は結婚後数年で亡くなる。その後ベロセリスキー公爵家のナターリヤ・ミハイロヴナと再婚する。彼女は数年で寡婦となって、一七七三年に夫が残した領地の九分の一を売却した。

セルゲイの子供は再婚によって得た二子のうち二男のアレクサンドル（一七七一—一八一五）だけが成人し、三世代目の男爵となった。アレクサンドルはヴィーゲリの観察によると、貴族的な教育を受けた、華奢な体格で繊細な相貌の優しい性格の人物であったということだが[84]、彼の結婚は悲劇的なものであった。一八〇〇年にウルソフ公爵家より迎えた妻ソフィヤは翌年の出産後、産褥熱で亡くなり、生まれた女児も三十日の命だった。ソフィヤの両親ウルソフ公爵夫妻の嘆きは深く、彫刻家のM・И・コズロフスキーに依頼して、ペテルブルグのアレクサンドル・ネフスキー大修道院の墓地に悲しみのモニュメントが建てられた。大修道院の墓地や廟には多数のストロガノフたちが眠っており、様々なモニュメントが作られてきたが、その中で芸術的な特筆すべき墓碑記念物となっている[85]。

アレクサンドル男爵は宮殿川岸通りに建てた家で文学サロンを開き、多くの文化人たちを集わせて、それを「アカデミア」と呼んだ。クズネツォフは、彼が自分と全く同名の親族（父の従兄にあたるアレクサンドル・セルゲエヴィチ・ストロガノフ伯爵）が芸術アカデミー総裁職にあり、有名なメセナであることから、自身も並行して私的アカデミーを主催したかったのであろうと推測している[86]。

生来身体強健でなかったアレクサンドル・セルゲエヴィチはその後再婚せず、一八一五年に没し、ニコライ系ストロガノフ男爵家のセルゲイの分枝は断絶する。

一番子供に恵まれたニコライ男爵家であったが、それでも男爵を名のる子孫が続くのはニコライの末子アレクサンドルの一枝だけになってしまう。アレクサンドルは一七四〇年にモスクワで生まれ、十五歳で兄たちと同様に近衛イズマイロフスキー連隊の軍務に就く。二世代目の四男爵たち、ニコライの三人の息子（グリゴーリー、セルゲイ、アレクサンドル）とアレクサンドル・セルゲエヴィチ（一七六一年までは男爵、以降伯爵）はほぼ同世代で、富豪貴族の御曹司たちはまさに時代の「ゴールデン・ボーイズ」だった。彼らの行状は「サンクト・ペテルブルグ報知」紙のニュース・ネタとなっていた。一七六五年の紙面には次のような記事が載っている。「十一月二十日、日曜日にK・Γ・ラズモフスキー伯爵邸で仮面舞踏会が開かれた。そこで近衛騎兵大尉のアレクサンドル・ニコラエヴィチ・ストロガノフ男爵が手からダイヤモンドの指輪を落とした。小粒のダイヤで周りを取り巻いた中に大きい半カラットのダイヤが嵌められた二五〇〇ルーブリの値のするものである」[87]。

二世代目の四人の中で、二人のアレクサンドルたちはより親密であり、アレクサンドル・ニコラエヴィチ男爵はチョールナヤ・レチカの従兄弟のウサージバの中に自分のダーチャを構えてもいた。ストロガノフ伯爵家の農奴建築家ヴォロニーヒンはアレクサンドル男爵の婚外子という噂があったが、伯爵に才能を認められ、教育を受けて才能を開花させ、ロシアの誇る大建築家となった。ヴォロニーヒンはアレクサンドル男爵が買ったイギリス川岸通りの元オステルマン家邸館を当時の流行に合わせて改築している。

アレクサンドル男爵は一七六二年にザグリャーシスキー家のエリザヴェータ・アレクサンドロヴナと結婚した。たくさんの子が生まれたが、成人したのは一男二女で、その後のストロガノフ一族は彼の一人息子グリゴーリー・アレクサンドロヴィチのみから発生することになる。アレクサンドルは二世代目貴族ストロガノフたちの中では一番企業家として意欲的な活動をしている。家業の製塩業は困難な問題を常に抱えていたが、二人の娘、エリザヴェータとエカテリーナの名を冠した二つの工場をウラル地方に新しく設置した。

アレクサンドル男爵は生来人を引き付けるような容姿を持つ、ペテルブルグでも指折りの美男子であったと、甥にあたる十八世紀の文学者И・M・ドルゴルーコフは手記に書き残している。さらに男爵は感受性豊かで、確かな知性の持ち主であり、富や地位をひけらかさず、謙虚に暮らし、貧しきものに援助の手を差し伸べたこと、高位の勲章を得られず、宮廷では軽く見られたが、黙って侮辱を忍んでいた、と言う。[88] それもあってか、後年彼は軍務に栄達を求めて、露土戦争（一七八七—一七九一）に従軍し幾多の勲功をあげる。認められて、「白鷲勲章」も授与され、将官に列せられるが、この戦争での負傷がもとで一七八九年に死亡した。

アレクサンドルの一人息子、グリゴーリーは一七七〇年にペテルブルグに生まれ、貴族の通例により、家庭内で、フランス人家庭教師によって教育される。一七八七年から又従弟のパーヴェル・アレクサンドロヴィチと共に学業の仕上げとして、パーヴェルの家庭教師ロムに付き添われて西ヨーロッパ諸国へのグランド・ツアーに出る。ジュネーヴの大学で化学や物理、天文学を勉強して、フランスに到った一七八九年に故国から父の死の知らせが届き、修学を中断して帰国せざるを得なくなった。帰国後、官途に就き順調に出世してゆき、父の遺産として、イギリス川岸通りの邸館を相続した。ところが、一八〇〇年にあっさりとこのヴォロニーヒンの作品を売却したのである。彼を息子パーヴェルにつけてヨーロッパに留学させ、ストロガノフ家の文化を継承させるため教養と芸術的素養を積ませようとした大伯父アレクサンドル・セルゲエヴィチ伯爵の期待を裏切るものであった。

彼が手腕を発揮したのは外交官としてであった。一八〇四年に公使としてマドリッドに派遣され、ナポレオンのヨーロッパ侵攻に対して、ロシア側の外交戦術を駆使して活躍した。一八一二年には全権を持ってスウェーデンに赴き、ナポレオン追討後はコンスタンチノープルでオスマン帝国との折衝に労力した。

デカブリスト事件では、その後の処罰を決めた最高刑事裁判所の一員を務めた。一八二六年のニコライ一世戴冠式の日、グリゴーリーは伯爵位を授与された。これ以降、ストロガノフ家のメンバーは全員生まれながらに伯爵を名のることとなった。

グリゴーリーにとってプーシキン夫人ナターリヤ・ゴンチャローヴァは母方の親戚に当たり、

決闘後のプーシキンの教会での埋葬については、拒否的なペテルブルグ府主教セラフィムへの説得にあたった。未亡人が再婚するまで約十年間ナターリヤと子供たちの後ろ盾となった。彼は一七九一年にトルベツコイ家のアンナと結婚して、毎年のように子供を得たが、そのうち六人（五男一女）が成人した。二十年以上の結婚生活であったが、妻にとっては幸せなものではなかったといわれる。М・Φ・カーメンスカヤによると、夫人はいつも青白い悲しげな顔をして、黒いドレスを着ていたという。[89] おそらく、グリゴーリーは外交官という仕事で不在が多く、働き盛りの頃は故国の家や、妻と子供たちのことを顧みなかったのであろう。彼はマドリッド赴任中にポルトガル公使の伯爵夫人と出会い、長く関係を結んでおり、妻の死後、一八二七年に彼女と結婚した。プーシキンの運命に深く関与したイダリヤ・ポレチカは二番目の妻との間に婚前に生した娘である。晩年もほとんど国外で過ごし、家族には十分な関心を払わなかったようだ。

セルゲイ・グリゴーリエヴィチ　伯爵位継承者

長女ナターリヤをグリゴーリーの長男セルゲイ（一七九四—一八八二）と結婚させることに決めたのは父のパーヴェル伯爵だったのか？　パーヴェルは死の直前、家族から逃れるように海上での死を求めて、フリゲート艦「聖パトリーキー」に乗り込むのだが、その時同乗させていた

図4-16
セルゲイ・グリゴーリエヴィチ・ストロガノフ伯爵（『ポートレートで見るロシア人名鑑』［1886年］より）

のはセルゲイの一歳違いの弟アレクサンドルであったのだが。ともあれ、セルゲイがナターリヤと結婚することとなり、パーヴェルが生前に願い出て、アレクサンドル一世より許しを得ていたごとく、一八一八年の結婚と同時にセルゲイは伯爵となる。彼の父親と兄弟たちはまだ八年ほど男爵のままであった［図4－16］。

セルゲイは家庭での教育の後、一八一〇年に創設されたばかりの交通技術軍大学に入るが、ナポレオン軍の侵攻が始まり、陸軍に編入して実戦に出てゆく。ナポレオン軍が退却すると、多くの学生は大学に戻っているが、彼は軍隊にとどまり、ナポレオン軍を追って、ヨーロッパ戦線の連合軍に加わり、一八一四年にパリを陥落させた。セルゲイはその性格の堅固さと勤勉を認められて、軍人としての活躍の場を与えられ、昇進を重ねてゆく。ニコライ一世の時代には将官として対トルコ戦争で前線での指揮にあたった。国内にあってもリガおよびミンスクの臨時軍知事も務め、また、ニコライ一世の側近ともなっている。

一八一五年からグリゴーリーはモスクワに居を構え、モスクワを主な活動の場として、一八六〇年まではペテルブルグに本格的に住むことはなかった。ペテルブルグのストロガノフ家の主人はソフィヤ未亡人であり、彼がネフスキー大通りにあるストロガノフ家の本拠宮殿に当主として移り住むことになったのは、アレクサンドル二世の皇太子ニコライの教育指導官に任命され、ペテルブルグで宮中に出仕しなくてはならなくなったからであった。

セルゲイ・グリゴーリエヴィチは十九世紀のストロガノフたちの中では最も注目すべき人物で、その軍人、官僚としての経歴もさることながら、その教育・文化分野での仕事に注目しなくてはならないだろう。

セルゲイの興味はロシアの古代や伝統文化にあり、当然、ストロガノフ家が古来貢献して来たイコン制作への関心は強く、モスクワに〝絵画図工学校〟を開設する。芸術作品や建築・工芸の基礎となる絵画技術・工法の習得を目的としたもので、生徒はその所属身分を問わず、無償で受け入れられた。ここでは農奴の子供たちが学ぶことが出来たのである。一八二五年に開校した学校は一八四四年に国営となり、現在は「С・Г・ストロガノフ名称モスクワ国立芸術工芸アカデミー」[(90)]という名の高等教育機関となっている。

彼はモスクワ教育区の監督官として大学の教育内容、組織の革新のためにも尽力した。Т・Н・グラノフスキー、К・Д・カヴェーリン、С・М・ソロヴィヨフ、Ф・И・ブスラエフ、П・Н・クドゥリャフツェフなど新進気鋭の学者たちを招聘し、モスクワ大学の旧弊さに抗して新たな方向性を与えようとしたが、国民教育省の方針と合わず、一八四八年職を退いた。グリゴーリーは古銭学にも通じており、長年にわたって「モスクワ歴史・ロシア古代史協会」の議長をつとめ、資金を提供して、毎年ロシア南部の古代墳墓発掘を敢行させた。クリミアでの発掘は目覚ましい成果をもたらし、エルミタージュのスキタイの宝を豊かなものにした。組織は「帝立考古学委員会」へと発展し、И・E・ザベーリン[91]を委員会に参加させている。

グリゴーリーは伯爵家のマイオラト相続人と結婚して伯爵位を継承しても、ペテルブルグにある財産（ネフスキー大通りの宮殿とウサージバ・マンドローヴァ）に関心を払わず、ずっとモスクワに住み続けた。一八三九年から数年は一家でヨーロッパを廻る大旅行を行っている。マイオラト財産の主権者は妻の母ソフィヤ未亡人であり、一八四五年に彼女が亡くなって、相続人である長女ナターリヤに所有権が移るまで、その夫であるグリゴーリーには出る幕はなかったのである。ナターリヤは相続後ただちに財産の管理権を夫に委ねた。

ここで、本論の主題であるムィザ・マンドローヴァとその主人であるソフィヤ伯爵夫人のいるペテルブルグにもどろう。

ソフィヤ伯爵夫人　その後半生

伯爵夫人の後半生は初代ストロガノフ伯爵アレクサンドル・セルゲエヴィチより受け継いだ家の財産を守り、彼によって創り出されてきた伯爵家の啓蒙主義文化を継承することであった。ペテルブルグやペルミの領地・不動産はマイオラトによって分割・譲渡を免れていたが、彼女にすべての権利が委ねられた時、ストロガノフ家にはそれまでの伯爵たちによって残された莫大な借財があった。短期間に舅、長男、夫と、家の男子をすべて失って、世間は彼女の生存さえ危ぶんだが、伯爵夫人はその母、稀代の女傑、ナターリヤ・ペトローヴナ・ゴリツィナ公爵夫人の「私の運命、それは私だ」(92)という言葉を体現するかのように、自らの選択で新たな出発をして、義父と夫の後継者たらんとした。エカテリーナ二世時代の百科全書的啓蒙家で芸術文芸活動の偉大なメセナである初代ストロガノフ伯爵の遺志を引き継ぐこと、さらに、農民・農奴の置かれた状況を改善すべくツァーリ政権の内で活動しようとした夫の意志を実行することであった。

領地経営には農民たちの生活を向上させ、その能力を引き出すことが必須要件だ、というのがソフィヤの根本的な考え方であった。そのためには教育が必要で、学校を作って農民の子供たちに読み書きを教え、医療を施し、特に孤児を救わなくてはならなかった。

まず、ソフィヤは一八二四年にペテルブルグ市内、ヴァシーリー島に「C・B・ストロガノフ伯爵夫人・私立鉱山学校」を開いた。彼女の右腕となったのは二女アデライーダの夫、ヴァシーリー・ゴリツィンであった。学校は順調に発展し優秀な卒業生を出していった。一八三八年に出版された『子供とめぐるペテルブルグ市内および郊外』という旅行案内書にも見学すべきところとして記載されている。

一八二五年に彼女は自身が切り拓いたノヴゴロド県のウサージバであるマリイノに「農業学校」をつくった。校長にはヴァシーリー・ゴリツィンを就任させた。そこにペルミの領地から数十人の農民の子供たち、特に孤児を選んで送り込み、農奴以外の生徒たちと共に学ばせた。伯爵夫人の主たる目的は自由身分や農奴という階層を問わず、農民子弟に必要な教育を施して領地の管理者にすることであった。農業、林業、手工芸の実践的な授業を施すためにも、実習現場のあるマリイノに学校が必要であった。学校は領地管理者になるための上級コース、家内工業・手工芸に携わる中級コース、耕作と森の保全を仕事とする下級コースの三つのコースに分かれており、中級と下級コースは二年、上級コースは三年を履修期間とした。上級では民間医師や産婆の養成、畜産技術なども教えられた。また、所領内の主だった村落や居住区にも学校をつくり、そこは簡便な医療施設のような機能も持たせた。ペテルブルグから外国人医師を派遣することもあった。

教育で民衆の道徳的向上をはかるのがソフィヤ夫人の学校活動の理念であったが、芸術的才能を持つ若者を育てることにも使命感を持ち、発見された有能な若者たちは首都の上級学校へ送られ、さらにヨーロッパに出して勉学させてもいる。ソフィヤ夫人自身が絵画の趣味を持ち、風景画や水彩の作品を残しており、娘たちへも芸術への愛好心を伝えようとした。ストロガノフ家のコレクションを増やすことにも無関心ではなかった。

ソフィヤ夫人は「自由経済協会」の会員であり、その業績を認められて金メダルを授与されて、一八三七年には協会の集会場に胸像が置かれた。また、一八二〇年から一九二九年まで存続した「芸術振興協会」の創立メンバーの一人でもあった。ネフスキー大通りのストロガノフ家の本邸は多くの文人や芸術家たちを迎え入れるために常にその扉は開かれていて、グネジチ、ボロヴィコフスキー、マルトス、カラムジン、クルィロフ、ジュコフスキー等々来訪した文化人は枚挙にいとまがない。プーシキンも訪れていたはずである。

ペルミの工場の困難な運営と教育現場への責務からソフィヤ夫人はペテルブルグに常時滞在することは出来なくなり、マリイノでの生活の比重が大きくなってきた。しかし、ペテルブルグのウサージバ・マンドローヴァは世間では「ストロガノヴァ伯爵夫人ウサージバ」の名で通るようになり、その運命は彼女の手の中にあった。

一八二八年の夏の終わり、ウサージバにおける宮廷貴族文化の最後の花を咲かせるような大祝祭がチョールナヤ・レチカで繰り広げられた。八月二十七日の夜、ペテルブルグのハイクラスの人々がストロガノフ庭園に集い、夏のダーチャ生活の終わりを惜しむ遊宴が催された。遊宴はチョールナヤ・レチカ川に浮かべたランチを舞台とする音楽の饗宴でクライマックスを迎え、灯火で飾られた船上にはピアノが置かれ、近衛騎兵連隊の音楽隊が乗っていた。ランチの後から何艘ものボートが続き、花火が打ち上げられた。ロシアの歌、フランスのロマンス、オペラのアリアがピアノの伴奏で次々と歌いあげられた。チョールナヤ・レチカ川の両岸、ストロガノフ庭園側の岸も左岸のダーチャ地区の岸辺も音楽に浸ろうと人々でいっぱいだった。歌の間にはブラスが鳴り、花火が川面や人々の顔を照らし、拍手が鳴りやまなかった。船上のセレナーデは夜半まで続き、終わりには上気した人々が「神よ、ツァーリを守り給え」と声を合わせて歌い、「ウラー！」と歓喜の声を上げた。

義父の初代伯爵の有名な船上の祝祭を追慕するかのような、この祝祭にソフィヤ夫人のどういう思惑があったのか知るよしもないが、上三人の娘たちをしかるべく結婚させ、学校も順調に軌道に乗り、幸せな高揚の一時期だったのかも知れない。これを境にチョールナヤ・レチカはしかし、その土地の性格の変化が明らかになってくる。ストロガノフ庭園にはその核となるヴォローヒンのつくったダーチャ（パヴィリオン）があり、その周りの庭から伸びる小道があり、灌木ゾーン、高い樹林、水路や池が配され、要所々々にギリシア・ローマの彫像がおかれていた。ダーチャから真っすぐ伸びた道はチョールナヤ・レチカ川に近い池に着く。池にはネプチューンの像が立ち、グロッタがあり、池の脇の台座にはアレクサンドル・セルゲエヴィチ伯爵の古代ギリシア文化への憧憬のシンボルである「ホメロスの石棺」という代物が安置されており、設えはまだ大きくは変わっていなかった。

しかし、十九世紀も二十年を過ぎるころには、若い世代の興味は古代への知的情熱ではなく、感情に訴えるロマン主義的な、ゴシック的なものになってゆく。石棺は古代ギリシア世界へのいざないではなく、ただの棺として不気味な、不吉なものと見られるようになったのである。パーク全体が清冽な文化的緊張感を失い、締まりのない開放的な性格を帯びてゆく。当時の若い将校が回想して言う。「ある時、誰だったか覚えてないが、仲間の一人が、夜中に石棺のところへ行こうと思いついた…シーツを被って、そこからパークに居残っているアベックの前に飛び出してやろうと。夜中のパークに幽霊が出現したというニュースは瞬く間にチョールナヤ・レチカじゅうに広まった」[93]。

悪ふざけがエスカレートしてゆくのは、近くにあった駐屯地で夏を過ごす近衛将校たちの存在の故でもあった。M・Φ・カーメンスカヤは、若いプレイボーイの近衛将校たちが、夜毎ボートに黒い石棺を載せて、その周りに黒いつば広の帽子、黒い装束に身を包んで立ち、松明を掲げて、陰鬱な葬送歌を歌って川をめぐり、ダーチャで夏を過ごしている人々を驚かせたと言っている[94]。棺の中にはシャンパンが入っていたという。チョールナヤ・レチカはすでに上品で安全な場所ではなかった。血を見るような凶悪犯罪さえ起っていたことをM・И・プィリャーエフは伝えている[95]。

ストロガノフ伯爵家のチョールナヤ・レチカのウサージバで、末娘オリガと近衛将校フェルゼンの駆落ち事件が発生したのはこのような風潮の時代であった。駆落ちのシナリオにはフェルゼンの近衛の友人将校たちが全面的に加担し、ドラマは完遂したのだった。

ソフィヤ伯爵夫人はマイオラトの財産を守ることに必死であったが、娘たちは分割することも、売ることも出来ない不動産をビジネスに活用することに関心を向け始めた。特に三女のエリザヴェータとその夫のサルティコフ公爵は熱心だった。

一八二七年に大ネフカ川に初めての恒久的な橋（第二カーメンノオストロフスキー橋：それ以前からこの橋は一九五二年まではストロガノフスキー橋と呼ばれていた）が架けられ、カーメンヌィ島からの往来が至極自由になった。

カーメンヌィ島とアプテカルスキー島を結ぶ、木造ながら本格的なカーメンノオストロフスキー橋は一八一二―一三年にスペイン人橋梁技師A・A・ベタンクールによって造られている。この橋を渡るとそのままカーメンノオストロフスキー大通りとなり、真っすぐにネヴァ川に達し、トロイツキー橋となって宮殿川岸通りに到るのである。チョールナヤ・レチカの別荘地はもう郊外と言えないほど、都心から近くなってしまったのだ。それは一八二〇年代後半にはチョールナヤ・レチカにもうエリート別荘地特有の閑静で高雅な風情が無くなってしまうことを意味していた。ソフィヤ夫人はフェルゼン小路の外側の、ウサージバ西端の約十三ヘクタールの土地に夏を過ごすダーチャ用の安価な田舎風家屋を八戸建て、貸し出すことに同意した。

二女以下の三姉妹はウサージバの中にそれぞれのダーチャを持っていたが、一八三〇年代終わりに建った、エリザヴェータのダーチャ（サルティコフ別邸）しか今は残っていない。現在の地下鉄駅「チョールナヤ・レチカ」の西側横に広がる緑地帯の中を弓型に走っていたフェルゼン小路という小道は、近くにオリガの小さい家があったためそう呼ばれたと推測されている。二女アデライーダのダーチャもサルティコフ別邸の南後方に建っていて、二十世紀の初めまで賃貸に出されていた。

「人工鉱泉治療施設」

決定的な転機は一八三三年に訪れた。西ヨーロッパですでに広まっていた、人工鉱泉水での病気治療（主として胃腸系の）の流行がロシアにも訪れ、すでにモスクワでは一八二八年にオストジェンカに治療院が開かれ、オデッサ、ヘルシンキにもつくられた。いよいよブームはペテルブルグにも到ったのである。

ペテルブルグでの開設に際しては皇帝ニコライ一世の大きい支持があった。ニコライ一世は臣下が病気治療を目的として国外へ出るのを好まなかった。首都に居住しながら、勤務を続けつつ鉱泉治療を受けることが大いに気に入り、強力に推奨したのである。そのための株式会社設立は当局の厚遇を受け、二十年の特権が与えられ、国庫が一〇〇株を約二〇〇万ルーブリで買い上げた。財務省からは施設建設のために、所属の建築家が差し向けられた。

その用地としてチョールナヤ・レチカのウサージバ・マンドローヴァが選ばれたのである。その選定にあたっては、都心から遠からず、近からずの距離が大いに有利に働いたことは想像に難くない。ソフィヤ伯爵夫人が候補地として手を挙げたのは、借地に出す実利はともかく、皇帝を始め、皇族たちも治療に訪れる施設を自らの領地内に設けることをこの上ない栄光と考えたからであろう。伯爵夫人は「人工鉱泉治療施設」会社と三十年の土地の賃貸契約を結んだ。用地に当てられた土地はウサージバの西側の部分で、施設の建設は一八三三年八月に着工され、一年後に完成した**［図4－17］**。

人工鉱泉治療とはヨーロッパの有名鉱泉と同成分に調整した合成水を、飲んだり、浴したりして消化器系疾患を改善する療法である。患者たちは医者に処方してもらった鉱泉を求めて施設を訪れる。モスクワで鉱泉療養所をつくったＸ・И・ロデルは鉱泉療法には身体運動が不可欠と考えて、鉱泉水の飲用後に必ず数時間の戸外での歩行を付けて処方した。モスクワ川を見下ろす川岸近くのオストジェンカにある彼のクリニックには朝早くから患者が押しかけ、人工鉱泉水を飲用したあと、川岸を長時間散歩した。歩行運動の調子をつけるようにブラスの演奏もつけられていたという。

　ペテルブルグでも人工鉱泉治療施設は大ネフカ川の川面に正面を向けて建てられ、周りに遊歩のための庭園が造成された。二階建ての大きな建物は二つの棟が長い渡り廊下で繋がれた構造であった。主棟は製造した人工鉱水を提供する治療棟で、ビュッフェで三〇種類の鉱泉水を提供し、飲用するための部屋があった。女性専用の部屋もあった。東側玄関は皇室、皇族方を迎えるためのもので、一般利用者は反対側の玄関から入った。広いホールがあり、舞踏会を催すことも出来た。演奏者用の席もつくられており、コンサート会場にも利用できるものだった。主棟と第二棟を結ぶ長い廊下は悪天候の時にも歩行を可能にするためのものであった。

　第二棟は浴室棟で、個別の浴室で鉱水浴をする。

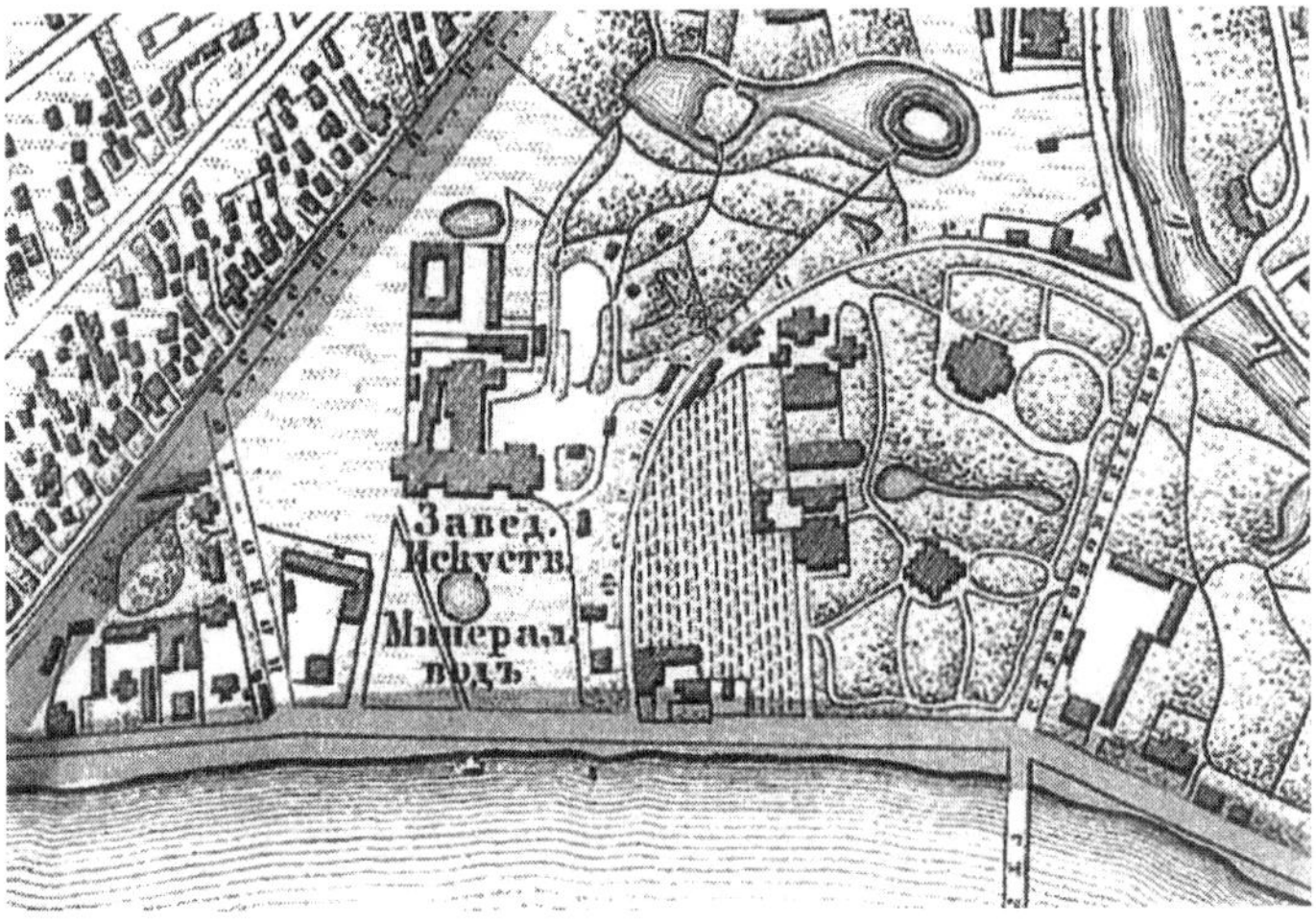

図4-17　「人工鉱泉治療施設」図（1865-1876年）　A.ロレンスの写真にもとづく

男性用が十室、女性用が六室あった。各個室には玄関や休息室が付いていた。それ以外に蒸気浴や滴流浴などの特殊浴用の部屋が四つあった。面会室や、従者控室、待合室もあった。
二階は管理者や従業員用の部屋や、運営業務に必要なものが置かれるスペースとなっていた。その他に精製水の保存、浄化装置を置く建屋や地下倉庫などがあった。ネヴァ川のそばには水を供給する設備や、水路来訪する人々のための波止場がつくられた。温室や造園職人の小屋があり、建物の周りには沼地を干上がらせてつくった、散策のための広い緑地庭園があった。
一八三四年、「施設」は華々しく開業し、その年にニコライ一世、アレクサンドラ皇后がイエラーギン島滞在の折に施設を訪問して人工鉱水を飲用し、皇族たちもそれに倣った。数年前にドイツから帰還して、皇族の一人となったプリンツ・オリデンブルクスキー[96]はよく効くからとキッシンゲンの人工鉱水を指定した。翌年も皇帝、皇族の訪問があり、皇帝は全てに満足したこと、「殿下（プリンツ・オリデンブルクスキー）はまた有益なキッシンゲンの人工鉱水を飲まれた」ことを、「人工鉱泉治療施設」の主任医師メイエルらは施設の年次報告書に書いている。また、多くの貴顕、大臣、高級官僚たちが時間を割いて施設に通ってくるとも記されている。[97]
一八三五、一八三六年の夏には「施設」で舞踏会も催された。前出のストロガノフ家の歴史記述者Ｈ・Ｍ・コルマコフは舞踏会で次のような場面を目にしていた。

鉱水施設の建物は竣工したばかりで、最上流の人々が訪れていた。そこへはアレクサンドラ・フョードロヴナ皇后も朝は散歩に、夜は舞踏会にお出ましになられた。そこには皇族用に特別室があった。そういえば、ある夜の舞踏会にプーシキンもその美人の妻を連れて来ていた。夫妻はどうしてもみんなの注目の的になっていた。舞踏会が終わって、ナターリヤ・ニコラーエヴナは馬車を待つあいだ、入り口の柱に寄りかかって立っていたが、若い軍人たち、特に近衛第一連隊の面々が愛想を振り撒きながら彼女を取り巻いていた。少し離れた別の柱のそばに考え事をしているようなプーシキンがいて、彼らの会話には全く関わっていなかった。…夫妻とこのグループを見ていた、勘がよくて好奇心の強い観察者の目にはこれから起こることが読み取れていたかもしれない。[98]

コルマコフの言葉は、プーシキンの悲劇はチョールナヤ・レチカのダーチャ地区の、ある夏の社交が引き起こした事件だったと言っているようだ。

プーシキンの決闘事件と相前後してソフィヤ夫人の身辺には不幸が相次いだ。一八三六年に頼りとする女婿ヴァシーリー・ゴリツィンが病没し、翌年には末娘のオリガ・フェルゼン、そして母のナターリヤ・ゴリツィナが亡くなっている。

プーシキンが妻とその姉たちを連れて訪れた「施設」の舞踏会は予約制であった。もちろん彼らの場合、女性たちのたっての希望でのことだった。責任者としての男性のエスコートなしには女性は入れなかったのである。A・ブルガーコフは次のように手紙に書いている。

予約制の鉱水施設での舞踏会に出かけた。五〇〇人ぐらいの人がいて、すばらしかった。……島嶼地区で夏を過ごしているザヴァドフスキー夫人とかプーシキン夫人とか、貴婦人方が総出だった。家族を連れた商人やドイツ人たちもいて、もてなしがあり照明も良く、二つのオーケストラが演奏していた。すべてが礼儀にのっとり、素晴らしかったが、何よりよかったのは、七時に始まり十一時に終わったことだ。ドイツ鉱水にちなむ舞踏会がこれからも催されることを望む。入口で紳士方は一枚十ルーブリのチケットを買うのだが、それには必ず名前が載ってなくてはならない。その人の責任で二人の女性を連れて入れるようだった。という具合に、ふしだらな関係の婦女子はもぐりこむことはできないのだ。(99)

チョールナヤ・レチカのダーチャ地帯の大きな問題点は近くに夏季駐屯をしている近衛連隊であった。クラスノエ・セロでの夏の演習を終えた近衛将校たちはここで羽根を伸ばすのである。ストロガノフ家の末娘オリガの駆落ち事件にも、プーシキンの決闘にも関与している近衛第一連隊は若いエリート軍人たちの集団で、リゾート地での彼らの悪ふざけは留まるところがなかった。前出のカーメンスカヤはさらに記す。

大体において、チョールナヤ・レチカは静けさを自慢できるところでした。ところが、ノーヴァヤ・ジェレーヴニヤに住んでいた人たちが言うには、そこに駐屯している近衛連隊のおかげで、とてもやりきれたものではない…将校たちはネヴァ川へ水浴に行くのに、シーツを体に巻き付けただけの恰好でご婦人方のそばをすり抜け、帰るにもそのままの恰好である。夜毎に村を走り回って、棍棒で鎧戸を叩き、「火事だ！火事だ！」と叫ぶ。眠りを破られて、寝巻のまま外に飛び出したりする人もいました。(100)

チョールナヤ・レチカや隣接するノーヴァヤ・ジェレーヴニヤは当時のダーチャ・ブームの先端をゆく地域であったのだが、伊達な近衛将校たちの存在が若い女性たちをそこに引き付けたことは、ゴンチャローヴァ姉妹たちの場合を見ても間違いなく、リゾートにはアヴァンチュールが期待されていたのである。

「人工鉱泉治療施設」の経営は順調にとはゆかなかった。この施設の一番の狙いであったペテルブルグ市民の中間層を引き付けることができなかったのだ。開業一年早々から患者数は減るばかりであった。大多数のペテルブルグ市民にとっては遠くて、高価で、それほど魅力のあるところではなかったのである。
一八四〇年代に入って暑い夏が続いた。人の動きが緩慢になり、わざわざチョールナヤ・レチカまで鉱水治療に訪れる顧客はますます少なくなり、会社はその営業方針を変えて、市内に活動を移すことにした。ストロガノフ・パークの施設はそのままに、一八四二年秋、ペトロ・パウロ要塞の対岸クロンヴェルグにある緑地帯、アレクサンドロフスキー・パークに新たに店舗をつくり、鉱水の販売治療施設としたのである。

一八四三年七月の終わりに本当に火事が起こってしまった。ストロガノフ庭園の中に立つ、マーラヤ・ダーチャと呼ばれる二世代目伯爵夫妻のための別邸、ヴォロニーヒンがつくったソフィヤ未亡人のダーチャが炎上し、灰燼に帰してしまったのである。同じころペルミの領地でも大火事が続き、ストロガノフ家の家産に大きな痛手をもたらした。ソフィヤ伯爵夫人は成果を上げ、発展している学校の運営を断念する。一八四四年末までに学校を閉鎖するようアデライーダに申し渡し、ストロガノフ・ウサージバの第二の主人公ソフィヤ・ストロガノヴァは一八四五年三月に六十九歳の生涯を閉じた。

第五章　ウサージバ消滅

イズレルとアーティストたち

1　歓楽と革命

イズレル登場

チョールナヤ・レチカの「人工鉱泉治療施設」は営業が停止されて人けがなくなり、落日の憂き目に沈んでいたが、その運命は一八四七年に逆転する。それはこの地の第三の主人公、イオガン・リュティウス・イズレル[1]（一八一〇―一八七七）の登場であった。イズレルはストロガノフ家よりこの場所を十年の賃貸契約で借り受けた［**図5―1**］。

図5-1　イオガン・イズレル

スイスのダヴォスに生まれたイズレルは一八一七年に製菓職人であった親に連れられ一家でペテルブルグにやって来た。母の兄がすでにペテルブルグで菓子店を開き、成功していたからであった。一年後、イズレルの一家は父親を亡くし、伯父の保護の下に暮らすこととなる。数年後に母が再婚し、彼は伯父の菓子店に残って、ウェーターのチーフとなり、店を仕切った。一八三二年、彼はペテルブルグの人気カフェ・レストラン「ドミニク」[2]の店主の娘と結婚する。

一八三六年に伯父がスイスの故郷に帰ることとなり、自分のレストランをイズレルに売却した。彼はその後、その店舗を本店として市内や郊外（ペテルゴフ街道、パヴロフスク）にいくつかの中小店舗を構え、商売を拡大してゆく。ネフスキー大通りの本店はアルメニア教会の建物の二階部分を占め、「ドミニク」で学んだ様々な斬新なサービスを提供して、繁盛した。新聞室があり、新聞を読みながらくつろぎ、ロシアのものだけでなく、外国の雑誌・新聞の予約もすることが出来た。ビリヤードやチェスで遊ぶスペースもあった。イズレルは店舗を改造して、ネフスキー大通りに降りず、乗物から直に二階のレストランに入れる階段をつくって市民の関心を引き、流行の場所となった。数年後には「ドミニク」を凌ぐ評判を得て、ペテルブルグで最上のレストランと見做されるようになる。一八四五年には店舗用にアイスクリーム製造機を製作し、特許を取っている。

「人工鉱泉治療施設」に現れた時、イズレルはすでに成功したレストラン経営者として名の知られた人物であった。施設の運営管理人になった時、彼に期待されていたことはレストランの経営だけだったのかもしれない。イズレル自身は「人工鉱泉治療施設」をどういう商業施設にしてゆくか、明確なアイデアを持っていたのだろうか？　果たして彼がしたことは、かつてのストロガノフ・ウサージバでの祝祭を継承するかのように、時代に合わせてそこでの祝祭イヴェントを発展させ、もっと多くの市民に向けて拡大開放していくことであった。「人工鉱泉治療施設」は全市民に向けての娯楽・遊興のパーク、〝大人の遊園地〟と化したのである。

イズレルについてはロシアにヨーロッパ型の保養地の娯楽をもたらした人物として知られているが、彼の提供するものを待ち受ける人々の層がすでにロシアにも存在していた。十八世紀末のエカテリーナ二世の治世下でも、ストロガノフ・ウサージバや、彼が競争意識を燃やしていた、古い家柄の大貴族Л・А・ナルィシキンのウサージバ「バー・バー」へは祝祭日や日曜日は服装さえ整っていれば身分を問わず市民は訪れることが出来た。十九世紀には、富裕なブルジョア層も貴族階級と同様にウサージバでの祝祭に出入りしていた。一八一二年六月二十二日にペテルゴフで行われたマリヤ・フョードロヴナ皇太后の名の日の祝いには「上階では貴族と商人のための仮面舞踏会があり、夜も遅くなると宮殿付近はイルミネーションが灯された。…異なる身分の、広い年齢層の男女が極めて多数集まり…[3]」と一八一七年七月二十五日の「北の郵便」紙が伝えている。

一八四〇年代には島嶼部に散策に行くのが流行した。特にイエラーギン島へは上層階級の人々が真新しい馬車でめかしこんで群をなしてやって来た。ペテルブルグの富裕な人々は日常生活の外に娯楽と気晴らしを求めていたのだ。

しかし、「人工鉱泉治療施設」は皇帝のテコ入れがあったにもかかわらず、市民の心を掴むことができなかった。国内の鉱泉保養地、リペツクやスターラヤ・ルッサのような娯楽性を欠いて

図5-2　「人工鉱泉治療施設（ミネラーシキ）」の光景　B.Φ.チム作版画（1852年）

いたからである。イズレルはその庭園を整備してコンサートやアトラクション用の舞台となる建物（当時流行のヴォクザール[4]）をつくり、野外舞台や異国風パヴィリオンを建てた。庭園には芝をしき、花壇で飾り、池をつくった。「驚きと夢の並木道」は飾り立てられ、アーチが立てられた。「人工鉱泉治療施設」は人々から「ミネラーシキ」と親しく呼ばれるようになった**［図5－2］**。

チョールナヤ・レチカの施設へ来るには、夏の庭園の波止場から蒸気船があり、また、ネフスキー大通りの集合商業施設ゴスチーヌィ・ドヴォールから乗り合い馬車も出ていた。冬期に庭園の中に雪滑りのためのゴールカ（小山）をつくっている時は、イズレルは自分のネフスキー大通りのレストランから直行の橇を出して客を運んだ。

入場料は銀貨で一ルーブリ五〇コペイカであったが、紳士に伴われた女性は無料であった。大きな祭典の時は一〇〇人目とか二〇〇人目とかの入場者には高価なアクセサリーがプレゼントされた。

草原に直に置かれたサモワールでお茶が振る舞われ、庭園の端にある乳牛ファームでは搾りたての牛乳が提供された。イズレルは自分の店で製造した様々な焼き菓子やピロシキ、パンを販売した。ビュッフェ・チェーンも加わり、そこでは二〇〇種もの上質の食べ物や飲み物が提供された。市内から人々がどっと押し寄せ、夏には毎晩五〇〇〇人以上の来園者があった。ミネラーシキの庭園は清潔で、秩序が保たれていた。イズレルはそのために専用の警備員を置いていた。

イズレルが卓越していたのは時代を見抜く興行師としての才能であり、「人工鉱泉治療施設」内のホールや野外劇場でそれは開花した。彼の企画で最も好評を博したのは舞台公演であった。決して同種のものを競合させず、プログラムを異なる芸種で満たすのが彼のやり方で、ある夏のシーズンは次のような演目が並べられている。

コンサート・ホールでは、有名指揮者による舞踏曲、チロル地方の歌合唱、フルート独奏、ソプラノ・テノール・バリトンのトリオ合唱、デュエット、バレエからのパ・ド・ドゥ、アクロバット、前奏曲付き活人画。軽演劇の舞台では同様の音楽演奏に加えて、奇術、変身術や各種体操術、格闘技試合、曲芸、アクロバット、綱渡り等々。(5)

イズレルは首都およびロシア全土から一流の、名の通ったアーティストを呼んだ。モスクワからはジプシー楽団が呼ばれて、ミネラーシキの定番となり、人気を盛りあげた。ジプシー歌謡の人気は一気に広まり、チョールナヤ・レチカ一帯の飲食・娯楽場でジプシーたちの歌が聞こえるようにになった。元来、草深いロシアの田舎のウサージバでは遠来の客へのもてなしにはジプシーに歌わせることが定番であったのだ。

イズレルの企画は次第に演劇に意欲を見せていった。古典作品を音楽劇に替えたり、テーマ性を持たせた演目（『フィンランド湾の白夜』、『ネヴァ川漁師村の復活祭』等々）が繰り出されて、さらに上質なものとなっていった。

穏やかな天気の日に庭園で揚げられる気球も大人気だった。雨の時は大きな傘と庇が設置され、客たちはその下か施設の建物の廊下を散歩した。

イズレルはミネラーシキの運営にすべてを賭ける気になり、ネフスキー大通りを離れて、ノーヴァヤ・ジェレーヴニヤ（ウサージバに隣接する地区、ウサージバを含めて指すこともある）に住居を定め、近くに菓子店も開業した。ペテルブルグの市民を沸かせたイズレルの大成功は真に市民的民衆的娯楽の時代が到来したことを意味していた。

ドストエフスキーは『罪と罰』のなかでラスコーリニコフに、「イズレル―イズレル―アステカ人―イズレル―バルトラ―マッシモ―アステカ人―イズレル…」[6]とその名を連発させている。ラスコーリニコフはカフェで何日分もの新聞に目を通しながら、つい目につくイズレルという名を口にしてしまうのだ。メキシコの滅亡した民族アステカ人の末裔という触れ込みの小人の男女（マッシモとバルトラ）がロシアにやって来て、新聞紙上を賑わせていたことから、彼が読む新聞は一八六五年夏のものと知れる。

民衆文化史研究家A・M・コネーチヌィは次のように書いている。「娯楽・遊戯庭園の元祖は十分な根拠を持って、一八三四年にストロガノヴァ伯爵夫人のウサージバの敷地内、大ネフカ川の川岸、ノーヴァヤ・ジェレーヴニヤの地に開設された『人工鉱泉治療施設』であると言ってよい。この施設は当初は富裕な市民を対象としていたが、ここで正に娯楽興行的形態の大衆に開かれた遊園の基礎が置かれたのだ。園の興行主であるイズレルのもとで、一八四〇―一八六〇年代に音楽の夕べが開かれ、舞踏会が催された。さらに〝身体術的奇術〟が演じられ、ジプシーが歌い、ウクライナやチロルの歌が聞かれた。ハンガリー・ダンスがあり、〝活人画（「ラドガ湖の嵐の中のピョートル一世」等）〃がつくられ、アクロバットや曲芸体操家たちが出演した。フランス道化の演じるマリオネット劇があり、ヴァイナートの気球飛行が行われた。ちなみに、最初にロシアでフランスのシャンソン歌謡が歌われたのはイズレルの遊園のヴォクサール（舞台館）で、一八六〇年代の始めのことだった」(7)。

有名なパーヴロフスクのヴォクサールで演奏してきた、軍楽隊の指揮者ゲルマンの下でオーケストラが演奏する夕べがあり、人々が大挙して押し寄せてきた。ほとんどの貴族人士が馬車に乗ってやって来て、音楽劇場の前で列をなした。イズレルは高名なイヴァン・グンゲリのオーケストラも招き、モスクワからはイヴァン・ヴァシーリエフのジプシー合唱団を呼んだ［図5－3］。

図5-3 「人工鉱泉治療施設　音楽の夕べ」のポスター

一八四八年、ペテルブルグにコレラが流行し、全市が重苦しい空気に包まれていた時、イズレルは全力をあげて演目を工夫し、市民をミネラーシキに誘った。ニコライ一世もミネラーシキを訪れ、戸外の演目をいくつか鑑賞した。皇帝はイズレルの市民への娯楽提供の貢献を認めて労い、三〇〇〇ルーブリが下賜されたのである。

一八五七年に賃貸契約期間が終了し、イズレルはしばしミネラーシキを離れたが、一八六一年より復帰し、今度はフレンチ・カンカンとシャンソン歌謡を舞台に上げ、大当たりを取る。フレンチ・カンカンとシャンソンは瞬く間に首都を席巻し、模倣店が続出して、娯楽場の中心的なプログラムとなった。また彼はオペレッタの上演にも情熱を燃やし、一八六九年にジャック・オッフェンバックの『ラ・ペリコール』公演が実現した。

設備も最新の技術を用い、一八六六年にはミネラーシキのスケート場は電気照明で照らされた。ペテルブルグの街灯に電気が使われ出すのはその十七年後のことである。

ミネラーシキの成功に競争心をあおられた同業者たちは、イズレルのもとで働いている有名アーティストたちを高額な出演料で引き抜きにかかった。シーズン中も引き抜きは行われ、出演料は高騰していった。イズレルはやむなく一流のアーティストを手放し、満足のいかない芸人を使わざるを得なくなった。その結果、観客の関心は冷えていったのである。以前のイズレル色が褪せてゆき、一八七〇年より決定的に観客に見放されてしまった。

それから数年間はミネラーシキの敷地内での興行主の入れ替わりが続いたが、一八七四年に「アルハンブラ」(8)という劇場が建てられた。流行のモーリタニア風の建物で、軽薄なパロディ劇が上演された。一八七六年八月七日、四ヶ所から同時に出火し、あっという間に、「人工鉱泉治療施設」の建物も、園内の建屋も、「アルハンブラ」以外はすべてが焼失した。イズレルはその後、アーティストたちへの清算を終え、破産し、わずかに残った資産をカード賭博で失い、火事の一年後貧窮のうちに没した。

「ミネラーシキ」から「アルカディア」へ

イズレルはいなくなったが、彼が切り開いた世界は大きく発展していく。ジプシー歌謡は影が薄くなり、チロルの合唱も飽きられてしまい、ペテルブルグの流行は一気にフランス風のカフェ・シャンタン（ショウ・レストラン）に移っていった。いくつもの同種の店が林立し、競争が激しくなり、出し物の内容も刺激的なものに流れていった。

ミネラーシキの跡地にもイズレルの夢を追いかける企業家たちの試みが次々と現れる。まず、イズレルの部下であった、A・Ф・カルタヴォフ、Д・A・ポリャコフ、Г・A・アレクサンドロフの三人はミネラーシキの西側の土地に、まだイズレルの在世中の一八七六年に「リヴァディヤ」(9)を立ち上げる。しかし、三人共同での営業は難しく、カルタヴォフ個人の運営となる。彼はペテルブルグで初めてプランケットのオペレッタを上演し、全市を沸かせた。フランスからオペレッタ一座を招き、ロシア人歌手と一緒に歌わせたが、「フランス語とロシア語のちゃんぽんが初めは笑いを誘っていたが、次第に好まれるようになった」[10]とA・プレシシェエフは回想している。「リヴァディヤ」は次々と目新しい企画を繰り出す。気球の下にぶら下げた籠に白いドレスに赤いリボンをつけた美女を坐らせ、マーチに合わせて上空へ浮かび上がらせた時は、園内からも大ネフカ川の川面を埋めたボートからも歓声と拍手が鳴りやまなかったという。

一八八〇年六月六日にはここでプーシキンの誕生日にちなんだ祝祭が催され、その夜の舞台ではプーシキンの作品から取られたオペラが演じられ、ロマンスが歌われた。イヴァノフ＝クラシック（一八四一―一八九四）と呼ばれた街の詩人が小唄のような詩を作っている。

なんで行けよう、アルカディア、
つらい気持ちや悩みを持って。
行こう「リヴァディヤ」
そこで新年！[11]

カルタヴォフと袂を分かったポリャコフとアレクサンドロフは一八八〇年、セルゲイ・グリゴーリエヴィチ・ストロガノフ伯爵よりミネラーシキの広大な跡地を借り受け、そこに「アルカディア」の建設を始める［図5－4］。この名は右の即興詩よりつけられたと言われている。モスクワのマールィ劇場の俳優、演出家でもある興行師M・B・レントフスキー[12]も運営に加わった［図5－5］。一八八一年五月に開園し、入場料は銀貨一ルーブリとかなり高いもので、ミネラーシキの伝統とブランドを意識して、上級市民に狙いをつけたものであった。ポリヤコフとアレクサンドロフの方針は本格的なロシア・オペラを上演することだった。『皇帝に捧げし命』は欠かせなかったが、ロシア・オペラのレパートリーは

図5-4
園内と「アルカディア劇場」（1884年）

図5-5
M.B.レントフスキー（1890年代）

まだ少なく、西ヨーロッパからの『アイーダ』や『ファウスト』も上演された。彼らは上質なオペラを求めて、ロシア各地の劇場を回り、優秀なアーティストと契約した。しかし、一八八二年七月、また火事ですべてが焼失してしまう。

ポリャコフとアレクサンドロフは失意に沈むが、レントフスキーの情熱とエネルギーは三ヶ月ですべての建物を復興してしまった。すべてが旧に復し、モスクワのジプシーは歌い、園内の滝は音をたてて流れ落ち、池の生け簀ではチョウザメが泳いでいた。レストランではイギリス産、フランス産のワインが抜かれ、舞台ではアクロバット、奇術師、ジャングラーが芸を演じていた。レントフスキーは西隣のリヴァディヤにも進出する。一八八五年、リヴァディヤの遊園と劇場はレントフスキーの手に渡り、彼はリヴァディヤにキン・グルスチという新しい名前をつけて、レパートリーも新しくした。そこではロシアものが多くなり、主にロシア人の役者が出演した。彼は民衆的な出し物を得意とした。

アルカディアの新しく建てられた劇場では折々に若きシャリャーピンやソビーノフ、フィグネルらが巡業で公演にやって来た。シャリャーピンは一八九一年七月二十四日にオッフェンバックの『ホフマン物語』でミラクリ役を演じ、一八九四年には夏期シーズンを通して契約し、ファウスト、皇帝に捧げし命、サンタ・ルチアからのアリアを歌った。アルカディアにはジューコフやモナホフなど後に大アーティストとなる若き才能が集まり、夏は野外劇場で、冬は室内庭園の舞台で競演し、成長していった。

チケットを入手できない人たちで、どうしても舞台を見たいという連中が沢山いて、塀を乗り越えて侵入して来た。侵入者が後を絶たず、見つかるとタールをかけられたと言われている。

世の憂さを忘れたり、紛らわしたりするための遊楽でも、外の世界の動向と無縁でいることは出来なかった。一八八〇年代後半には舞台でフランスものが大いに受け、盛んに上演されたが、そのころロシアとフランスは政治的に接近し、露仏同盟に向けて動き出していた。その後、ロシア回帰の復古調的風潮が社会全体を覆うことになると、アルカディアの十周年の記念パンフレットも、愛国的になり、ロシア性を強調するものとなっている。

馬車鉄道（コンカ）の時代は終わり、一八九三年には鉄道駅ノーヴァヤ・ジェレーヴニヤ（現在同名の駅とは位置が異なる）がアルカディアのすぐ近くに開設され、さらにたくさんの客が集まってきた。

興行師たちの浮沈も激しいものであった。一九〇四年、「あの名の知られたA・Φ・カルタヴォフが貧窮のうちに聖ニコライ精神病院で亡くなった。興行師の運命である。」[13]と「演劇と芸術」誌は伝えている。レントフスキーもポリャコフも破産した。

古代ギリシアのアルカディアに限りなく憧れ、崇高な思いをこめて庭園をつくったアレクサンドル・セルゲエヴィチ・ストロガノフ伯爵は、一世紀を経て自分の庭園に出現した「アルカディア」を見たらどう思っただろうか？　経営者たちに同じ商人の血を感じたであろうか？　熱に浮かされたようにアーティストを追い求め、零落していく興行師たちに、破産するメセナとして通じ合う情熱を見なかっただろうか？

ヴォロニーヒン・パヴィリオンの運命

ストロガノフ庭園の西半分が鉱泉治療施設ミネラーシキとなり、その後遊興庭園、歓楽地帯へと猛烈な勢いで変身してゆく間、ストロガノフ庭園の東半分、ヴォロニーヒンのパヴィリオンのある庭園のかつての中心部分は、人々の関心から外れて、放置されていた。当時の相続人であるセルゲイ・アレクサンドロヴィチ・ストロガノフ伯爵（一八五二―一九二三）はこのダーチャ・パヴィリオンを一八九八年より全面的に改築して、賃貸物件として有効利用しようとしていた。

十八世紀末から十九世紀初頭にかけて全盛の勢いを見せたウサージバだが、貴族生活の疲弊と共に弱体化、細分化し、〝夏の家ダーチャ〟化してゆく。しかし帝国各地に数だけは増え続け、革命直前にはその数は四万をこえていたと見られている。二十世紀初頭、ロシアの商業主義的経済発展は凄まじく、それまでの歴史的名建築も貴重な庭園も過去の遺物として、文化的価値は顧みられなくなっていた。急速に歴史的建造物や芸術的価値のある家具、美術品などが失われてゆくことに同時代の歴史家、建築家、芸術家、美術史家たちは危機感を抱き、その保護、修復の必要を主張して、博物館の設立を急いでいた。一九〇七年、彼らはまず、チョールナヤ・レチカのストロガノフ・ダーチャを「古きペテルブルグ博物館」（現在、ペトロ・パウロ要塞内にある「ペテルブルグ市歴史博物館」の前身）に移譲してもらうべく交渉したが、所有者からは拒否の返事しかなかった。博物館側はダーチャの計測と写真による保存しかできなかった。初代館長に選ばれたアレクサンドル・ベヌアは「レーチ（言葉）」紙（一九〇九年十月）で嘆くのだった。

この夏までヴィボルグ地区には有名なストロガノフ・ダーチャがあった。いろいろ手を加え、変形し醜くなってしまってはいたが、それでも偉大なロシアの建築家の一人、ヴォロニーヒンの作品の片鱗を持つ建物であり、エカテリーナ女帝時代の最も魅力的な人物の一人、アレクサンドル・セルゲエヴィチ伯爵を思い起こさせるものであった。ここで伯爵は招待した客も、招いていない客ももてなし、公開の遊歩会や祝祭を催した。ここには彼の公開図書室もあった。もっとも蔵書はすぐに訪問客たちによって持ち去られてしまったのだが。多少の出費でこの瀕死の建物を修復して、以前の優美さと独特の魅力を、アレクサンドル三世美術館に架けられているヴォロニーヒン自身が描いた絵に見られるもののすべてを、取り戻すことは可能だったのだが。

現在のダーチャの所有者、大富豪のストロガノフ伯爵、栄誉ある「名士」家の当代がダーチャを賃貸用に改築しようとしていることを知って、建築家・芸術家協会はこの歴史的価値のある建物を保全してくれるように懇願し、博物館に移譲してくれるよう請うた。しかし、今のストロガノフ伯爵はその祖先のメセナには似ていないことがわかった。彼はペテルブルグの社会のために何かしようとは思いもしないのだ。かくして予定された日にダーチャには下賤な人々が、請負人たちや労務者たちが来て、ロシア・パラディィオ建築芸術の最後の痕跡をバールと斧によってさっさと消し去ってしまった。[14]

「ヴィラ・ロデ」 ベル・エポックから革命へ

ミネラーシキの跡地には、ポリャコフの退場と入れ替わるように、ストロガノフ庭園の最後の主人公が登場する。

クレストフスキー島の遊園で支配人をしていたA・C・ロデ[15]（一八六九―一九三〇）が、ウサージバ・マンドローヴァの西南にあった、元はアデライーダ・パヴロヴナ・ゴリツィナ公爵夫人（ソフィヤ伯爵夫人の二女）の所有であったダーチャの敷地と建物の使用権を取得し、そこに「ヴィラ・ロデ」という店（カフェ・シャンタン）を開いたのは一九〇八年であった。アデライーダは一八三六年に夫を失くした後は、もうそこに住んではいなかったのだが、娘のダーチャは母のソフィヤ伯爵夫人が負債弁済のために買い取っていた。女主人の死後その地の主権者となった、セルゲイ・グリゴーリエヴィチ・ストロガノフ伯爵やその孫のセルゲイ・アレクサンドロヴィチはこのダーチャを賃貸で貸し出していて、様々な借地人の手から手に渡っていたのである。

このダーチャで一八八〇―一八八五年に一時ペテルブルグの若いセレブたちのたまり場として名を馳せた「カスカード」[16]という店が営業していた。詩人A・ブロークもよくコンカ（馬車鉄道）でノーヴァヤ・ジェレーヴニヤ停留所に降り立ち、ここを訪れていたという。スキャンダルで有名な場所でもあり、伊達な若者たちが些細なことでぶつかり合って、決闘事件も起こった。近衛プレオブラジェンスキー連隊の将校M・A・ストルイピン（政治家の兄）とИ・H・シャホフスコイ公爵がピストルで決闘し、前者は即死、後者も怪我がもとで間もなく死亡するという凄惨な事件[17]も起こった。

カスカードと入れ替わるように近くに「ポムペイ」[18]という店が開かれた。最初はレストランと庭園のあるちゃんとした店であったようだが、そのうち、品のよくない店という評判を取ったようで、当時の新聞に、夜の女たちと酔っ払いのたまり場、ゴスチーヌィ・ドヴォールやアプラクシン・ドヴォール[19]の手代たちの遊び場とこき下ろされている。

カフェ・シャンタン「ヴィラ・ロデ」が鳴り物入りで開業したのは一九〇八年の秋であった。大きな夏の劇場を建て、立派な舞台のついた夏のベランダ・レストランもつくった。園内の専用の発電所が設置された「パヴィリオン・クリスタル」という名の夏の劇場ではオペラが上演された。大々的な宣伝がなされ、ロデの劇場では実際に、帝室アレクサンドリンスキー劇場の俳優や有名外国人アーティストが出演し、公演内容も素晴らしく、瞬く間にノーヴァヤ・ジェレーヴニヤ（チョールナヤ・レチカ）地域一番の有力店となった。

詩人アレクサンドル・ブロークや作家A・И・クプリンなどはヴィラ・ロデの常連であった。ブロークのここでの一夜を謳った「レストランにて」という詩は今でも広く知られている。

わたしは超満員のホールの窓際に腰かけていた
どこかでヴァイオリンが恋を歌っていた
わたしはおまえに　一本（ひともと）の黒薔薇を贈った
空のように黄金色の　a・i印の三鞭酒（シャンパン）の杯（さかずき）に挿して

一九一〇年[20]

この詩には実話があることを、バラを贈られた女優M・Д・ネリードヴァ[21]が後年証言している。

ヴィラ・ロデが歓楽のシンボルとも目されるようになった二十世紀の始まるころ、ペテルブルグの裕福な市民は馬車を駆って島嶼部へと向かった。カーメンノオストロフスキー大通りを抜けて、ストロガノフ橋を通り、ノーヴァヤ・ジェレーヴニヤを目指したのである。その中には大公たち、ラスプーチンとその取り巻き、年輩の高級官僚、金満家の若者たちがいた。ノーヴァヤ・ジェレーヴニヤ地帯の大ネフカ川岸通りは歓楽庭園の密集地域となっていたのだ。

さらにロデは一九一一年にアルカディアも手に入れた。しかし、二年後火災が発生し、アルカディアの建物は全て灰となってしまう。

ムィザ・マンドローヴァ一帯は酔ったままで世界大戦を迎えたようだ。戦時下、ニコライ二世は酒類の販売を禁止し、歓楽庭園は素面の人々を迎えて、酒類を提供せず楽しませていたと言うが… 営業は変わりなく続いていた。

宴の後　終幕

一九一七年二月、ペトログラード軍管区司令官よりレストラン、ヴィラ・ロデの閉鎖命令が出された。帝政最末期のベル・エポックの徒花に終止符が打たれることになったのである。しかし、続く十月革命への移行期、したたかな水商売の業界は政治の世界とある種の親和性があるようで、ヴィラ・ロデは労働者政治クラブ「イスクラ」として営業を続けていた。さらに、クラブ開業の五月二十五日にはレーニンが来訪し、演説をしたのである。演台に立つ前にロシア革命の父は元歓楽レストランの従業員たちと言葉を交わし、「君たちのレストランは大きな炎をはらんでゆく」と言ったという[22]。これでストロガノフ庭園はソヴィエト時代全般を通じて絶大なお墨付きとなる、〝レーニン記念地〟の根拠を得たわけであったが。

ロデはレーニンともクルプスカヤとも以前からの知り合いで、一九〇六年七月にボリシェヴィキ党員の集会にローザ・ルクセンブルクが訪れ、会見が開かれた折、そのための場所として、小ネフカ川岸通りの自宅を提供している。また、クルプスカヤはロデの娘と友人関係にあり、獄中で同房だったこともあるという。

一九一八年にヴィラ・ロデは「夏季コンミューン劇場」と名を変え、クラシック中心の演奏を行ったが、それまでの享楽性を削がれて、観客は集まらなかった。それ以降ロデはチョールナヤ・レチカから姿を消した。

その後のロデはゴーリキーの名と共に語られることが多い。一九二〇年、ロデはヴラジーミル・アレクサンドロヴィッチ大公の宮殿（現在の「研究者会館　ドム・ウチョーヌィフ」）内に設置された「ペトログラードの研究者たちのための食料供給委員会」の支配人となった。民族学者・探検家のВ・П・セミョーノフ・チャン＝シャンスキーは回想記で、「そこで配られるものは、

図5-6　写真「ロデとその他の人々」（1920年）

配給券でもらうものと比べて天国のもののようだった[23]」と書いている。当時、「ペトログラード研究者生活向上委員会」を取り仕切っていたゴーリキーが、ロデの調達能力を見込んでのことであったと思われる。

「ロデと他の人々」と記された写真がある。一九二〇年にイギリスのSF作家、H・G・ウェルズがロシアを訪れた際、ゴーリキーのアパートに著名文化人が集まって歓迎パーティーが催された。パーティーのマネジメントのためにロデが控えていた。パーティーの参加者たちは記念写真を撮ることとなり、一ヶ所に集まって態勢を定めたところ、そこへロデがそっと忍び寄り、中央にいるゴーリキーとウェルズの後ろにちゃっかり〝主人〟然とおさまった、とゴーリキーからその写真を渡されたコルネイ・チュコフスキーは語っている。[24] ゴーリキーの言う「他の人々」の中ではシャリャーピンが一番目立って写っているように見える［図5－6］。

ロデは一九二一年に亡命したが、その後もゴーリキーと密接な関係を持ち、外国ではゴーリキーの案内役を務めて、必要な人物と会う仲介をしていたようだ。アメリカに亡命した化学者のB・H・イパーチエフはベルリンで彼らと会うことがあり、しばしロデと繋がりを持っていたが、かつてラスプーチンがヴィラ・ロデに通って、夜っぴて狂宴を繰り広げていたころ、ロデは警察の指令により、その都度すぐに通告しなくてはならないのが嫌だった、と彼に語ったと書き残している。[25]

ネップの時代、「ヴィラ・ロデ」があったゴリツィン家のダーチャには一九二〇年代に映画館「ファーケル（狼煙）」が入り、二〇年代の終わりに二十三番工場のクラブ「イスクラ（火花）」となった。一九五四年にはヴィラ・ロデの建物が焼失し、跡地は工場のスタジアムとなった。その後敷地の一部は病院となる。もともと「チョールナヤ・レチカ」という川の名は「淀んだ、悪臭がする川」という意味であるが、その名に沿うように、ソヴィエト時代には、このあたりは低俗な、統一感のない安っぽい小住宅が散らばり、中小の工場が混じる雑多な地区へと変わっていった。

一九三四年五月、レニングラード州ソヴィエトはストロガノフ庭園を海軍アカデミーの所轄とする決定をした。その後、地域の労働者住民から、パーク内の樹林・緑地帯保護の陳情などがあり、場所の選定に関しては記念物保護部や建築家連盟、レニングラード州ソヴィエト建築計画部などからの異議もあったが、庭園内の海軍アカデミーの建設は急がれた。一九四〇年に完成した巨大な海軍アカデミーの建物は、ウシャコフスカヤ川岸通りとアカデミー会員クルィロフ通りに面した、旧ムィザ・マンドローヴァの中心部辺りに建ち、二十一世紀となった現在もチョールナヤ・レチカ地帯のドミナントとして立っている。

ヴォロニーヒンのつくったウサージバの理想のごときダーチャ・パヴィリオンは、二十世紀になって最後の所有者セルゲイ・ストロガノフ伯爵によって賃貸住宅用に改築され、見るも無残な姿となった。内部に往時の痕跡を残しつつ革命期、ソヴィエト時代を忍んできたが、一九六九年までには地上からすっかり姿を消してしまった。(26)

現在、ストロガノフ庭園の東側跡地の残りには、ソヴィエト型集合住宅のゾーンと先端企業の新造ビル群が不調和に併存し、それらを分けるかのような小規模の緑地帯がある。チョールナヤ・レチカ川に近いところに池があり、確かこのあたりに「ホメロスの石棺」が置かれていたのだ、という感慨に誘ってくれる。ホメロスの石棺はその後どうなったのだろうか。

クズネツォフは、おそらく改築が始まった一九〇八年に、庭園内に置かれていた古代の彫像や壺と共に運びだされたのではないかと言う。ストロガノフ家には市内ネフスキー大通りのストロガノフ宮殿内に博物館をつくって、展示品にしようという意図があったのではないかとみる。しかし、世界大戦の勃発で博物館のことは成らなかった。石棺は宮殿につくられた内庭に露天のまま、長く晒しおかれたままであった。この石棺についてはエルミタージュ美術館が何度も移譲を請い、古代の文化遺物の管理状態の改善を勧告してもいる。ストロガノフ庭園の〝本尊〟たるホメロスの石棺がエルミタージュに納められたのは一九三〇年のことであった。

ムィザ・マンドローヴァは？　ストロガノフ庭園は？　ストロガノフ・ダーチャは？　今、チョールナヤ・レチカ一帯を歩き回っても、かつての貴族ウサージバの面影も、十九世紀後半の歓楽庭園街の片鱗も感じることは出来ない。ウサージバの西側領域だったところ、交通量の激しいアカデミー会員クルィロフ通り（一九五二年までは、ストロガノフ通り）の西側には地下鉄駅チョールナヤ・レチカがある。そのそばに、ソヴィエト時代にはおもちゃ箱にしまい忘れたような、くすんだファンタスティックな印象の一軒家があったが、その建物が奇跡的に現在まで残っている。今は修復されて可愛らしいゴシック風の外見を取り戻し、いくつかのブティックやカフェが入った店舗家屋となっている。オリガの姉エリザヴェータが建てた、サルティコフ公爵家のダーチャである［**図5－7**］。建物の正面、かなり離れた道に面してゴシック調のいかつい構えの石造りの門も残っている。早くに世を去ってゆく妹オリガやプーシキンと入れ替わるように一八三七

図5-7　Е.П.サルティコヴァのダーチャ　現代の写真

年から建て始められたダーチャで、ストロガノフ・ウサージバの今に残る唯一の遺物となっている。このダーチャは、地下鉄駅チョールナヤ・レチカ建設時の一九七九—一九八〇年には現場監督の詰め所となっていたが、今では洒落た西ヨーロッパのパン屋や雑貨の店が入り、わざと凝った意趣の現代建築のようだ。

　都市としてのサンクト・ペテルブルグは三二〇年の齢を越えた。この三世紀余の間にロシア帝国のほぼ全域でウサージバは興され、継承され、売られ、焼失し、破壊されたり、腐朽してゆき、ほとんどが姿を失くしていった。ムィザ・マンドローヴァの消長の歴史はその一つのケースである。人々は土地を得て家屋を建て、庭園をひらき、パークへと広げていった。土地の力を借りなかったものは何もなかった。その土地の上で人々が積み重ねた営為の歴史を「文化的風土」と呼ぶならば、地霊（ゲニウス・ロキ）とはその「風土」の後ろに、人々がマジカルな力を期待して夢想した背後霊のようなものだったのか。

ウサージバ・マンドローヴァは消滅まで一世紀半以上もストロガノフ家の所有を離れることがなかった。所有家の変転が激しいロシア・ウサージバの中では稀有なケースであるが、時代に合わせて容姿を変えながら、ウサージバの全生命を生ききったと言えるかもしれない。その終幕にあたって、ピョートル一世やエカテリーナ二世にも匹敵する、全ロシアの支配者の来訪を得たことを知れば、アレクサンドル・セルゲエヴィチ伯爵は欣喜しただろうか。

2　マリイノ　ウサージバと現代

ソフィヤ伯爵夫人なきマリイノ

ロシアに貴族ウサージバは無くなってしまったが、いくばくかのその形骸は今に残っている。

ストロガノフ家関連のウサージバで最大のものは、モスクワの巨大公園として残されている「クジミンキ」であろう。アレクサンドル・グリゴーリエヴィチ・ストロガノフ男爵が相続したが、彼は男子相続者を有せず、その長女アンナがゴリツィン家に嫁いで、ゴリツィン家に引き継がれたものである。ボリシェヴィキ政権から特別保護区として維持されて破壊を免れ、一部建造物と広大な庭園からなるソヴィエト型の大パークである。

ソヴィエト時代が昔日となった現在、国家当局の保護政策によらずに、ウサージバの文化遺産を再生させようという事業（ビジネス）が進行している。ソフィヤ伯爵夫人が残した「マリイノ」はその流れの中にある典型的なウサージバ遺物となった。しばしマリイノの変遷をたどってみよう。(27)

マリイノはペテルブルグ中心部から約九十キロメートル東の、当時ノヴゴロド県内、トスノ川流域につくられたウサージバである（現在はレニングラード州）。ソフィヤの夫パーヴェル・ストロガノフ伯爵の曾祖母マリヤ・ヤコヴレヴナが一世紀近く前に買っておいた土地があり、そこに義父が近隣の土地を買い足していた。ソフィヤ伯爵夫人はウサージバをつくることを決心し、一八一一年さらに隣接するアンドリアーノヴォ村一帯を買い付け、計画を具体的に進め始める。直後の舅の死やナポレオン軍のロシア侵攻のためしばし停滞したが、一八一三年にはウサージバを曾祖母の名より「マリイノ」と名付け、本格的に建設が進んだ。最終的に領地面積は一万デシヤチーナ（約一万一〇〇〇ヘクタール）弱となり、ペルミ県の所領の一〇〇分の一のものとなった。彼女はここに自分の理想のウサージバをつくり、自己の啓蒙的理念の現実化を試みるのである。

ソフィヤの生まれたモスクワのゴリツィン公爵家は、美男だが単純な父ヴラジーミル・ボリーソヴィチを脇に置いて、男性的な性格でエネルギッシュな母ナターリヤ・ペトローヴナがすべてを支配していた［**図5－8**］。母はピョートル一世に取り立てられた新興富裕貴族のチェルヌィショフ家の出で、一七四四年にベルリンで生まれ、二年後に父が公使として赴任したロンドンで子供時代を過ごした。チェルヌィショフ家の子供たちはヨーロッパ流の教育が施され、彼らはヨーロッパ語をいくつも自由に使えたが、ロシア語は不得手であった。一七五六年に一家はロシアに帰ったが、四年後にはフランス国王ルイ十五世の宮廷に公使として派遣され、国王にも親しくお目通りし、王侯貴族と交わって、爛熟したフランス宮廷文化に浸って過した。一七六二年父が元老院議員となってロシアに帰還する。ナターリヤは二十一歳でエカテリーナ二世の女官とな

図5-8　Н.П.ゴリツィナ公爵夫人（1830年頃）

り、宮中で強い個性を発揮して女帝の関心を引いた。一七六六年、彼女は三十五歳のヴラジーミル・ゴリツィン公爵と結婚して、由緒ある格式の貴族ゴリツィン家の一員となったのである。結婚式ではエカテリーナ二世よりダイヤモンドの髪飾りを拝領し、女帝の列席を仰いだ。ナターリヤ・ゴリツィナは間もなく一家のすべてを取り仕切るようになり、性格の弱い夫の下で乱脈になっていた家計を立て直し、領地の経営を改善した。

ソフィヤ・ストロガノヴァ伯爵夫人はこのゴリツィン家の二女で末子であった。母ナターリヤはそのエネルギーの多くを子供たちの教育に注ぎ、一七八三年には子供たちの教育と夫の健康を理由に一家でフランスへ出ていった。前年に息子二人は監視役のフランス人家庭教師を付けてストラスブルクのプロテスタントの学校に送り込んでいた。ヨーロッパ流の教養をつけさせるためで、その後パリの学校で軍事を修めさせている。ゴリツィン家の子供たちもロシアに帰国した時、やはり母国のロシア語に不明であった。懸命に努力して言葉の問題を克服した妹のソフィヤに比べて、後にモスクワ軍知事になった兄のドミトリー（一七七一―一八四四）は生涯ロシア語が上手く使えず、フランス語で書いたものをロシア語に訳させ、丸暗記で演説をしたと言われている。同時代の辛辣なバルト・ドイツ人であるM・コルフは彼を「ロシア人というよりフランス人」で偏見に満ちた人物と酷評している。(28)

ゴリツィンたちはパリに居を構え、マリー・アントワネット王妃の宮廷に出入りし、積極的に舞踏会など宮廷行事に参加する生活を送っていたが、一七八九年にフランス革命の渦中にあるパリから避難するため、ナターリヤ公爵夫人は夫と娘たちを連れてイギリスへ渡り、自らが幼年時代を過ごした国を旅行してまわることとした。

ソフィヤにとって、少女期にイギリス文化の崇拝者である母ナターリヤに付き添われて九ヶ月間イギリス各地を旅行したことは生涯の価値形成に決定的なものとなり、そこで見たイギリス貴族のカントリーハウスや庭園への高い評価は終生一貫したものとなる。

当然彼女のウサージバはイギリス式のもので、特にそれは庭園、パーク、ファームに具現化された［図5－9］。ソフィヤはランスロット・ブラウン、ジョン・ラウドン、ハンフリー・レプトンらの著した庭園書籍を読み、マリイノにイギリス式の風景庭園を造ろうと志していたのであろう。ソフィヤ夫人に限らず、この頃ロシア貴族の間

図5-9　マリイノの光景　E.И.エサコフ作（1820年代）

ではイギリス貴族の領地生活を理想化する傾向が高まり、ウサージバの造営についてはイギリス人造園家の著書が指南書として広く読まれていた。特に「彼（ジョン・ラウドン）の著作はロシアの地主の屋敷にもっとも大きな影響を与えた。…ロシアにおいては風景式庭園の理念はジョン・ラウドンの英語の入門書によって浸透した」(29)のである。

一八二四年、ペテルブルグのヴァシーリー島に開設した学校に続き、翌年、農業学校がマリイノに設けられた。ペルミの所領から農奴身分の若者たちを送り込み、その他の生徒たちと共にイギリスから導入した最新の農業技術を学ばせ、優秀な農民、農業管理者に育てるためであった。まさにストロガノフ伯爵家伝統の啓蒙理念の実践であった。学校は高く評価され、確実に優秀な卒業生が巣立っていった。

ソフィヤ夫人の学校を実質的に運営していたのは二女アデライーダの夫であるヴァシーリー・ゴリツィンであった。彼もゴリツィン姓ではあるが、ソフィヤ夫人の実家のゴリツィン家とは別の分枝で、古い家柄ではあっても、豊かではない、地味な家に生まれている。ゴリツィン公爵家はロシア貴族の中で最上格であるリューリク系に次ぐ由緒を誇るバルト・リトヴァ系の家柄であるが、多数の分枝に分かれ、ゴリツィン姓の公爵はその数の多さで知られていた。「ペテルブルグの大通りには何時も何人かのゴリツィンが歩いている」とか、「ゴリツィンたちでネフスキー大通りの舗装が出来る」とか、よく揶揄の対象になっていた。

ヴァシーリー・ゴリツィンはモスクワに生まれ、家庭教育を受けた後、十代半ばで下級将校の学校で主に数学と実用科学を学んだ。一八一二年より国家勤務に就くが、ナポレオンのロシア侵攻が始まると軍で働き始める。П・А・トルストイ伯爵指揮下の軍団についてドレスデン、マグデブルク、ハンブルク等を転戦して、その功を認められてゆく。一八一九年にはフランスからの軍隊引きあげに従事し、ルイ十八世より聖ルイ勲章を授与された。同時期にヴァシーリーはイギリスを旅行している。旅程の大部分はミハイル・パーヴロヴィチ大公の一行に同行するものだったが、各地の名所旧跡を巡り、様々な官庁や機構を視察した。彼はイギリスに深い感銘を受け、この旅行を『ヴァシーリー・ゴリツィン公爵の一八一八年英国旅行』という手記に残している。彼の旅行体験によるイギリスへの高い評価がアングロマニアであるソフィヤ夫人とその母ナターリヤ・ペトローヴナ公爵夫人の好感度を高めたことは間違いない。また、生来温厚で真面目な性格によってソフィヤ夫人の信頼をかち得た。

ヴァシーリーは一八二一年二月にソフィヤ夫人の二女アデライーダと結婚してストロガノフ家の身内として迎えられ、同時に新しい富裕なゴリツィン家をつくるわけだが、この婚姻は祝福と羨望を浴びるものだった。結婚後ヴァシーリー・ゴリツィンは有力な妻の実家のおかげもあってアレクサンドル一世の侍従武官に取り立てられ、後にクリミアのタガンログで急死した皇帝の遺体をペテルブルグまで運ぶ役を果たした一人となった。

一八三〇年代の後半よりソフィヤ夫人は打ち続く打撃に圧し潰されそうになる。一八三六年、ソフィヤ夫人が学校経営と領地の運営において右腕と頼む女婿、ヴァシーリー・ゴリツィンが病没したのである。翌年にはまだ若い三女のオリガと、マリイノの元祖であるかの如く構えていた母、ナターリヤ・ペトローヴナ・ゴリツィナが没した。一八四三年にはチョールナヤ・レチカのヴォロニーヒンが造った彼女のダーチャ・パヴィリオン（マーラヤ・ダーチャ）が炎上し、ペルミの領地でも大火災が発生し、財政的に大打撃を被ったのである。同年、彼女の事業に何かと側面的に協力してきた兄ドミトリーもパリで亡くなっている。

一八四四年、ソフィヤ夫人はマリイノの相続人である二女アデライーダに、学校を閉じるよう言い渡し、一八四五年に六十九歳の生涯を閉じた。母にはアデライーダにウサージバの生計を切り回す能力がないことはわかっていた。ましてや学校経営など望むべくもなかったのだ。だが、アデライーダとヴァシーリー・ゴリツィン夫妻には四人の息子が育っていて、長男のパーヴェル（一八二二―一八七二）はすでに成人していた。ウサージバとしてのマリイノが若い世代に受け継がれる希望は持っていたのかもしれない。実際、アデライーダは相続の翌年にはマイオラトの権限を長男に譲り渡している。ここでマリイノの運命は大きく変転し、ソフィヤ夫人のマリイノは終わりを告げるのである。

アデライーダは母が亡くなると、修復中のものも含めウサージバ内のすべての建築工事を中止にした。農奴の身から建築家として育て上げられ、マリイノの造営のほぼ全般にわたって関わって来たП・С・サドヴニコフ[30]は解雇された。ソフィヤ夫人の学校から輩出した優れた森林経営学者でマリイノの森林責任者であったА・Е・テプロウーホフ[31]は最後の生徒たちを連れて、ウラル地方の領地へ移って行った。

新しい孫の世代のウサージバの当主、二十代前半のパーヴェルは祖母の理念や思い入れに拘泥することのない、ただの富裕貴族の相続人であった。マリイノは彼の趣味を満足させるための狩猟地へと変えられることとなる。彼は農民たちにウサージバ全域での狩りを禁止し、猟犬の保有を厳禁とした。厳しい監視と罰則が定められ、すぐに犬を売り払わない農民には兵役などの懲罰が待っていた。

一八四〇年代後半にはダーチャ地区がペテルブルグ郊外だけでなく、さらに広範に広がり、マリイノ近くにもダーチャが造られるようになった。ダーチャという言葉には「夏の休息の家」という意味がすっかり定着したのである。一八五一年にはコンカ（鉄道馬車）が近くを通るようになり、ダーチャの客の足となった。

パーヴェルは一八五〇年にナターリヤ・アレクサンドロヴナ・ストロガノヴァ[32]と結婚するが、ナターリヤは一八五三年に二人の子を残して亡くなる。彼は一八五五年に再婚するが、ストロガノフ家からの経済的支援が無くなり、経済的苦境が常態化することとなる。二度目の妻からは七人の子が生まれ、家の経済は一層厳しいものとなった。

農奴解放後の一八七一年、父の逝去を受けて長男のパーヴェル・パーヴロヴィチ（一八五六―一九一四）が当主となる。成人するまでの数年間は母と伯父の後見を受けていたが、成人して学業を終えると近衛騎士団に入り、対トルコ戦に従軍した。世相は革命運動がテロ活動となって要人の暗殺事件が頻発し、アレクサンドル二世自身何度も襲われ、冬宮内での爆破事件も起こり、不安感の漂うものとなっていた。実際に皇帝は一八八一年三月に市内中心部でとうとうテロによる非業の死を遂げたのである。一八八〇年代、ロシア社会は不気味な危惧を孕みつつも、急速な工業化のもたらす富を享受するブルジョア層は増大し、上流貴族社会の生活に憧れ、贅美な享楽に浮かれていた。この時期、同程度の格式を持つ貴族である、ストロガノフ家、ヴァシリチコフ家、メシチェルスキー家、ゴリツィン家の同年配の息子たち、娘たちが円環を作るように婚姻関係を結び合い、三組のカップルが挙行したそれぞれの豪華な結婚式はペテルブルグ市民の耳目を集めた[33]。その一件の当事者マリイノの領主パーヴェル・パーヴロヴィチ・ゴリツィンは、一八八七年にメシチェルスキー家のアレクサンドラ（一八六四―一九四一）と結婚し、二男五女を得た。

ソフィヤ夫人の曽孫にあたるパーヴェル・ゴリツィンが継承したのはマリイノだけでなく、ストロガノフ家伝統の豪儀な客接待であった。彼はもてなしの良さで名をあげると共に、父と同じく熱狂的な狩猟の愛好者としても知られた。しかし交通手段の発達により、マリイノはこの時代にはペテルブルグにかなり近い場所となり、狩猟地としては不適当となってしまった。彼が狩場として好んで利用したのはヴァシリチコフ家の「ヴィビチ」や、ストロガノフ家の「ヴォルィシヨヴォ」であるが、遠隔地への狩りのための移動は気の遠くなるような〝キャラバン〟であった。一八九一年九月に行った狩猟行では、猟犬三十一匹、馬八頭、猟師四人、馬の世話のため下男三人、といった大部隊が鉄道駅まで行き、乗り換えを繰り返し、目的地に着くまでに数日かかるものであった。

パーヴェルはボルゾイ犬に詳しく、猟犬についての書物をものにし、猟犬の競技会にも熱心であった。ストロガノフ家のウサージバの名を冠した猟犬の競技会「ヴォルィショヴォ杯」もあり、セルゲイ・ストロガノフの猟犬は十年間で三十三回の優勝をはたして国内一位、パーヴェル・ゴリツィンは六位と、世紀末の貴族たちは狩猟熱の中にあった。(34)

マリイノで一八九八年末に火災が発生する。主人たちの不在の中で食堂が炎上し、その付近の数部屋が被災した。農民たちが絨毯に水をかけて〝氷の壁〟をつくり、中心部への延焼をくい止めた。この火事がマリイノの栄華のとどめであった。再建の費用はなかった。マリイノからの収入は主人たちの生活を賄えるものではなく、ウサージバ・マリイノはゴリツィン家にとって負担でしかなくなったのだ。火事の後ゴリツィンたちは四年間もマリイノへ足を向けなかった。

パーヴェルは次第にマリイノにある美術品を売り始める。それと並行するように、美術家、文化人、ジャーナリストたちが足繁くマリイノを訪れるようになる。ストロガノフ＝ゴリツィン家に育てられたり、庇護を受けてきた画家たちが来て、盛時のマリイノを忍びつつ、建物や庭園を風景画にし、室内のインテリアなどを描き残そうとするものであった。A・A・ルィロフと彼の師にあたるH・П・ヒモナが一九〇五年にマリイノに滞在して仕事をした。ルィロフは後にその仕事を「マリイノにて」「マリイノ村」「トスナ川岸のマリイノ」などに完成させている。彼はまた資料として貴重な室内のインテリアも多く描き、回想録も残した。[35]

一九一〇年までにA・A・トルブニコフ[36]（一八八二―一九六〇）という若い貴族が雑誌「古き年月」に記事を書くためにマリイノを訪れている。彼は一九〇八年より帝立エルミタージュの絵画ギャラリーに勤める美術の専門家で、一九一七年にフランスへ亡命し、アンドレイ・トロフィーモフという名で『帝立エルミタージュから蚤の市へ』というエッセイ集を出した。トルブニコフはマリイノの隣村の貴族領地で生まれ、初めてマリイノを訪れた時に見た美しい絵画の衝撃で芸術に開眼したと述べている。

マリイノの室内を描いた「エムパイア」（一九一二）という作品がある**［図5―10］**。マリイノの「赤い客間」でローマ風のドレス姿の若い女性が二人窓際で話し込んでいる光景を描いたもので、大きい窓は開け放たれ、パークが見渡される。アンピール様式のインテリアも描き込まれて、この絵はマリイノがつくられた一八一〇年代の空気に満たされたものとなっている。作者のA・A・ルプツォフ[37]（一八八四―一九四二）はこの絵で芸術アカデミーのグランプリを獲得し、受賞によって四年間の外国での研修の権利を獲得した。この絵画は見る者にウサージバの魅惑が消滅せんとすることを知らしめ、世間に大きな衝撃を与えた。彼は港湾地区の無料産院で生まれた出自を持つが、庇護者や画業の師に恵まれ、芸術アカデミーに学ぶことが出来た。一九〇八年よりマリイ

図5-10 「エムパイア」A.ルプツォフ作（1912年）

図5-11　マリイノ主館　写真（1915年）

ノを描き始め、他に「黄金の客間」や「ナターリヤ・ペトローヴナの客間」等が残る。ヨーロッパに出たルプッォフは一九一四年にチュニスに落着き、それから三十五年間、生涯を終えるまでロシアに帰ることはなかった。

マリイノの主、パーヴェル・ゴリツィンはペテルブルグで一九一四年に没した。市内での葬儀の後、鉄道でマリイノの最寄りのウシャーキ駅まで送られ、駅からはマリイノの三位一体教会まで農民たちの手によって運ばれて、教会内のゴリツィン家霊廟に、祖父母の傍らに埋葬された。

アレクサンドラ夫人は夫の死後マリイノを離れ、以降ウサージバに戻ることはなかった。独立していた長女以外の子供たちと共に親戚の多く住むツァールスコエ・セロに移り住み、革命後亡命するまでそこを動かなかった。一度、ドイツ軍侵攻の危険を案じてマリイノへ行き、絵画を持ち出したことはあったが［図5－11］。

ソヴィエト政権の下で

一九一七年春、ツァールスコエ・セロのゴリツィン家の人々は教会の典礼の中で、皇帝ニコライ二世とその家族への祈祷がなされないことに気が付いた。三月二日、ニコライ二世は前線の本営モジャイスクから鉄道で首都へ帰る途中、臨時革命政府によりプスコフ駅で退位宣言に署名させられたのである。廃帝となり、逮捕されたニコライは家族の待つツァールスコエ・セロに戻され、家族共々アレクサンドル宮殿に軟禁された。ケレンスキー政権の意図したロマノフ一族をイギリスへ亡命させる計画は、イギリス側の拒否にあって成就せず、ニコライ廃帝の一家は八月までツァールスコエ・セロに留め置かれた。

アレクサンドラ夫人も家宅捜索を受け、夫人は成人した二人の子供たちと共に逮捕され、ЧК（チェ・カ　秘密警察）の拘置所に入れられた。取り調べは中々進まず一ヶ月半にもなり、十四歳の二男ニコライが果敢にもゴーリキー夫人のマリヤ・フョードロヴナ・アンドレーエヴァに面会直訴して、やっと三人は出獄することが出来た。

だが、外に出ても食糧難に苦しまなくてはならなかった。ニコライは食べ物を求めてマリイノへ行き、かつての料理人の一家に暖かく迎えられ、クールラントから来ていた小作人たちに食物を分けてもらった。しかし、母は決してマリイノへ行こうとはせず、必死で家の周りの菜園で頑張った。

ヴァシリチコフ家の人々がフィンランドへの逃亡に成功したことで、アレクサンドラ夫人は自分たちもフィンランドへ脱出しようと試みるが、二度とも失敗してモスクワの収容所へ送られた。二度目の逃走時に夫人は、ストロガノフ家秘蔵のユベール・ロベールの筆になるエロイーズとアベラールの墓所の絵を持ち出そうとしたのだが、逮捕時に絵は没収され、曲折の経緯を経て現在はエルミタージュに収蔵されている。

ゴリツィン一家は一九二二年に出獄し、出国を許された。マリイノの最後の所有者であった長男のセルゲイだけは出国許可を得られず、ロシアに残り、懸命にソヴィエト時代を生きることとなる。マリイノの教会で結婚式を挙げ、いくつもの職場で働いたのち俳優となり、オデッサの劇団で働いていた時、この元公爵はニコラエフ市で逮捕され一九三七年に銃殺された。

外国へ亡命した他の子供たち六人は、アメリカの大富豪と結婚して一〇一歳まで生きた四女アレクサンドラを最長として、欧米の各地でそれぞれ八十過ぎからから九十代の天寿を全うしている。母親のアレクサンドラ・ゴリツィナ夫人は二女マリヤがいるブダペストに住み着き、第二次世界大戦の最中に没した。

革命後マリイノはそれまでの芸術文化関係の人々の尽力があって、芸術的価値があり、科学的研究の対象として守られていた。貴重な蔵書票付きの書籍やブロンズ製のメダルなどがペテルブルグに移されたのち、「貴族の日常博物館」が設置され、一九二九年まで存続していた。一九二三年六月にはアドリアーノヴヴォ村の住民に「歴史民俗博物館マリイノ（旧ゴリッツィン邸）日曜日十二時から十五時まで公開　入場無料」という公告まで出されている。[38]

同時に、かつての客用の部屋を利用してレニングラードの学術機関で働く人々の「休息の家」（休養施設）となった。二十七部屋、四十四人が利用できる宿泊施設となり、一九二三年から一九二六年の間に三〇〇人以上が利用しているが、その中には芸術史家C・P・エルンストや探検家で民族学者のチャン＝シャンスキー、女流画家E・セレブリャコーヴァの名も見られる。以前の温室には舞台がつくられて、講義が行われたり、コンサートや劇も催された。

一九二六年、マリイノの運営は独立採算となり、「休息の家」は立ち行かなくなり、代わりに有料の保養所がつくられた。世界恐慌の時代となり、マリイノで保持されていた美術品や古書がオークションに出され、多くの記念品や芸術品が売却され、散逸してしまった。

一九三六年にマリイノに孤児院がつくられた。教会は活動を止め、クラブになった。第二次世界大戦の初めの頃には主館は戦時病院が置かれていたが、ドイツ軍に侵攻され、そこはドイツ軍将校の休息サロンとなった。

戦後は再び孤児院となったが、ピオネール（共産主義少年団）の夏のキャンプ地にもなっている。

一九六〇年代より修復が試みられているが、構想や計画が場当たり的で、資金は常に乏しく、修復と言えるものではなかった。一九七〇年代に入って三位一体教会が炎上し、本物の廃墟ができてしまった。教会の内部に積んであった干し草に煙草の吸殻が投げ捨てられたためであった。皮肉にも、ソフィヤ夫人がマリイノのパークをつくり始めた時、まず最初に作ったものはイギリス庭園に倣った廃墟（ルーイン）だった。

この頃マリイノは近隣の村にある火薬工場「鷹（ソーコル）」に譲渡された。工場は主館正面の獅子像が衛る外観のみを昔に戻し、内部を作り変えて新しくペンションを作った。このペンションは一九八四年に開業したが、十五年足らずしかもたなかった。一九九八年のデフォルト、経済的混乱に耐えられなかったのである。火薬工場も翌年破産し、資産は売却された。マリイノの建物には五〇〇ドルの値が付けられたという。

二十一世紀の変遷

社会主義が消え、市場経済で動く時代も二十年近くとなった二〇〇八年、マリイノは再び個人の所有物として女性実業家ガリーナ・ゲオルギエヴナ・ステパーノヴァに取得される。[39] 新時代の所有者は精力的に修復を進め、主館の中央部を中心に主だった部屋を革命前の仕様に復した。一階の北側ファサード、ナターリヤ・ペトローヴナ・ゴリツィナ公爵夫人の三室は「スペードの女王の部屋」として完成させ、二階のソフィヤ夫人の六室も煌びやかに〝修復〟されている。東回廊の書庫、西回廊の肖像ギャラリーも美しく整備された。建物近くのバラ園、離れたところのイギリス式ファーム、水路も改良整備して残された水彩画とそっくりな川や小さい滝を再現し、橋も架け直してかつての風景をよみがえらせたのである。

ステパーノヴァ氏は国立ペテルゴフ博物館[40]の支持も得て、二〇一一年にマリイノをテーマパーク・ホテル・ミュージアムとして開館させた。美しいマリイノはさらに化粧を施されて新しいゲストを歓待すべく、さまざまなイヴェントを用意して待つことになったのだ。ストロガノフ家ウサージバの仔細を調べつくしているクズネツォフ氏の著書には、しかし、新生マリイノに関する記述は一切ない。

そして、文豪ウサージバ

現代ロシアのウサージバを見る時、特筆すべきは文豪たちのウサージバである。新興ウサージバと異なり、帝政時代から文化財として手厚く保護されてきたものもある。ロシアの誇る作家・文豪のウサージバは各地に散らばっているが、交通の便も比較的よいものが多く、大作家の人柄と生活を垣間見るまたとない機会である。

まず第一に、プーシキンのミハイロフスコエ（プスコフ南東約一二〇キロメートル）をあげるべきだろう。幾度か火災に遭い、第二次大戦中に損傷したが、一九四九年には古い資料により、昔に近い形に復元されている。詩人はこの地域のスヴャトゴルスキー修道院内のオベリスクの下に眠っている。ウサージバの周りに広がる清明な草地、そば畑、心和む小川の流れ、詩人を魅了した自然はまた、死ぬほど退屈だったという。

ツルゲーネフのスパスコエ・ルトヴィーノヴォは、全国的に見てウサージバの本場ともいえるロシア中央部のオリョール州ムツェンスク郡にある。厳しい母が所有したウサージバだが、いかにも穏やかな平原の中にあり、低い木造の建物は優しく、貴族の巣の葛藤が嘘のようだ。

　モスクワから北へ、ヤロスラヴリ州の中心部より少し南にあるのがネクラーソフのウサージバ、カラビーハである。展望台付きの三階建て建物の正面は広々と開け、ゴージャスな開放感に満たされる。ここで狩猟好きの作家は「ロシアの女性たち」「誰にロシアは住みよいか」等の代表作を書いた。

　モスクワから南へ、やはりロシア中央部トゥーラ市の十二キロメートル南西に、トルストイのウサージバ、ヤースナヤ・ポリャーナがある。足の便も良く、トゥーラから路線バスが通っているほか、モスクワからの直行便もある。おそらく、全ウサージバ中、もっとも良く整備保全がされているのはトルストイの偉大さのためか。観光客が引きも切らないが、広大なウサージバに呑み込まれると、混雑などしない。そここで結婚アルバムのための写真を撮っている。奥の院のような、「緑の小枝」という伝説の崖のへりに、土盛りだけの墓所がある。

　モスクワ近郊では、電車で一時間くらいのところに、チェーホフが一八九二年より一八九九年まで所有し、父や妹を住まわせ、村に学校や病院を作ったメリホヴォがある。ウサージバの落日期、それでも地主になったチェーホフはウサージバを愛したようだ。

　ペテルブルグ近郊の作家ウサージバとしては、ナボコフのロジェストヴェノの存在感が大きい。ロジェストヴェノ村の丘の上に立つ方形の白亜の主館は、十九世紀末に、ナボコフの母の実家である実業家ルカヴィシニコフ家の所有になって修復されている。ウサージバは、ロシア革命直前の一九一六年に甥のヴラジーミル・ナボコフの所有となった。所有者が亡命したため、ウサージバはかなりの変転ののち、一九八七年に国有施設となった。地域の地層が特段に珍しく、夏には少年ナボコフが蝶を追った野を飽きず散策できる。

ロシアのウサージバは全体的に見てきわめて短命である。短期間で所有者が替わり、ウサージバ研究者のH・ヴランゲリが嘆くごとく、イギリスのカントリーハウスのように同じ家で長く継承されるということがきわめてまれであった。文豪ウサージバも例外ではない。ロシアの「文学の国」という自負で文豪ウサージバは体制をこえてこれまでしっかりと守られてきた。しかし、文字文学の影響力も作家の世界的知名度も変わっていくこれからの新しい時代にどのように生き残っていけるだろうか。

あとがき

ウサージバ、ダーチャ、ムィザ、同一の場所を様々に呼び慣わしていた十八世紀が過ぎ、この三つの名の内でも、ダーチャという言葉は意味するところが大きく変化していった。十九世紀二十年代にはすでに与えられた土地ではなく、夏を過ごすための家（多くは貸家）を指して使われることが多くなってきた。そしてダーチャという名を得た夏の簡易ハウスはどんどん広まって、ペテルブルグ、モスクワ両首都にダーチャ・ブームを巻き起こし、夏の風物詩となってゆくのである。

貴族ばかりでなく、ブルジョア市民層にも浸透した夏のダーチャ生活という慣習については、ツルゲーネフの『初恋』（一八六〇）やチェーホフの『ダーチャにて』（一八八六）など、十九世紀後半の多くの文学作品の中で描かれるところとなったが、この現象は一九一七年のロシア革命まで続いてゆく。

革命を経て、生き残った言葉もダーチャであった。社会主義政権の時代、ダーチャは一般庶民、労働者たちのものとなった。国家の食料増産の意図もあり、人々は所属する事業体のダーチャ組合などから土地利用の権利を買い、ダーチャを獲得したのである。家族で使うダーチャは身の丈にあったもので、広さは標準六〇〇平米、そこに野菜畑をつくり、労働の足場として必要な夏用の小屋を建てた。ロシアに行った人が必ず目にする菜園と掘っ立て小屋の「別荘地帯」はソヴィエト・ロシアの風景であった。

共産党政権の崩壊後、私有地化したダーチャはさらに変化してゆく。一九九〇年代後半、経済競争に勝った豊かな「新ロシア人」たちは広い敷地を入手し、豪華な別邸をつくり始めた。その後、競争経済により格差が定着すると、余裕層は夏しか過ごせなかった陋屋を通年で生活できる恒久的な家屋に建て直し、家の周りには生産性のある菜園や庭園を配してダーチャの改良にいそしんだ。このタイプのダーチャの出現を「ダーチャのウサージバ化」と見る研究もある。ウサージバへの憧れはまだまだ侮れないものがあるようだ。

ロマノフ朝三百年のウサージバをめぐる「物語」を書き終え、誰がその主人公であったのかと自問自答する。何と言っても、それはアレクサンドル・セルゲエヴィチ・ストロガノフ伯爵でしょう、と私は答えたい。しかし、振り返って不思議に思うのだ。ストロガノフは政治家でも軍人でもない、経済にも貢献しなかった。ただの大金持ちの貴族で、その莫大な財を蕩尽しつくすほどに費消して、美術品や珍品を収集し、芸術・文芸のメセナとなっただけの人である。私生活では二度の結婚で妻に裏切られてばかり。彼が送った人生はお人好しとも見えるエピソード満載で、争いは好むところではなかった。もしかして、「ストロガノフ」の名を世界に知らしめた第一要因は、「ビーフ・ストロガノフ」という料理が彼の家の厨房から発したという都市伝説だったかもしれない。

かようにストロガノフ伯爵を主人公に推すには薄弱な根拠しかなく、メンシコフの軍事的英雄性や政治的野心、オレーニンの秀抜な能吏としての多大な国家的貢献や勤勉さ、といった突出した特長に欠けるのである。ストロガノフ伯爵に特段優れた才能があったという記録もなく、目立って大きな貢献もカザン寺院の建立を主導したことぐらいである。しかし、彼の華のある存在感やオーラには否定できないものがあり、誰からも尊敬され、誰からも慕われ、認められてきたのである。この「変な人格者」こそまさに「よき心根で客をもてなす」ウサージバの主人公ではないか。ストロガノフ伯爵こそロシアの貴族文化絶頂期ウサージバのシンボル・キャラクターとして相応しいだろう。

最後にこの「物語」はロシア・ウサージバの表層をなぞったものでしかないことを自覚せざるを得ません。ウサージバという舞台で貴族たちに魔法のような美しい、豊かな生活を享受させせたエネルギーは、とりもなおさず農奴という無償の労働供給源から得たものでした。舞台を作り上げ、日常を支えた無限の労働力があったからこそ成立した世界なのです。その構造と実態を知らなければウサージバを描くことにはならないでしょう。道は遥か、時間は僅か！　映え麗しい「ウサージバ」しかお見せできませんでしたこと、ご容赦！

本書は坂内徳明が創り始めた私家版「百部シリーズ」の第二弾を改訂したものです。彼が、私が長年無自覚に大学の紀要などに書き散らしてきたウサージバ関連の論考を拾い集めて、纏め直すよう迫り、本という形にプロデュースしてくれたおかげで出来たものです。

本書誕生に関しては、佐藤洋輔氏と足立桃子氏に大変お世話になりました。また、成文社の南里功氏には、本書を新しい世界へと送り出していただきましたことを心より御礼申し上げます。

二〇二五年三月

坂内知子

註および参考文献

第一章　モスクワ期最後のツァーリ・ウサージバ

1. Даль-Бодуэн　1911-1914：1066. ここで参照したダーリ編ロシア語辞典はクルトネ版と通称される第四版. В.В.ヴィノグラードフによれば,この言葉прекраснодушничатьは同時代のドイツ観念論の影響下に生まれた新造語である(Виноградов 1991：549-552). 言葉としてのウサージバの歴史と意味論については, 坂内徳明　2022 : 11-13を参照.
2. ピョートル大帝による近代化前後のウサージバ史の区分に関しては, Иванова и др. 2001を参照. 同書はロシア科学アカデミー付属歴史学研究所の関連分野の研究者たちが総力を挙げてまとめた成果であり, 16世紀から現代までのウサージバを歴史学の視点から概観している.
3. 上に挙げたИванова и др. 2001は, ウサージバの時代区分について16世紀の地方貴族のウサージバ（第二章）, 17－18世紀前半の勤務貴族のウサージバ（第三章）とし, ピョートル改革期に明確な境界を引いていない. さらに, ピョートル期以前の庭園史の観点からウサージバを概略した, 坂内知子2006を参照.
4. Москва 1997：445；Воскресенский и др. 1986を参照.
5. アレクセーエフスコエ（アレクセーエフカ）に関しては, Кондратьев1996 : 459. アレクセーエフスコエ村の名前に関しては, ツァーリ・アレクセイがこのあたりの旧名コプィトヴォ村に旅宮（道中宮殿）を設けた際, 周辺領地の所有者だったトルベツコイ公の未亡人が「神人アレクセイ」教会を建てた（1647年）ことから村名が改称されたとされる（Сытин 1958 : 754）.
6. コローメンスコエに関しては, Суздалев　2002 ;Гра 1963 ;Вергунов и др. 1996 : 53-55;Кондратьев 1996 : 491-493; Смолицкая 1998 : 178-184を参照. 1662年に起きた民衆蜂起「銅貨の乱」はコローメンスコエで無惨な終幕となった.
7. Гра 1963 :20-30.
8. アレクセイ帝のコローメンスコエ宮殿は2010年に「復興」されている. この宮殿に関しては, Забелин 1869を参照. さらに, Коломенское 2002に一部紹介されたД.И.Ачаркан (1888-1971) の博士論文（1918）.

9. ロイテンフェルスJakob Reutenfelsはポーランド使節団の一人として1671-1673年にロシアを訪問,彼の回想記は1671-73, 1676年に執筆され, 1680年に刊行（1905-1906年にロシア語訳Я.Рейтенфельс Сказание о Московии. Пер. А.СтанкевичаがЧОИДРに掲載）.
10. Лихачев 1982 : 113 (リハチョフ『庭園の詩学』1987：148).
11. Делиль 1987 : 102-103.
12. 以下のイズマイロヴォの記述は, Измайлово 2000；Коробко и др.1997；Датиева и др. 2000；Молева 2004 ; Сытин 1958 : 819-821を参照. 17世紀のツァーリ一家によるイズマイロヴォ訪問に関しては, Думин 1992.
13. Федоренко 2003 ; Коняев 2002.
14. Датиева и др. 2000 :9.
15. Датиева и др. 2000 :11.
16. Датиева и др. 2000 :11.
17. Урядник Сокольничьи пути. Рукопись XVII в. ГИМ（国立歴史古文書館収蔵）. 正式名称は, Книга глаголемая урядник : новое положение и устроение чину сокольничья пути.
18. Датиева и др. 2000 :13. 枢密官署については, コトシーヒン 2003:105,156,203の他, 156の訳注（2）に説明がある.
19. イヴァン・サヴィチ・ブルィキンИ.С.Брыкинについては, Топычканов 2004.
20. А.С.マトヴェエフに関しては, Рогожин 2000：509-510.
21. 以下のガラス製造, 農地・牧畜経営, ブドウ園, 薬草園等に関する記述は, Коробко и др. 1997 : 7-9を参照.
22. イズマイロヴォの日常については, Забелин 1862の他, Топычканов 2004に多くの記述がある.
23. Лихачев 1982 : 113（リハチョフ『庭園の詩学』1987：148).
24. Коробко и др. 1997 : 14. 上の註９も参照.
25. ロシア正教の影響を受けた古い宗教説話「ヴァルラアムとイオアサフの物語」Повесть о Варлааме и Иоасафеについては, Энциклопедия литературных героев. Русский фольклор и древнерусская литература. М., 1998. С.198-205. さらに, Словарь книжников и книжности Древней Руси. Вып.1. Л., 1987. С.349-352を参照.
26. 新帝都への移動後にイズマイロヴォに残った人びとについては, Анисимов 2002 ; Семевский 1989が詳しい.
27. イズマイロフスキー連隊については, Энциклопедический словарь Брокгауза и Ефрона (以下では Брокгауз и Ефрон) в 86 т.1890-1907 (Репринтное издание 1991),Т.24. С.852, Т.15. С.196を参照.
28. Датиева и др. 2000 :43.
29. К.А.トン（1794 - 1881）に関しては, Славина 1989 ;Литвинова 2003 : 298-321.

30. モスクワならびにポドモスコーヴィエのウサージバの全体は, Чижков 2006 ; Фролов 2003の一覧事典に詳しい. 前者は2000年版の増補改訂第3版.

【参考文献】

Андреев 2003 Андреев И. Алексей Михайлович. М.,2003.

Аникист и др. 1979 Аникист М.А., Турчин В.С. (сост.) .....в окрестностях Москвы. Из истории русской усадебной культуры XVII-XIX веков. М.,1979.

Анисимов 2002 Анисимов Е.В. Анна Иоанновна. М., 2002.

Бусеева-Давыдова и др. 1997 Бусеева-Давыдова И.Л., Нащокина М.В. Архитектурные прогулки по Москве. М.,1997.

Вергунов и др. 1988 Вергунов А.П.,Грохов В.А. Русские сады и парки. М.,1988.

Вергунов и др. 1996 Вергунов А.П., Грохов В.А. Вертоград : Садово-парковое искусство России. (от истоков до начала XX века). М.,1996.

Виноградов 1991 Виноградов В.В. История слов. М.,1991.

Воскресенский и др. 1986 Воскресенский И.Н., Куренной Г.М. Знакомьтесь—парк! М..1986.

Гра 1963 Гра М.А. Коломенское. М., 1963.

Даль-Бодуэн 1911-1914 Даль-Бодуэн Словарь живого великорусского языка. Т.1-4. СПб., 1911-1914.

Датиева и др. 2000 Датиева Н.С., Семенова Р.М. Измайлово. Страницы истории XVI-XX века. М., 2000.

Делиль1987 Жак Делиль Сады. Перевод Александра Воейкова.Л., 1987.

Думин 1992 Думин С.В. Книга записи посещений Измайлова царями, царицами и царевнами XVII в. В кн.; И.Е.Забелин. 170 лет со дня рождения. Материалы научных чтений ГИМ 29-31 октября 1990 года. Ч.2. М., 1992.

Забелин 1862 Домашний быт русских царей в XVI и XVII столетиях. К.1. Государев двор, или дворец. М., 1990.

Иванова и др. 2001 Дворянская и купеческая сельская усадьба в России XVI—XX вв. : Исторические очерки. М., 2001.

Измайлово 2000 Измайлово. Государственный исторический музей. М., 2000.

Коломенское 2002 Коломенское. Материалы и исследования. Деятели русской культуры в Коломенском. Вып.7. М., 2002.

Кондратьев 1996 Кондратьев И.В. Седая старина Москвы. М.,1996 (1893).

Коняев 2002 Коняев Н. Новые Романовы. М.,2002.

Коробко и др. 1997 Коробко М.Ю., Рысин Л.П., Авидова К.В. Измайлово. М., 1997.

Лихачев 1982 Лихачев Д.С. Поэзия садов. Л., 1982 (リハチョフ『庭園の詩学』坂内知子訳 平凡社 1987).

Литвинова 2003 Литвинова О.А. Русские архитекторы. М.,2003.

Молева 2004　Молева Н. Усадьба Москвы. М., 2004.

Москва 1997　Москва. Энциклопедия. М., 1997.

Рогожин 2000　Рогожин Н.А. Матвеев А.С. Отечественная история. Энциклопедия. Т.3. М., 2000.

Семевский 1989　Семевский М.И. Царица Прасковья. 1664 – 1723. М.,1989 (1883).

Славина 1989　Славина Т.А. Константин Тон. Л., 1989.

Смолицкая 1998　Смолицкая Г.П. Названия московских улиц. М.,1998.

Суздалев 2002　Суздалев В.Е. Очерки истории Коломенского. М., 2002.

Сытин 1958　Сытин П.В. Из истории московских улиц. Издание третье, переработанное и дополненное. М., 1958.

Топычканов 2004　Топычканов А.В. Повседневная жизнь дворцового села Измайлова в документах приказной избы последней четверти XVII века. М., 2004.

Федоренко 2003　Федоренко В. Дом Романовых. М., 2003.

Фролов 2003　Фролов А.И. Усадьбы Подмосковья. М.,2003.

Чернявская и др. 2004　Чернявская Е.Н., Бахтина И.К., Полякова Г.А. Архитектурно-парковые ансамбли Москвы. М., 2004.

Чижков 2006　Чижков А.Б. Подмосковные усадьбы. Аннотированный каталог с картой расположения усадеб. 3-е изд., переработанное и дополненное. М.,2006.

コトシーヒン　2003　コトシーヒン『ピョートル前夜のロシア　亡命ロシア外交官コトシーヒンの手記』松木栄三編訳　彩流社　2003.

坂内徳明 2022　坂内徳明「ロシア貴族屋敷（ウサーヂバ）研究―これまでの道程」『近代ロシア文学現出の舞台―ロシア文学史における貴族屋敷（ウサーヂバ）の意義』（平成29 - 32＋1（令和2＋1）年度科学研究費助成事業　研究成果報告書）東京　2022.

坂内知子　2006　坂内知子「ロシア庭園文化史　序」『和光大学表現学部紀要』第6号　2006.

第二章　帝国ウサージバの始まり

1. メンシコフの生涯の全体については, 主に以下の文献を参照. Павленко 1981；Его же 1991；Анисимов 1994；Порозовская 1895; Агранцев 2005；Бантыш-Каменский 1991；Каталог 2003. また, 以下の註3も参照. 近年, メンシコフの「日々の行動」（1716-1720, 1726-1727年）を詳細に記録した資料集『アレクサンドル・ダニロヴィチ・メンシコフの仕事と日々』が入念なテキストロジーとコメンタリを付して刊行された. そのテキストの存在は, 革命前から認められていたが, メンシコフを取巻く多くの「神話」のためか, テキスト全体

の本格的な「復元」ははじめてである. 彼が中央政界にあった時期（しかも, その後半期）の公式的記録であり, 流刑後の部分はないとしても, 彼の日々の動静を知る基本資料であることは間違いない. このテキストを参照すると, オラニエンバウム（表記として, アラニボム, ラニボムも）が, 首都ペテルブルグより, ストレリナ, ペテルゴフ, コトリン間の重要な往還基点（水路, 陸路）となっていたことが明らかである. さらに, オラニエンバウムが皇帝も交えた公式の交際の場であったことが分かる. 例えば, 1726年8月18日の記録には, エカテリーナ一世が来訪し, 3つの食卓が設けられたこと, 饗宴は3時に始まり, 9時まで続いたこと, メンシコフが11時に就寝したこと, 翌日はペテルゴフへ行き, オラニエンバウムに戻ったことが記されている（Труды 2004 : 441）.

2.『プーシキン全集2』「ポルタワ」福岡星児訳（河出書房新社　1972）p.545.

3. 彼の出自, また, 読み書き能力の有無をめぐっては同時代の証言をはじめとする多くの「伝説」が存在し, 歴史家の間でも今なお多くの議論が続いている. この点に関する資料と問題整理については, Беспятых 2005 ; Его же 2006 ; Его же 2008が多数の外国語文献を駆使して詳しく論じている.

4. レフォルトに関しては, Павленко 2009.

5. 大使節団に関しては, Гузевич и др. 2008が詳しい.

6. Горбатенко 2002 : 10-14 ; Его же 2003 : 228.

7. Чеканова 2003 : 112.

8. クラースヌィ・カバチョークについては, Богданов 2004 : 411 ; Демиденко 2011: 145-147を参照.

9. Лукашев 1991 : 83-96.

10. Горбатенко 2002 : 10.

11. Горбатенко 2002 : 10.

12. 近年, エカテリンゴフに特化したいくつかのモノグラフが刊行された(Баторевич и др. 2020 ; Ходанович 2011；坂内徳明　2019他).

13. フランス人外交官カンプレドンJacques de Campredon (1672-1749)は, 1721年初めにペテルブルグに全権大使として着任した. Горбатенко 2003: 228.

14. ここで言及されているのは, ロシア庭園史に関する古典的著作Дубяго 1963.

15. Горбатенко 2002 : 312.

16. Горбатенко 2002 :17-18. Gerkensの当時の表記としては, Gerke, Geriken, Gercke, Geerken, Geerkensがある. この正体不明の人物に関しては, Беспятых 1991 : 4-10 ; Беспятых 1998 : 228.

17. Грабарь 1994 : 71-77（初出は, 彼の『ロシア芸術史　第3巻』, М., 1909-1916）.

18. Горбатенко 2003 : 233.　Богданов 1997による.

19. Горбатенко 2001 : 177-178. Дневник камер-Юнкера Ф.Берхгольца, веденный им в Россию в царствование Петра Великого с 1721 по 1725 гг. Перевод с немецкого И.Ф Аммона.　М., 1902-1903. Ч.1-4. ベルフゴリツの日記の刊行に

関しては, Беспятых 1998 ; 14.
20. Горбатенко 2001 : 189-190.
21. Беспятых 2008. その第一部全体（стр.14-52）がメンシコフの識字能力について，これまでの研究史と併せて記述している.
22. Павленко 1981 : 20.
23. Павленко 1981 : 17.
24. Порозовская 1895 : 129 ; Павленко 1991 : 47-48. К.Д. Бруин Путешествие в Московию より.
25. Анисимов 2002 : 62-63 ; Беспятых 1991 : 76-78.
26. Павленко 1981 : 157.
27. Павленко 1981 : 157.
28. フランス人N.ヴィリボアに関しては, Беспятых 2008 : 120,154.『小話集』の最初のロシア語部分訳の刊行は1842年（Вильбоа〔Вильбуа〕) Н.П. Краткий очерк, или Анекдоты о жизни князя Меншикова и его детях. РВ. 1842. Т.5. Отд. II. С.146）.
29. Павленко 1981 : 186.
30. Шубинский 1995 : 78.

【参考文献】

Агранцев 2005 Агранцев И. Александр Меншиков. Царевич без трона. СПб.,2005.

Андреева 2013 Андреева Е.А. Петербургская резиденция А.Д. Меншикова в первой трети XVIII в.: Описания палат, хором и сада. СПб.,2013.

Анисимов 1986 Анисимов Е.В. Россия в середине XVIII века. М., 1986.

Анисимов 1989 Анисимов Е.В. Время петровских реформ. Л., 1989.

Анисимов 1994 Анисимов Е.В. Россия без Петра. СПб., 1994.

Анисимов 2002 Анисимов Е.В. Анна Иоанновна. М., 2002.

Бантыш-Каменский 1991 Бантыш-Каменский Д.Н. Биографии российских генералиссимусов и генерал-фельдмаршалов. М., 1990 (репринт издание 1840 г.).

Баторевич и др. 2020 Баторевич Н.И., Кожинцева. Д. Екатерингоф. СПб., 2020.

Беспятых 1991 Беспятых Ю.Н. Петербург Петра I в иностранных описаниях. Л., 1991.

Беспятых 1997 Беспятых Ю.Н. Петербург Анны Иоанновны в иностранных описаниях. СПб., 1997.

Беспятых 1998 Беспятых Ю.Н. Иностранные источники по истории первой четверти XVIII века. СПб., 1998.

Беспятых 2005 Беспятых Ю.Н. Александр Данилович Меншиков. Мифы и реальность. СПб., 2005.

Беспятых 2006 Беспятых Ю.Н. Как ваше слово отзовется? Меншиковские чтения-2006. СПб., 2006.

Беспятых 2008 Беспятых Ю.Н. Александр Данилович Меншиков. Мифы и реальность. Издание второе, дополненное. СПб., 2008.

Богданов 1997 Богданов А.И. Описание Санктпетербурга. Полное издание уникального российкого историко-географического труда середины XVIII века. СПб., 1997.

Богданов 2004 Богданов А.И. «Красный кабачок». Санкт-Петербург. Энциклопедия. СПб., 2004.

Горбатенко 2001 Горбатенко С.Б. Петергофская дорога. Ораниенбаумский историко-ландшафтный комплекс. СПб., 2001.

Горбатенко 2002 Горбатенко С.Б. Петергофская дорога. Историко-архитектурный путеводитель. СПб., 2002.

Горбатенко 2003 Горбатенко С.Б. Новый Амстердам. Санкт-Петербург и архитектурные образцы Нидерландов. СПб., 2003.

Грабарь 1994 Грабарь И.Э. Петербургская архитектура в XVIII и XIX веках. СПб., 1994.

Гузевич и др. 2008 Гузевич Д.Ю., Гузевич И.Д. Великое посольство : Рубеж эпох, или Начало пути : 1697-1698. СПб., 2008.

Гусаров 2011 Гусаров А.Ю. Ораниенбаум. Три века истории. СПб., 2011.

Дворец Меншикова 2005 Дворец Меншикова. Путеводитель. СПб., 2005.

Дворцы Ломоносова 1958 Дворцы-музеи и парки города Ломоносова. Л., 1958.

Демиденко 2011 Демиденко Ю.Б. Рестораны, трактиры, чайные.... Из истории общественного питания в Петербурге XVIII-начала XIX века. М., 2011.

Дубяго 1963 Дубяго Т.В. Русские регулярные сады и парки. Л., 1963.

Калязина 1977 Калязина Н.В. Материалы к иконографии А.Д.Меншикова (прижизненные портреты). В сб.ст.; Культура и искусство петровскго времени. Л., 1977.

Калязина 1982 Калязина Н.В. Меншиковский дворец-музей. Л.. 1982 ; 2-е изд. с изменениями и дополнениями. Л., 1989.

Калязина и др. 2000 Калязина Н.В., Калязин Е.А. Дворец-музей Меншикова. СПб., 2000.

Калязина и др. 1996 Калязина Н. В., Калязин Е. А. Дворец Меншикова в Санкт-Петербурге. СПб., 1996.

Каталог 2003 Александр Данилович Меншиков. Первый губернатор и строитель Санкт-Петербурга. Каталог выставки. СПб., 2003.

Клементьев 1998 Клементьев В.Г. Китайский дворец в Ораниенбауме. СПб., 1998.

Кючарианц 1985 Кючарианц Д.А. Художественные памятники города Ломоносова.

Л., 1985.
Лукашев 1991　Лукашев М.И.　«Пушкин учил меня боксировать...». Временник Пушкинской комиссии. СПб., 1991.
Павленко 1981　Павленко Н.И.　Александр Данилович Меншиков. М.,1981.
Павленко 1991　Павленко Н.И.　Полудержавный властелин. М.,1988.
Павленко 2009　Павленко Н.И.　Лефорт. М., 2009.
Порозовская 1895　Порозовская Б.　А.Д.Меншиков. В кн.:Жизнь замечачельных людей. Биографическая библиотека Ф.Павленкова. Петр Великий. Меншиков. Воронцовы. Дашкова. Сперанский. СПб., 1995.
Российский архив 2000　Повседневные записки делам князя А.Д.Меншикова. 1716-1720, 1726-1727 гг. Публикация С.Р Долговой и Т.А.Лаптевой. Русский архив. Вып.10. М., 2000 (『アレクサンドル・ダニロヴィチ・メンシコフの仕事と日々』の表題で2004年に刊行 Труды 2004).
Трубинов 2003　Трубинов Ю.В.　Палаты светлейшего князя Меншикова. СПб., 2003.
Труды 2004　Труды и дни Александра Даниловича Меншикова. Повседневные записки делам князя А.Д. Меншикова. 1716-1720, 1726-1727 гг. Публикация С.Р. Долговой и Т.А. Лаптевой. М., 2004.
Чеканова 2003　Чеканова О.А.　Петергофская дорога. Три века Санкт-Петербурга. Энциклопедия в трех томах. Т.1. Кн.2. СПб., 2003.
Шабалина 2001　Шабалина И.　Берёзов. СПб., 2001.
Ходанович 2011　Ходанович В.И.　Очерки истории Екатерингофа. СПб., 2011.
Шубинский 1995　Шубинский С.　Березовские ссыльные. В его кн.:Исторические очерки и рассказы. М., 1995.
Щербаченко и др.　2000　Щербаченко В.И., Бредихин В.Н., Филиппов С.В.　Род Меншиковых в истории России. СПб., 2000.
坂内徳明　2019　坂内徳明「浮かれ騒ぐロシア―帝都郊外エカテリンゴフの園遊（1）」『近代ロシア文学現出の舞台―ロシア文学史における貴族屋敷（ウサーヂバ）の意義』（平成29 - 32（令和2）年度科学研究費助成事業　研究成果報告書）東京　2019

第三章　貴族文化とウサージバ――オレーニン別邸プリユーチノ

1. 各種の称号ならびに官等表については, 次の文献を参照. Шепелев 1991 (2005)；Мурашев 2001；Федосюк 2001（特に, 第6－第7章）.
2. 貴族階級の総数については, Миронов 1999: 88；Becker 1985：187.
3. ロシアの貴族に関しては, Порай-Кощиц и Романович-Славятинский 2003；Яковкина 2002；　Шепелев 1999；Его же 2005　；Яблочков 2003; Соловьев 2003 ; Ливен 2000を参照した.

4.『マニフェスト』に関しては, Фаизов 1999が基礎的研究である.

5. 正式な名称は, «Грамота на права вольности и преимущества благородного российского дворянства».

6. О составе 2017.

7. Ключевский 1983 : 130. オレーニン家とアレクセイ・オレーニンに関しては, Файбисович 2006 ; Тимофеев 1983；Его же 2003；Его же 2004 ; Stuart 1986.

8. オレーニンはエルマークのポートレートを描いている. 長女はエルマークが直接の先祖といえないことを残念がっていて, 二女はК.Ф.ルィレーエフの「エルマークの死」に曲をつけている.

9. Голубева 1997：7-8.

10. Файбисович 2006：15.

11. Файбисович 2006：22.

12. Файбисович 2006：25. 初出はРусская старина, 1875, октябрь.С.287.

13. 外国人家庭教師に関する最近の研究成果として, Солодякина 2007がある.

14. Файбисович 2006：27.

15. Мартынов 1977.

16. Оленина 1999：229-230.

17. Файбисович 2006：37.

18. Файбисович 2006：37.

19. Файбисович 2006：37.

20. Карамзин 1980：95.

21. Файбисович 2006：38. *Épître aux François, aux Anglois et aux républicains de Saint-Marin*. Cassel. 1784.

22. Оленина 1999：231；Файбисович 2006：43,52.

23. Файбисович 2006：43.

24. Ключевский 1983 : 130.

25. Голубева 1997 : 19.

26. Голубева 1997 : 28. この図書館の概史に関しては, Российская национальная библиотека, 1795-1995. СПб., 1995の 他, Голубева 1997；Stuart 1986 ; Лихоманов и др. 2013 を参照した.『・・・整理方法の試み』のタイトルは «Опыт нового библиографического порядка для Санкт-Петербургской Императорской библиотеки».

27. Голубева 1997 : 26.

28. Голубева 1997 : 90. Иордан Ф.И. Записки ректора и профессора Академии художеств Федора Ивановича Иордана. М., 1918. С.14.

29. Керн 1989 : 115-118.

30. Греч 1990 : 130-131；Файбисович 2006 : 63. アガフォクレアに関する「伝説」に関しては, Ячевич 1989 : 115-118に詳しい.

31. Тимофеев 2004 : 26.
32. Файбисович 2006 ：19；Корф М.А. Из записок барона М.А.Корфа. Русская старина. 1900. Т.102. С.269.
33. Лихачев 1984:10, 12 (長縄光男訳『文化のエコロジー』1988, p.24, 31）. Лихачев 1985（桑野隆訳『ロシアからの手紙』1989）にも同様の指摘がある.
34. Голубева 1997 : 12.. 父親が亡くなったら返還するとの取り決めを交わしていた.
35. Файбисович 2006；417-431. 以下で言及されるセメフスキーの著作は革命前の18世紀農村史研究の古典В. Т. Семевский 1905 (2013).
36. Приютино 2008 : 24. Отдел рукописей РНБ. Ф.542. № 1. Л.2 об.
37. Приютино 2008 : 26-28.
38. Приютино 2008 : 33.
39. Мурашова и др. 2008 : 35.
40. Файбисович 2006：417-420.
41. リハチョフ『庭園の詩学』1987 : 239-246. 18世紀ロシアの百科全書派の奇才建築家リヴォーフに関しては，Бочкарева 2008の他, Золотницкая 1994 ; Золотницкая(автор-состовитель) 2019 ; Львов 1994を参照．2000年代には, ペテルブルグ, ガッチナをはじめとしてロシア各地でコンフェレンスが開催され,「リヴォーフ・ブーム」が生じたという（Милюгина 2008 : 357）．大きな研究成果としてА.Б.ニキーチナ『リヴォーフの建築遺産』(Никитина 2008未見).
42. リヴォーフによる『パラディオ主義建築の四冊』(1570)のロシア語訳はПалладио, Андреа　Четыре книги Палладиевой архитектуры, в коих по кратком описании пяти орденов, говорится о том что знать должно при строении частных домов, дорог, мостов, площадей, ристалищ и храмов. Кн.1. СПб., 1798. 口絵はリヴォーフのプランによりオレーニンの作．Кн.2-4は未刊，1936, 1938年に全4冊が建築アカデミー会員И.В.Жолтовскийの訳で刊行.
43. デルジャーヴィンの「ズヴァンカ」に関しては，鳥山 2016 ; 同 2022.
44. ボロトフに関しては，坂内徳明 2013.
45. エシポヴォに関しては, Чижков 2006 : 183.
46. クレストフスキイの『ペテルブルグの貧民窟』は「祖国雑記」誌に1864年から1866年に掲載され，1867年に全4巻として刊行された.
47. Яковкина 2002 : 38.
48. Яковкина 2002 : 52.
49. Певрушина 2008 : 173-174.
50. Вигель　1892 : 153-154.
51. Батюшков 1979 ：199-200；Приютино 2008 : 342.「А.И.ツルゲーネフへの書簡」と題されたこの詩が作られたのはБатюшков 1979 では1818年とされるが，Приютино 2008の編者アガマリャンによれば，1813ないし1814年の作とされ

る.

52. Приютино 2008 : 84.

53. Приютино 2008 : 61. Каменская 1991 :134-136.

54. Приютино 2008 : 84. Солнцев 1876 : 128, 311-316, 617-623, 633.

55. Приютино 2008 : 70. Вигель 1892 : 153-154, 142-146.

56. Приютино 2008 : 349；Певрушина 2008 : 178.　ピョートルの一文が1809年にモスクワで出版されたП.Г.ガガーリンの「30日、またはフィンランド」（彼がアレクサンドル一世に同行してフィンランドを訪れた際の旅行記．原文フランス語）のパロディであるとしたのは，アレクセイ・オレーニンの優れた伝記作者であるファイビソヴィチである（Файбисович 2006 : 402）．彼の仮説を認めた上で、この問題をさらに調査した論考としてАгамалян 2011 がある．

57. Мурашова 2008　: 50；Литературное наследство. Т.58. М., 1952. С.78.

58. Певрушина 2008 : 178.

59. Приютино 2008 : 17.

60. Приютино 2008 : 378-390. この古典劇とはМарин С.Н. «Превращенная Дисона» のこと.

61. Ключевский 1983 : 131.　歴史家がこの一文を書いたのは1893年.

62. Мурашова и др. 2008 : 13.

63. Пыляев 1994 : 64-65.

64. Мурашова и др. 2008 : 20.

65. Файбисович 2006 : 431；Греч 1990 : 155.

66. Файбисович 2006 : 434.　手紙は1838年8月20日付，マリイノで書かれた.

67. Файбисович 2006 : 435 ; Тимофеев 1983 : 245.

68. Приютино 2008 : 732.　Брянский А.М.　Историческая мыза. Усадьба русских поэтов. Мыза «Приютино». Солнце России. 1913. №36. С.11-12.

69. Приютино 2008 : 744-746.

【参考文献】

Агамалян 2011　Агамалян Л.Г.　Книга П.Г.Гагарина «Тринадцать дней, или Финляндия » и пародия на нее П.А.Оленина « Тринадцать часов, или Приютино».　XVIII век. Сб.26. СПб., 2011.

Азадовский 1958　Азадовский М.К.　История русской фольклористики. Т.1. Л., 1958.

Батюшков 1979　Батюшков К.Н.　Сочинения. Архангельск. 1979.

Бочкарева 2008　Бочкарева И.А.　Н.А.Львов. Очерки жизни. Венок Новоторжских усадеб. Торжок, 2008.

Вежбицкая 2001　Вежбицкая А.　Понимание культур через посредство ключевых слов. М., 2001.

Вигель 1892　Вигель Ф.Ф.　Записки. М.,1892.

Голубева 1995　Голубева О.Д.　М.А.Корф. СПб., 1995.

Голубева 1997　Голубева О.Д.　А.Н.Оленин. СПб., 1997.

Голубева 2000　Голубева О.Д.　Н.И.Гнедич. СПб., 2000.

Греч 1990　Греч Н.И.　Записки о моей жизни. М., 1990.

Евреинов 1898　Евреинов Г.А.　Прошлое и настоящее значение русского дворянства. СПб., 1898.

Золотницкая 1994　Золотницкая З.В.　Архитектор Александр Львов 1751-1803. М.,1994.

Золотницкая (автор-составитель) 2019　Золотницкая З.В.　Архитектор Николай Львов. Храмы, дома,усадьбы эпохи классицизма. М.,2019.

Каменская 1991　Каменская М.Ф.　Воспоминания. М., 1991.

Канн 1994　Канн П.Я.　Прогулки по Петербургу. СПб., 1994.

Керн 1989　Керн А.П.　Воспоминания. Дневники. Переписка. М., 1989.

Ключевский 1983　Ключевский В.О.　Алексей Николаевич Оленин. В кн.: Неопубликованные произведения. М., 1983.

Козлов 1999　Козлов В.П.　Русская археография конца XVIII-первой четверти XIX века. М., 1999.

Кружнов 2005　Кружнов Ю.Н.　Оленины. Три века Санкт-Петербурга. Т.2. Девятнадцатый век. Кн.4. СПб., 2005.

Ливен 2000　Ливен Д.　Аристократия в Европе. 1815-1914.　СПб.,2000（Dominic Lieven　*The Aristocracy in Europe.* Macmillan Press, London.1992）.

Лихоманов и др. 2013　Лихоманов А.В., Николаев Н.В.　Приютино и Императорская Публичная библиотека. 『ロシア貴族屋敷文化研究―その社会的諸相と文学性』（平成22 - 24年度科学研究費助成事業　研究成果報告書）東京　2013.

Лихачев 1982　Лихачев Д.С.　Поэзия садов. Л., 1982 (ドミトリイ・S・リハチョフ『庭園の詩学』坂内知子訳　平凡社　1987).

Лихачев 1984　Лихачев Д.С.　Заметки о русском. 2-ое изд., доп. М., 1984 (D・リハチョーフ『文化のエコロジー』長縄光男訳　1988　群像社).

Лихачев 1985　Лихачев Д.С.　Письма о добром и прекрасном. М.,1995（D・S・リハチョフ『ロシアからの手紙　ペレストロイカを支える英知』桑野隆訳　1989　平凡社）.

Лотман 1994　Лотман Ю.М.　Беседы о русской культуре. Быт и традиции русского дворянства. М., 1994（ユーリー・ミハイロヴィチ・ロートマン『ロシア貴族』桑野隆・望月哲男・渡辺雅司訳　1997　筑摩書房）.

Львов 1994　Львов Н.А.　Избранные сочинения. Вена, СПб., 1994.

Мартынов 1977　Мартынов И.Ф.　О библиотеке екатерининского пажа. Каталог книг Алексея Оленина. 1775 г.　Памятники культуры. Ежегодник. 1977. М.

Милюгина 2008　Милюгина Е.　Творчество Н.А.Львова в зеркале исследований XXI

века. М., 2008.
Миронов 1999 Миронов Б.Н. Социальная история России периода Империи (XVIII – начало XX в.). В двух томах. Т.1. СПб., 1999.
Мурашев 2001 Мурашев Г.А. Титулы, чины, награды. СПб., 2001.
Мурашова и др. 2008 Мурашова Н.В., Мыслина Л.П. Дворянские усадьбы Санкт-Петербургской губерни. Всеволожский район. СПб., 2008.
Никитина 2006 Никитина А.Б. Архитектурное наследие Н.А.Львова. СПб., 2006.
О составе 2017 О составе, правах и преимуществах российского дворянства. Изд. 2-е. М., 2017.
Оленина 1994 Оленина А.А. Дневник ANNETTE. М., 1994.
Оленина 1999 Оленина А.А. Дневник. Воспоминания. СПб., 1998.
Певрушина 2008 Первушина Е.В. Усадьбы и дачи петербургской интеллигенции XVIII-начала XXвека. СПб., 2008.
Первушина 2015 Первушина Е.В. Петербургские дворцы. СПб., 2015.
Познанский 1975 Познанский В.В. Очерки формирования русской национальной культуры. Первая половина XIX в. М., 1975.
Порай-Кощиц, Романович-Славятинский 2003 Порай-Кощиц И. История русского дворянства от IX до конца XVIII века. СПб., 1900 ; Романов-Славатинский А. Дворянство в России от начала XVIII века до отмены крепостного права. СПб., 1870.
Приютино 2008 Приютино. Антология русской усадьбы. Сост. и ком. Л.Г.Агамалян и И.С.Ефимовой. СПб., 2008.
Пыляев 1994 Пыляев М.И. Забытое прошлое окресностей Петербурга. СПб., 1994 (1889).
Семевский 2013 Семевский В.И. Крестьянский вопрос в России во второй половине XVIII и первой половинеXIX века. М., 2013 (1905).
Солнцев 1876 Солнцев Ф.Г. Моя жизнь и художественно-археологические труды. Русская старина. 1876. Т.15.
Соловьев 2003 Соловьев Б.И. Русское дворянство. СПб., 2003.
Солодякина 2007 Солодякина О.Ю. Иностранные губернантки в России (вторая половина XVIII –первая половина XIX века). М., 2007.
Тимофеев 1983 Тимофеев Л.В. В кругу друзей и муз : Дом А.Н.Оленина. Л., 1983.
Тимофеев 2004 Тимофеев Л.В. От Парфения (Родословная Олениных). Памятники культуры. Новые открытия. Ежегодник. М., 2004.
Тимофеев 2007 Тимофеев Л.В. Приют, любовью муз согретый. СПб., 2007.
Фаизов 1999 Фаизов И.В. «Манифест о Вольности» и служба дворянства в XVIII столетии. М., 1999.
Файбисович 2006 Файбисович В.М. Алексей Николаевич Оленин. СПб., 2006.

Федосюк 2001　Федосюк Ю.А. Что непонятно у классиков, или энциклопедия русского быта XIXвека. М. 2001 (フェドシューク「古典作家の難解なところあるいは19世紀ロシアの生活百科」—— 札幌大学外国語学部紀要『文化と言語』第56号～第72号　鈴木淳一他訳　2002－2010).

Чижков 2006　Чижков А.Б. Подмосковные усадьбы. Аннотированный каталог с картой расположения усадеб. 3-е издание, переработанное и дополненное. М., 2006.

Шепелев 1991　Шепелев Л.Е. Титулы, мундиры, ордена Российской империи. Л., 1991 ; М., 2005.

Шепелев 1999　Шепелев Л.Е. Чиновный мир России. XVIII – начало XX в. СПб., 1999.

Шмелев 2011　Шмелев А.А. Приютино Олениных. К вопросу семантики подземных сооржений. Русская усадьба. Вып. 16 (32). СПб., 2011.

Щукина 2007　Щукина Е.П. Подмосковные усадебные сады и парки конца XVIII века. М., 2007.

Яблочков 2003　История дворянского сословия в России. Смоленск, 2003.

Яковкина 2002　Яковкина Н.И. Русское дворянство первой половины XIX века. Быт и традиция. СПб., 2002.

Ячевич 1989　Ячевич А.Г. Пушкинский Петербург. М., 1989.

Stuart 1986　Stuart M. *Aristocrat-Librarian in Service to the Tsar. Aleksei Nikolaevich Olenin and the Imperial Public Library.* Columbia UP, 1986.

黒沢　2011　　黒沢岑夫『ロシア皇帝アレクサンドル一世の時代——たたかう人々』論創社　2011.

鳥山　2016　鳥山祐介「デルジャーヴィン『エヴゲーニーに。ズヴァンカの生活』」（日本語訳と注釈）『近代ロシア文学創成の環境—貴族屋敷（ウサーヂバ）の文化的・社会的ランドシャフト』（平成25 - 27年度科学研究費助成事業　研究成果報告書）東京　2016.

鳥山　2022　　鳥山祐介「詩的表象としてのズヴァンカ—デルジャーヴィンの書簡詩」『近代ロシア文学現出の舞台—ロシア文学史における貴族屋敷（ウサーヂバ）の意義』（平成29 - 32＋1（令和2＋1）年度科学研究費助成事業　研究成果報告書）東京　2022.

坂内徳明　2013　　坂内徳明「ロシア貴族屋敷（ウサーヂバ）のエンサイクロペディスト　アンドレイ・T・ボロトフのこと」『言語文化』（一橋大学語学研究室）第50巻　2013.

第四章　ストロガノフ家ウサージバ

1. Кузнецов 2012.

2. Блейк 2014 : 1.
3. Метгерних 2003 : 67. ストロガノフ家に関しては, 主に以下の文献を参照した. Кузнецов 2008 ; Кузнецов 2012-а; Кузнецов 2012-б ; Купцов 2005 ; Метгерних 2003 ; Скрыннивов 1982 ; Блейк 2014 ; Введенский 1962 ; Брокгауз и Ефрон. Т.62. 1890 ; Три века Санкт-Петербурга. Т.1, книга вторая. 2003. なお, ストロガノフのロシア語表記について言えば, 大多数の研究者（書）がСтроганов とするが, ストロガノフ家研究の第一人者であるС.О.クズネツォフは一貫して Строгоновとしている.
4. Блейк 2014：29-30 ; Метгерних 2003：20 ; Брокгауз и Ефрон. Т.62 : 803.
5. Брокгауз и Ефрон. Т.62. С.803.
6. Введенский 1962 : 3-15.
7. Блейк 2014 : 33 - 39.
8. Введенский 1962 : 19.
9. Метгерних 2003 : 31 ; Блейк 2014 : 89.
10. Кузнецов 2012 : 17-18.
11. Бучилина 1999 : 349.
12. История русского искусства. Т.1, Искуссиво в X-первой половине XIX века. М., 1991. С.508.
13. Кузнецов 2012 : 21.
14. Сольвычегодскについては, Города России. Энциклопедия. М., 1994. С.432.
15. Введенский 1962 : 28 ; Скрынников 1982 : 126.
16. Скрынников 1982 : 127.
17. Скрынников 1982 : 194 .
18. スクルィンニコフ 1994：314.
19. Скрынников 1982の他, 16, 17世紀のストロガノフ家については, Введенский 1962 ; Перхавко 2012に詳しい.
20. Брокгауз и Ефрон. Т.24, С.957.
21. Андреев 2000 : 127-130.
22. Блейк 2014 : 116.
23. Кузнецов 2012-а: 22.
24. Кузнецов 2012-а: 26.
25. Кузнецов 2012-а : 24.
26. Кузнецов 2012-а : 25.
27. Храм 2009 : 33.
28. Там же, с.35.
29. Блейк 2014 : 120. М.П.ガガーリン（1659—1721）は告発されたが, 失脚には至らなかった.
30. Кузнецов 2012-а : 25.

31. Кузнецов 2012-а : 27.
32. Кузнецов 2012-а : 30.
33. Брокгауз и Ефрон. Т.62. С.803.
34. Блейк 2014 : 144.
35. Пыляев 1994 : 6-9.
36. Жданов 2012 : 124-125.
37. Кузнецов 2012-а : 26-27.
38. Кузнецов 2008 : 51.
39. Кузнецов 2008 : 49-52.
40. Лаврентьева 2005 : 94-96.
41. Русское масонство.1731-2000. Энциклопедический словарь. М., 2001.
42. ブラツェヴォに関しては, Кузнецов 2012-а : 102-108 ; Архитектурно-парковые ансамбли 2004 : 30-35.
43. Шуйский 1997 : 325-378.
44. Кузнецов 2012-б : 91.
45. Шуйский 1997 ; Аркин 1953.
46. Грабаль 1912-1913 : 481-482.
47. Пыляев 1994 : 6-9.
48. Курбатов 1912 : 41-43.
49. Жданов 2012 : 133.
50. Гагарин 1961 : 24-25.
51. Глушкова 2014 ; Хворых 2018.
52. Виже-Лебрен 2014 : 16-17. 彼女のロシア・ペテルブルグ滞在については, 鈴木2020：245 - 270に記述がある。
53. Божерянов 1901.
54. Гусляров 2004 : 404.
55. Кузнецов 2012-б : 151 ; Колмаков 1887 : 73.
56. Каменская 1991 : 74-75.
57. 母方の祖母は, ナタリヤ・ペトロヴナ・ゴリツィナНаталья Петровна Гольцына（1744-1838）である.
58. Оленина 1995 : 129-131. アンナの日記は1936年にパリで出版された. 原文はフランス語.
59. Лотман 1995 : 127.
60. Глассе 1996.
61. Гершензон 2017
62. ロシアのルソー受容については, Лотман 1997が詳しく, Лотман 1994も参照.
63. Кузнецов 2012-а : 136.
64. Кузнецов 2012-б : 150.

65. Востриков 1998 : 81-92.
66. ピョートル・ランスコイについては, Старк В. Наталья Гончарова. М., 2009を参照.
67. Кузнецов 2012-а : 417.
68. 秘密委員会Негласный комитетに関しては, Большая российская энциклопедия. В 35 т. М., 2004-2017の該当項目,さらに山本 1987を参照.
69. Кузнецов 2012-а : 124-125.
70. Кузнецов 2012-а : 109.
71. ゴンチャロフ家に関しては, Ободовская и др. 1985 ; Черейский 1988 : 112-114 ; Брокгауз и Ефрон. Т.17. С.205.
72. ザグリャーシスキー家に関しては, Брокгауз и Ефрон. Т.23. С.127.
73. エカテリーナ・イワーノヴナ・ザグリャーシスカヤについては, Черейский 1988 : 161.
74. ナターリヤ・キリーロヴナ・ザグリャーシスカヤについては, Черейский 1988 : 161.
75. Черейский 1988 : 210.
76. Черейский 1988 : 162.
77. Жданов 2012 : 58-59.
78. Жданов 2012 : 59.
79. Черейский 1988 : 339.
80. Введенский 1962 : 302.
81. Кузнецов 2012-а : 97.
82. Кузнецов 2012-а : 109.
83. Кузнецов 2012-а : 110.
84. Кузнецов 2012-а : 114. Записки Филиппа Филипповича Вигеля. Кн.3. СПб., 1891.С.158.
85. Кузнецов 2012-а : 371.
86. Кузнецов 2012-а : 116.
87. Кузнецов 2012-а : 111.
88. Кузнецов 2012-а : 111. И.М.Долгоруков(1764-1823) はアレクサンドルの姉アンナの息子であり,詩人, 劇作家として回想記を残す.
89. Каменская 1991 : 74.
90. Московская государственная художественно-промышленная академия им. С.Г.Строганова.
91. И.Е.ザベーリンについては, Формозов 1984を参照. 帝室考古学委員会はС.Г.ストロガノフの提案により創設された.
92. Кузнецов 2012-а : 412.「私の運命は私だ」とは, ナターリヤ・ペトロヴナ・チェルヌィショーヴァ（後のゴリツィナ公爵夫人）が1766年, エカテリーナ二世

の御前試合（カルーセル・馬上槍試合）で掲げた標語.

93. Кузнецов 2012-б : 143-144.

94. Каменская 1991 : 75.

95. Пыляев 2002 : 24.

96. Петр Георгиевич Ольденбургский (1812-1881)に関しては, Анненкова и др. 2012 を参照. さらに, Горюнова-Борисова 2019 ; Папков 2012 (1885) ; 坂内知子2020.

97. Кузнецов 2012-б : 184, 276.

98. Кузнецов 2012-б : 154 ; Колмаков 1887.

99. Переписка братьев Булгаковых. 2009 ︰ 111.

100. Каменская 1991 : 75.

【参考文献】

Аврамова 1962　Аврамова Т.И.　О Старой и Новой Деревнях. Л., 1962.

Анненкова и др. 2012　Анненкова Э.А., Голиков Ю.П.　Принц Петр Георгиевич Ольденбургский. СПб., 2012.

Аркин 1953　Аркин Д.　Захаров и Воронихин. М., 1953.

Блейк 2014　Блейк Сара　Строгановы. Самые богатые в России. М., 2014.

Бучилина 1999　Бучилина Е.(сост.)　Духовные стихи (Сборник духовных стихов Нижегородской области). М., 1999.

Божерянов 1901　Божерянов И.Н.　Граф Александр Сергеевич Строганов. Художественные сокровища России. Т.1.№ 9. 1901.

Введенский 1962　Введенский А.А.　Дом Строгановых в XVI-XVII веках. М., 1962.

Вигель 2008　Вигель Ф.Ф.　История светской жизни императорской России. М., 2008.

Виже-Лебрен 2014　Воспоминания г-жи Виже-Лебрен о пребывании её в Санкт-Петербурге и Москве 1795-1801. СПб. 2014 (Перевод с французского по изданию: *Souvenirs de Madame Vigée Le Brun.* 1869 Paris).

Востриков 1998　Востриков А.В.　Книга о русской дуэли. СПб., 1998.

Гагарин 1961　Гагарин Г.Т.　Воспоминания. К.П.Брюллов в письмах, документах и воспоминаниях современников. М., 1961.

Георги 1996　Георги И.Г.　Описание Российского императорского　столичного города Санкт-Петербурга и достопамятностей в окрестностях оного. СПб., 1996 (Переиздание 1794).

Гершензон 1997　Гершензон М.О.　Мудрость Пушкина. Томск, 1997.

Глассе 1996　Глассе А.　Из чего сделалась «Метель» Пушкина. Новое литературное обозрение. 1996. №14.

Глушкова 2014　Глушкова В.Г.　Усадьбы Подмосковья. М., 2014.

Горбатенко 2002　Горбатенко С.Б.　Петергофская дорога. СПб., 2002.

Горюнова-Борисова 2019　Горюнова-Борисова А.Г.　«Ближнего благо и горе было

святынею мне...» : Принц Петр Георгиевич Ольденбургский. М., 2019.
Грабарь 1912-1913　Грабарь И.　История архитектуры. Т.3. М., 1912-1913.
Гусляров 2004　Гусляров Е.Н.　Екатерина Вторая в жизни. М., 2004.
Жданов 2012　Жданов А.М.　Санкт-Петербург. Новая и Старая Деревни. М., 2012.
Каменская 1991　Каменская М.Ф.　Воспоминания. М., 1991.
Колмаков 1887　Колмаков Н.М.　Дом и фамилия Строгановых. 1852-1887. Русская старина. Т.53. 1887.
Конечный 2021　Конечный А.М.　Былой Петербург. Проза будней и поэзия праздника.М., 2021.
Кузнецов 2008　Кузнецов С.О.　Дворцы и дома Строгоновых. Три века истории. М.-СПб., 2008.
Кузнецов 2012-а　Кузнецов С.О.　Строгоновы. 500 лет рода. Выше только цари. М.-СПб., 2012.
Кузнецов 2012-б　Кузнецов С.О.　Строгоновский сад. СПб., 2012.
Кузнецов 2015　Кузнецов С.О.　Строгоновский дворец. СПб., 2015.
Купцов 2005　Купцов И.В.　Род Строгановых. Челябинск, 2005.
Курбатов 1912　Курбатов В.Я.　Саркофаг Строганова сада. Старые годы. 1912. Декабрь.
Курбатов 1916　Курбатов В.Я.　Сады и парки. Пг., 1916.
Лаврентьева 2005　Лаврентьева Е.В.　Повседневная жизнь дворянства пушкинской поры. М., 2005.
Лотман 1994　Лотман Ю.М.　Беседы о русской культуре : Быт и традиция русского дворянства. СПб., 1994（ユーリー・ミハイロヴィチ・ロートマン『ロシア貴族』桑野隆・望月哲男・渡辺雅司訳　1997　筑摩書房）.
Лотман 1995　Лотман Ю.М.　Пушкин. СПб., 1995.
Лотман 1997　Лотман Ю.М.　Руссо и русская культура XVIII-XIXвека. Избранные статьи в трех томах. Т.2. Таллин. 1997.
Меттерних 2003　Меттерних Т.М.　Строгановы. История рода. СПб., 2003.
Михневич 1874　Михневич В.　Петербург весь на ладони. СПб., 1874.
Музыкальный Петербург. Энциклопедический словарь. XVIII век. Книга 3. СПб,. 1999.
Ободовская и др. 1985　Ободовская И., Дементьева М.　Наталья Николаевна Пушкина. М., 1985.
Оленина 1994　Оленина А.А.　Дневник ANNETTE. М., 1994.
Папков 2012　Жизнь и труды принца Петра Георгиевича Ольденбургского. М., 2012 (1885).
Перхавко 2012　Перхавко В.Б.　Средневековое русское купечество. М., 2012.
Переписка братьев Булгаковых. М., 2009.

Поплавская 2020　Поплавская И.А.　Библиотека графа Г.А.Строганова в Томске : история формирования и изучения. Томск, 2020.

Попова 1968　Попова Н.В.　Строгановская дача. Историческая справка. Л., 1968.

Пыляев 1994　Пыляев М.И.　Забытое прошлое окрестностей Петербурга. СПб., 1994 (Переиздание 1889).

Пыляев 1990　Пыляев М.И.　Старый Петербург. Л. 1990 (Переиздание 1887).

Санкт-Петербург: Энциклопедия. М.- СПб., 2004.

Серков 2001　Серков А.И.　Русское масонство. 1731-2000гг. Энциклопедический словарь. М., 2001.

Скрынников 1982　Скрынников Р.Г.　Сибирская экспедиция Ермака. Новосибирск, 1982.

Столпянский 1923　Столпянский П.Н.　Дачные окрестности Петербурга. М., 1923.

Строгановы　Брокгауз и Ефрон. В 86 т.1890-1907 (Репринтное издание 1991).

Сурмина и др. 2002　Сурмина Т.О., Усова Ю.В.　Самые знаменитые династии России. М. 2002.

Топонимическая энциклопедия Санкт-Петербурга. СПб., 2003.

Три века Санкт-Петербурга. Энциклопедия в трёх томах.　Т.1. Осьмнадцатое столетие ; Т.2. Девятнадцатый век. СПб. 2003.

Трубинов 2002　Трубинов Ю.В.　Строгановский дворец. СПб., 2002.

Уварова 2004　Уварова Е.Д.　Как развлекались в российских столицах. СПб., 2004.

Уварова 2013　Уварова Е.Д.　Истоки российской эстрады. М., 2013.

Формозов 1984　Формозов А.А.　Историк Москвы И.Е.Забелин. М., 1984.

Хворых 2018　Хворых Г.О.　Увеселительные усадьбы Подмосковья. М.-СПб., 2018.

Храм 2009　Храм свт.　Николая в Котельниках. Подворье Православной Церкви Чешских земель и Словакии в Москве. 2009.

Черейский 1988　Черейский Л.А.　Пушкин и его окружение. Издание второе, дополненное и переработанное.　Л., 1988.

Чуковский 2008　Чуковский К.　Чукоккала. М., 2008.

Чуковский 1991　Чуковский К.　Дневник 1901-1929. М., 1991.

Шуйский 1953　Шуйский В.К.　Андрей Воронихин. В кн.: Зодчие Санкт-Петербурга :XIX - начало XX века. СПб., 1998.

Шуйский 1997　Шуйский В.К.　Жан Батист Мишель Валлен-Деламот. В кн.: Зодчие Санкта-Петербурга XVIII века. СПб., 1997.

Lovell, Stephen 1972　*Summerfolk :A History of the Dacha, 1710-2000.* Ithaca　and London. (Перевод: Ловелл, Стивен 2008　Дачники. История летнего житья в России 1710-2000. СПб., 2008).

スクルィンニコフ　1994　　スクルィンニコフR.G.『イヴァン雷帝』栗生沢猛夫訳　成文社　1994.

鈴木 2020　鈴木杜幾子『画家たちのフランス革命　王党派ヴィジェ＝ルブランと革命派ダヴィッド』 角川選書　2020
坂内知子 2005　坂内知子『ロシア庭園めぐり』（ユーラシア・ブックレット　№82） 東洋書店　2005.
坂内知子 2016　坂内知子「ストロガノフ家の人々とウサーヂバ：《マリイノ》への道（1）」『近代ロシア文学創成の環境─貴族屋敷（ウサーヂバ）の文化的・社会的ランドシャフト』（平成25 - 27年度科学研究費助成事業　研究成果報告書） 東京　2016.
坂内知子 2019　坂内知子「ストロガノフ庭園《ムィザ・マンドローヴァ》と『ベールキン物語』「吹雪」」『近代ロシア文学現出の舞台─ロシア文学史における貴族屋敷（ウサーヂバ）の意義』（平成29 - 32年度科学研究費助成事業　研究成果報告書） 東京　2019.
坂内知子 2020　坂内知子「岩倉使節団とプリンツ・オリデンブルクスキー──『米欧回覧実記』に書かれなかったロシア皇族」 井桁貞義・伊東一郎・長與進編『スラヴャンスキイ・バザアル』 水声社　2020.
山本 1987　山本俊朗『アレクサンドル一世時代史の研究』早稲田大学出版部　1987.

第五章　ウサージバ消滅

1. イズレルИван Иванович Излер (Иоган Люциус)については, Кузнецов 2012-б :179-202（「魔術師イズレル」と題された第10章); Три века Санкт-Петербурга. Энциклопедия. Т.2. Девятнадцатый век. Кн.2. 2003. С.533-536 ; Уварова 2013 : 51-54.
2. ドミニクについては, Алянский 2003 : 103-104 ; Три века Санкт-Петербурга. Энциклопедия. Т.2. Девятнадцатый век. Кн.2. 2003. С.338-340 ; Демиденко 2011 ; Конечный (сост.) 2006に多くの記述がある.
3. Конечный 2021 : 601.
4. ヴォクザールは人の集まる駅や遊園に作られたコンサート等催事用の建物. Конечный 2021 : 601 ; Три века Санкт-Петербурга. Энциклопедия. Т.2. Девятнадцатый век. Кн.1. 2003. С.593-594 ; Уварова 2013 : 44-105.
5. Конечный 2021 : 598-599.
6. Достоевский 1973 : 124.
7. Конечный 2021 : 216-217. 1860年代初めからペテルブルグ, モスクワで始まったシャンソン歌謡の流行とカフェシャンタンの設営に関しては, Уварова 2013 : 176-263が詳しい.
8. Алянский 2003 : 28-29.
9. Алянский 2003 : 192.

10. Плещеев 1915.
11. Кузнецов 2012-б : 209からの再引用.
12. М.В.Лентовский (1843-1906) はモスクワのマールイ劇場の元俳優, 演出家, 興行師. 彼の生涯と仕事の全体については, Дмитриев 1978 ; Уварова 2013を参照. マクレイノルズにも記述がある（マクレイノルズ2014 : 277—283).
13. Алянский 2003 : 193.
14. Бенуа 2006 : 253-254. 初出はГазета «Речь» Петербург. Т.1. 1908-1910.
15. アドルフ·ロデとその一家については, Уварова 2013 : 85 - 87, 182.「ヴィラ·ロデ」については, Алянский 2003 : 75-80.
16. Алянский 2003 : 148-149 .
17. Кузнецов 2012-б : 219.
18. Алянский 2003 : 276-277.
19. Три века Санкт-Петербурга. Энциклопедия. Т.2. Девятнадцатый век. Кн.2. 2003. С.199 ; Там же. Кн.1. 2003. С.166-168.
20. 小平 1979 : 103.
21. М.Д.ネリードヴァについては, Кузнецов 2012-б : 224 ; Блок 1960 : 504.
22. Кузнецов 2012-б : 240.
23. Кузнецов 2012-б : 241.
24. Чуковский 2008 : 356.
25. Кузнецов 2012-б : 242.
26. Кузнецов 2012-б : 253 ; Нестеров 2001 : 145.
27. マリイノの歴史については, Цалобанова 2011 ; Кузнецов 2012-б : 409－534.
28. Корф 2003 : 257-260.
29. リハチョフ1987 : 202, 203.
30. Кузнецов 2012-а : 498. П.С.サドヴニコフ（1796-1877）は1830年までナターリヤ·ゴリツィナ夫人所有の農奴, アカデミーで学んだ後, 建築アカデミー会員. 彼に関しては, Наумова и др. 1998 : 283-291.
31. Кузнецов 2012-а : 499.　А.Е.テプロウーホフ(1811-1885) はストロガノフ伯爵家のペルミ領地の農奴, 1830年にマリイノの学校卒業後, ストロガノフ家の管理部門で働き, 1839年からは自由身分, ロシア森林学の創始者として知られる.
32. ナターリヤ・アレクサンドロヴナ（1828-1853）はアレクサンドル・グリゴーリエヴィチ・ストロガノフ（セルゲイ・グリゴーリエヴィチの弟）の次女.
33. Кузнецов 2012-а : 502.
34. Кузнецов 2012-а : 504.
35. Кузнецов 2012-а : 506-507.
36. Трофимов 1999. トルブニコフА.А.Трубников (1882-1966)が本名, Андрей Трофимов はペンネーム.
37. Кузнецов 2012-а : 508-511.

38. Кузнецов 2012-а : 514.
39. 現在のマリイノについては, Цалобанова 2011.

【参考文献】

Алянский 1992　Алянский Ю.Л.　Веселящийся Петербург. СПб., 1992.

Алянский 2003　Алянский Ю.Л.　Увеселительные заведения старого Петербурга. СПб., 2003.

Бенуа 2006　Бенуа А.Н.　Художественные письма 1908-1917. СПб., 2006.

Блок 1980　Блок А.А.　Собрание сочинений в 8 томах. Т.2. Л., 1980.

Демиденко 2011　Демиденко Ю.Б.　Рестораны, трактиры, чайные...Из истории общественного питания в Петербурге XVIII века- начала XX века. М. 2011.

Дмитриев 1978　Дмитриев Ю.А.　Михаил Лентовский. М., 1978.

Достоевский 1973　Достоевский Ф.М.　Полное собрание сочинений в 30 томах. Т.6. Л., 1973.

Конечный (сост.) 2006　Конечный А.М.(сост.)　Петербургские трактиры и рестораны. СПб., 2006.

Конечный 2021　Конечный А.М.　Былой Петербург. Проза будней и поэзия праздника. М., 2021.

Корф 2003　Корф М.　Записки. М., 2003.

Кузнецов 2012-а　Кузнецов С.О.　Строгоновы. 500 лет рода. Выше только цари. М.-СПб., 2012.

Кузнецов 2012-б　Кузнецов С.О.　Строгоновский сад. СПб., 2012.

Наумова и др. 1998　Наумова А.Н., Исаченко В.Т.　Зодчие Петербурга. XIX-начало XX века. СПб., 1998.

Нестеров 2001　Нестеров В.В.　Львы стерегут город. СПб., 2001.

Плещеев 1915　Плещеев А.А.　Как веселились в столице. Столица и усадьба. 1915. № 44.

Трофимов1999　Трофимов А.　От Императорского музея к Блошиному рынку. Пер. с франц. Е.Н.Муравьевой. М.,1999.

Уварова 2013　Уварова Е.Д.　Истоки российской эстрады. М., 2013.

Чуковский 2008　Чуковский К.　Чукоккала. М., 2008.

Цалобанова 2011　Цалобанова В.А. Усадьба Марьино. 1811・ДВА НАЧАЛА・2011. СПб., 2011.

小平 1979　小平武『ブローク詩集』(訳，註，ブローク素描)　彌生書房　1979.

マクレイノルズ 2014　マクレイノルズ　ルイーズ　『〈遊ぶ〉ロシア　帝政末期の余暇と商業文化』　高橋一彦・田中良英・巽由紀子・青島洋子訳　法政大学出版局　2014 (Louise McReynolds　*Russia at Play : Leisure Activities at the End of Tsarist Era.* Cornell Univ. 2003).

リハチョフ 1987　　リハチョフ　ドミトリイ『庭園の詩学』 坂内知子訳　平凡社 1997.

図版出典一覧

カバー表裏　...в окрестностях Москвы. Из истории русской усадебной культуры XVII-XIX веков. М., 1979. Ил.29 и 28.

表紙表 Государственный Русский музей. Санкт-Петербург. Портрет города и горожан. СПб., 2003. С.76.

表紙裏 Нестеров В.В. Львы стерегут город. СПб., 2001. С.234.

本扉　Нащокина М.В. Русские сады. XVIII-первая половина XIX века. М., 2007. С.29.

口絵・カラー

① Гусаров А.Ю. Ораниенбаум. Три века истории. СПб., 2011. С.147.

② Приютино. Антология русской усадьбы. СПб., 2008.

③ Государственный Русский музей. Санкт-Петербург. Портрет города и горожан. СПб., 2003. С.378.

④ Государственный Русский музей. Санкт-Петербург. Портрет города и горожан. СПб., 2003. С.76.

第一章

扉絵　鷹狩り図　現代の絵葉書より

1－1 Суздалев В.Е. Очерки истории Коломенского. М., 2002. С.67.

1－2 Наше Наследие. №43-44. М., 1997. С.24.

1－3 Датиева Н.С., Семенова Р.М. Измайлово.Страницы истории XVI－XX века. М., 2000. С.11.

1－4 Датиева Н.С., Семенова Р.М. Измайлово. Страницы истории XVI－XX века. М., 2000. С.10.

1－5 Датиева Н.С., Семенова Р.М. Измайлово. Страницы истории XVI-XX века. М., 2000. С.18.

1－6 Вергунов А.П., Горохов В.А. Русские сады и парки.М., 1988. С.161.

1－7 Коробко М.Ю. и др. Измайлово. М., 1997. С.10.

図版出典一覧

１－８ モスクワのウサージバ　筆者作成

第二章

扉絵　Александр Данилович Меншиков. Каталог выставки. Г.Эрмитаж. СПб., 2003. С.10.

２－１ Александр Данилович Меншиков. Каталог выставки. Г.Эрмитаж. СПб., 2003. С.12.

２－２ Альбом. Лубок. Русские народные картинки XVII-XVIII вв. М., 1968. Ил.31.

２－３ Лебедянский М.С. Алексей Зубов. Первый видописец Санкт-Петербурга. М., 2003. С.50-51.

２－４ Горбатенко С. Новый Амстердам. СПб., 2003. С.227.

２－５ Гусаров А.Ю.　Ораниенбаум.СПб., 2011. С.62,63.

２－６ Ломоносов (город), Чаплыгин (город) : Википедия.

２－７ Ровинский Д.А.　Подробный словарь русских гравированных портретов. Т.1, СПб., 1886. С.305.

２－８ Щербаченко В.И. и др. Род Меншиковых в истории России. СПб., 2000. С.17.

２－９ 写真所有者より提供

第三章

扉絵　Файбисович В. Алексей Николаевич Оленин. СПб., 2006. С.392.

３－１ Приютино. Антология русской усадьбы. СПб., 2008.

３－２ Файбисович В. Алексей Николаевич Оленин. СПб., 2006. С.411.

３－３ https://vivaldi.nlr.ru/bx000050157/view - page=478

３－４ Приютино. Антология русской усадьбы. СПб., 2008. С.19.

３－５ Приютино. Антология русской усадьбы. СПб., 2008.

３－６ Мурашова Н.В.,Мыслина Л.П. Дворянские усадьбы Санкт-Петербургской губернии. Всеволожский район. СПб., 2008. С.35.

３－７ Приютино. Антология русской усадьбы. СПб., 2008. С.282.

３－８ Архитектор Николай Александрович Львов. М., 1994. С.8.

３－９ Мурашова Н.В.,Мыслина Л.П. Дворянские усадьбы Санкт-Петербургской губернии. Всеволожский район. СПб., 2008. С.42.

３－10 Мурашова Н.В.,Мыслина Л.П. Дворянские усадьбы Санкт-Петербургской губернии. Всеволожский район. СПб., 2008. С.17.

第四章

扉絵　Три века русской усадьбы. Изобразительная летопись. М., 2004. С.110.

４－１ Государственный Русский музей　Строгановский дворец. СПб., 1996.

４－２ Храм свт.Николая в Котельниках. М., 2009. С.26, 30.

４－３ Храм свт.Николая в Котельниках. М., 2009. С.37.

４－４ Герб внесен в Общий гербовник дворянских родов Всероссийской империи, часть 1. С.34 (http://gerbovnik.ru/arms/34.html)

４－５ Три века русской усадьбы. Изобразительная летопись. М., 2004. С.111.

４－６ Кузнецов С. Дворцы и дома Строгоновых. Три века истории. М.,-СПб., 2008. С.73.

４－７ Государственный Русский музей. Санкт-Петербург. Портрет города и горожан. СПб., 2003. С.378.

４－８ Кузнецов С. Строгоновский сад. СПб., 2012. С.77.

４－９ Кузнецов С. Строгоновский сад. СПб., 2012. С.110.

４－10 Кузнецов С. Строгоновский сад. СПб., 2012. С.106.

４－11 Дневник ANNETTE. Анна Алексеевна Оленина. М., 1994. С.19.

４－12 Кузнецов С. Строгоновы 500 лет рода. СПб., 2012. С.135,136.

４—13 Строгановский дворец. Русский музей. СПб., 2012. С.68.

４－14 Кузнецов С. Строгоновский сад. СПб., 2012. С.70,71.

４－15 ストロガノフ家略系譜　筆者作成

４－16 Русские портреты XVIII и XIX веков. Т. IV (1908). М., 2003. С.129.

４－17 https://russianphoto.ru/seach/?author ids=160

第五章

扉絵　Русский художественный листок. Листок №29 от 10 октября 1852г. https://catalog.shm.ru/entity/OBJECT/6215057

５－１ Кузнецов С. Строгоновский сад. СПб., 2012. С.187.

５－２ Кузнецов С. Строгоновский сад. СПб., 2012. С.186.

５－３ Кузнецов С. Строгоновский сад. СПб., 2012. С.311.

５－４ Конечный А.М.　Былой Петербург. Проза будней и поэзия праздника. М., 2021. С.222.

５－５ Уваров Е.Д. Истоки российской эстрады. М., 2013. С.69.

５－６ Кузнецов С. Строгоновский сад. СПб., 2012. С.240.

５－７ Кузнецов С. Строгоновский сад. СПб., 2012. С.168.

５－８ Цалобанова В.А. Марьино. 1811・ДВА НАЧАЛА・2011. СПб., 2011. С.9.

５－９ Три века русской усадьбы. Изобразительная летопись. М., 2004. С.110-111.

５－10 Кузнецов С. Строгоновы 500 лет рода. Выше только цари. М.,-СПб., 2012. С.511.

５－11 Цалобанова В.А. Усадьба Марьино. 1811・ДВА НАЧАЛА・2011. СПб., 2011. С.48.

著者紹介

坂内知子（ばんない・ともこ）

愛媛県生まれ、早稲田大学大学院文学研究科博士課程修了、ロシア庭園論、貴族屋敷研究

著書　『ロシア庭園めぐり』（東洋書店、2005年）

共著　『岩倉使節団の再発見』（思文閣出版、2003年）
　　　『スラヴァンスキイ・バザアル』（水声社、2020年）

訳書　ドミトリイ・リハチョフ『庭園の詩学』（平凡社、1987年）
　　　アイノ・クーシネン『革命の堕天使たち』（平凡社、1992年）

共訳　『ブーニン作品集1、3』（群像社、2014年、2003年）
　　　『宣教師ニコライの全日記9』（教文館、2007年）

ロシア帝国ウサージバ物語

2025年4月29日　初版第1刷発行

著　者　坂内知子
装幀者　足立桃子
発行者　南里　功
発行所　成　文　社

〒258-0026 神奈川県開成町延沢580-1-101
電話 0465 (87) 5571
振替 00110-5-363630
http://www.seibunsha.net/

落丁・乱丁はお取替えします

組版　編集工房 dos.
印刷・製本　シナノ

Printed in Japan
ISBN978-4-86520-075-1 C0022